Josua Wirth

TRAVEL FOR LOVE

Josua Wirth

Travel for Love

Wie ich meinen Traum lebte und für die Liebe zu Fuß von Deutschland nach Thailand reiste

riva

Bibliografische Information der Deutschen Nationalbibliothek
Die Deutsche Nationalbibliothek verzeichnet diese Publikation in der Deutschen Nationalbibliografie. Detaillierte bibliografische Daten sind im Internet über https://dnb.de abrufbar.

Für Fragen und Anregungen
info@m-vg.de

Wichtiger Hinweis
Ausschließlich zum Zweck der besseren Lesbarkeit wurde auf eine genderspezifische Schreibweise sowie eine Mehrfachbezeichnung verzichtet. Alle personenbezogenen Bezeichnungen sind somit geschlechtsneutral zu verstehen.

Originalausgabe
1. Auflage 2024

Türkenstraße 89
80799 München
Tel.: 089 651285-0

Manuskriptbearbeitung: Joshua Schößler
Redaktion: Carola Felchner
Umschlaggestaltung: Manuela Amode
Umschlagabbildung und Abbildungen Innenteil: Josua Wirth
Satz: abavo GmbH, Buchloe
Druck: CPI
Printed in the EU

ISBN Print 978-3-7423-2765-9
ISBN E-Book (PDF) 978-3-7453-2541-6
ISBN E-Book (EPUB, Mobi) 978-3-7453-2542-3

Inhalt

Anmerkung des Autors

Dieses Buch basiert auf wahren Begebenheiten und persönlichen Erlebnissen. Namen und bestimmte Details wurden verändert, um die Privatsphäre der beteiligten Personen zu schützen. Die geschilderten Ereignisse spiegeln die subjektive Wahrnehmung des Autors wider.

Der Beginn eines neuen Kapitels

Die Sonnenstrahlen dringen durch meine Lider und tauchen die Welt in wärmendes Rot. Ich öffne meine Augen und sehe die wabernden Schatten, die das Sonnenlicht durch Vorhänge auf den sandfarbenen Teppich wirft. Noch bevor ich weiß, wo ich bin, macht sich in mir die vage Ahnung breit, dass heute ein ganz besonderer Tag ist. Ein Tag, der einen wieder mit jugendlichem Leben füllt, wenn man im hohen Alter, mit morschen Knochen und lichtem Haar, seinen Enkeln von ihm erzählt. Wo man sich beim Schildern plötzlich an jede Millisekunde erinnert: an die vergilbten Laken, die mich umhüllen, an den verkrusteten Deckenventilator, der den Staub unermüdlich durch den Raum wirbelt, an den stechenden Gestank nach Kloake, der von der Toilette im Hotelflur unter dem Türspalt in mein Zimmer kriecht, und an die üppige Bananenpflanze vor dem Fenster, deren frische grüne und zerfurchte gelbe Blätter im Sonnenlicht tanzen. Es fällt mir wieder ein: Heute ist der Tag meiner Verlobung. Doch gleich darauf trifft mich die Erkenntnis: der Ring! Ich habe noch keinen Verlobungsring!

Ich springe aus dem Bett und will mir schnell einen Kaffee kochen. Weil ich der trüben Brühe nicht traue, die aus dem Hahn tröpfelt, befülle ich meine Espressokanne mit Wasser aus der Plastikflasche. Im Badezimmer fallen mir beim Duschen die beweglichen Fühler kaum noch auf, die aus dem Abfluss ragen. An Low-Budget-Unterkünfte wie diese habe ich mich mittlerweile gewöhnt. Anschließend schneide ich meine Fußnägel und versuche, so gut es geht, die Schuhsohle von meinem Fuß zu raspeln, die sich während der Reise dort gebildet hat. Alles Dinge, die in den letzten Monaten eher notdürftig verrichtet wurden. Bevor ich mich anziehe, stelle ich fest, dass ich keine frische Unterhose gekauft habe. Vier Stück hatte ich dabei, es waren immer dieselben. Selten waren sie in einem Zustand, auf den im entferntesten Sinne noch das Wort hygienisch zutreffen würde. Ich nehme einen dieser Lumpen und wende ihn fürs Erste das letzte Mal wieder um.

Ich habe keine Zeit mehr zu verlieren, eile durch die Tür und stehe auf einer Nebenstraße der thailändischen Großstadt Chiang Mai. Roller knattern hupend an mir vorbei, Dschungelvegetation quetscht sich durch Häuserritzen der alten Gebäude. Touristen mit Umhängetaschen, Flip-Flops und Smoothies in der Hand schlendern durch die Schatten der Bäume. Chiang Mai ist eine Stadt im Norden von Thailand mit etwas mehr als 100 000 Einwohnern. Die Stadt ist umgeben von Bergen, weshalb das Klima hier gemäßigter ist als im Süden. Es muss in der Nacht geregnet haben, denn die Straßen sind noch feucht, ein feiner Dunst liegt in der heißen Luft. Während ich die warme, feuchte Luft von Chiang Mai einatme, kommen alte Erinnerungen hoch. Ich denke an vergangene Abenteuer, an die Zeit, als ich zum ersten Mal diese Stadt erlebte, an Momente mit Benita, als wir noch nicht zusammen waren. Wir haben uns hier kennengelernt, zwischen den Gassen und Tempeln, bei gemeinsamer Arbeit und abendlichen Gesprächen unter der thailändischen Sonne. Diese Stadt ist voller Erinnerungen und jetzt werde ich hier wieder mit ihr leben. Es fühlt sich surreal an, fast wie ein Traum, der endlich Wirklichkeit wird. Der Zeitdruck reißt mich unsanft aus meinen Gedanken, ich habe keine Zeit zu verlieren! Ich mache mich auf den Weg zu dem kleinen Geschäft, in dem ich den Verlobungsring in Auftrag gegeben habe. Unterwegs mache ich an einem Blumengeschäft halt. Ich möchte der Verkäuferin 405 Rosen abkaufen – eine für jeden Tag meiner Reise. »100 Rosen, 1100 Baht«, sagt die Verkäuferin scharf. Ich schlucke – um die 30 Euro, ganz schön viel Geld. Mit dieser Summe hätte ich mir in manchem der Länder, die ich bereist habe, eine ganze Woche das Überleben sichern können. Ich lasse meinen Blick durch den Laden schweifen und entdecke gelbe Blumen in großen Plastiksäcken für 6 Euro das Stück. Diese Blumen, bekannt als Ringelblumen, sind in Thailand allgegenwärtig. Mit ihren leuchtend gelben Blütenblättern und dem charakteristischen, leicht herben Duft, der an eine Mischung aus frischem Heu und Zitrus erinnert, werden sie oft zur Dekoration der unzähligen Tempel verwendet. In der Hoffnung, dass meine Prinzessin sich nicht fragen wird, was die ganzen Tempelblumen bei der Verlobung machen, kaufe ich 100 Rosen und 305 Tempelblumen. Sieht eigentlich auch ganz hübsch aus! Aber jetzt schnellstmöglich zum Ring! Ich hoffe, der Mann konnte ihn bereits fertigstellen.

Der kleine weiße Hund des Goldschmiedes erkennt mich sofort und kommt bellend mit wackelndem Schwanz auf mich zugelaufen. Der Laden befindet sich in einem offenen Verschlag und liegt zur Hälfte auf der Straße. Die Holzbalken, die das Dach stützen, sind alt und verwittert, zeigen tiefe Risse und Spuren von Termitenfraß. Überall hängen Windspiele aus Metall und Bambus, die sanft im Wind klirren und das Ambiente mit einem Hauch von Nostalgie erfüllen. Kaum zu glauben, dass in diesem Gebäude ein Mann mit Diamanten und Gold herumwerkelt. Der Besitzer lacht, als er mich begrüßt, und holt sogleich den Ring heraus. Das Gold in Thailand sieht anders aus als in Europa, denke ich mir. Hier wird eine andere Legierung verwendet, die sich durch einen außergewöhnlich hohen Feingehalt von etwa 96,5 Prozent auszeichnet. Dies verleiht dem Gold eine intensivere Gelbfärbung. Verglichen mit der Vorlage, die ich dem Verkäufer gezeigt hatte, sieht der Ring in diesem Thai-Gold aus wie eine billige Kopie aus China. Rechts und links sind jeweils drei kleine Diamanten eingefasst. Dazwischen thront ein großer Kristall. Bei seinem Anblick meine ich, sofort den stechenden Geruch verbrannten Dynamits in der Nase zu haben. Erinnerungen fluten zurück an eine Nacht in den wilden Gebirgsketten des Himalajas. Gewaltige Geröllbrocken flogen mir um die Ohren, als pakistanische Minenarbeiter Dynamitstaub in Zeitungspapier schaufelten und zu provisorischen Stangen formten. Die ganze Nacht zersprengten wir unter Lebensgefahr den Berg, bis sich ebenjener Kristall aus dem Gestein hervortat, der jetzt so kunstvoll geschliffen im Ring eingefasst ist. Umgerechnet 500 Euro habe ich für ihn bezahlt, in Thailand ein kleines Vermögen. Auch wenn viele Männer in Deutschland deutlich mehr Geld für einen Ring ausgeben, ist dieser Ring für mich von unschätzbarem Wert. Er wird mich immer an die Abenteuer erinnern, die ich erlebt habe, und an die dunklen Momente, in denen ich keinen Ausweg sah. Sie, die diesen Ring tragen wird, war es, die mir stets die Hand reichte, mich aufrichtete und den Weg erhellte, wenn ich am Boden lag. Ihre unerschütterliche Unterstützung und ihr Glaube an meine Träume waren es, die mich hierhergetragen haben. Jedes Mal, wenn ich diesen Ring an ihrer Hand sehe, werde ich an ihre Treue und unsere gemeinsamen Kämpfe erinnert werden. Er wird mir vor Augen führen, wie tief unsere Liebe ist und welche Grenzen wir füreinander überwinden würden. Der Goldschmied steckt den Ring in eine kleine rote Schachtel. Ich bedanke mich und zahle. Nach einem kurzen Zwischenstopp im Hotel rufe ich mir ein Taxi und wir fahren aus der Innenstadt raus in Richtung der Unterkunft, in der die Verlobung stattfinden soll. Die Roller und Touristen werden weniger, das grüne Dickicht mehr, aus Straßen werden schlammige Fahrspuren. Der Schlamm hier hat einen charakteristischen Rotstich, er wirkt viel fruchtbarer und lebendiger als der graubraune Dreck, den man aus Deutschland kennt. Je mehr wir den städtischen Trubel hinter uns lassen, desto stärker fangen meine Gedanken an zu wirbeln. Habe ich alles? Ich taste nach der Schachtel mit dem Ring und prüfe, ob sie noch da ist. Ist sie. Blumen, Geldbeutel, Kameras: Alles da. Mein Herz klopft, meine Handflächen schwitzen. Ob meine Prinzessin auch so aufgeregt ist? Findet sie überhaupt den Weg zur Holzhütte mit Jacuzzi und traumhaftem Blick auf die Berge, die ich gebucht hatte? Erneut hole ich die Schachtel heraus und prüfe, ob der Ring wirklich noch drin ist. Was sagt man eigentlich, wenn man sich verlobt? Mir schießen Dutzende kitschige Hollywoodszenen durch den Kopf, aber mir will nicht einfallen, was in diesen Szenen gesagt wurde. Ich bin mit einer Mutter und vier Schwestern aufgewachsen. Drei von ihnen haben geheiratet. Warum haben die mir nie beigebracht, was man bei einer Verlobung sagt? Warum habe ich mir nie ein YouTube-Tutorial dazu angeschaut?

Am Vortag hatten wir noch über unser großes Wiedersehen geschrieben. Wir waren uns einig: Nach der langen Zeit des Getrenntseins würde es im ersten Moment bestimmt komisch werden, sich wiederzusehen. Ich frage mich, wie unangenehm es werden würde, wenn ich mit Rosenblättern eine Verlobung anzettelte. 405 Tage haben wir uns nicht gesehen. Wie wird sich die erste Umarmung, der erste Kuss, der erste tiefe Blick in die Augen nach 405 Tagen Trennung anfühlen? Was hat sich während der vielen Tage und Kilometer zwischen uns verändert? Stehe ich vor der Benita, von der ich mich damals in Deutschland verabschiedet habe? Wird sie den gleichen Josu küssen, den sie damals zum Abschied küsste? Natürlich haben wir viel telefoniert während meiner Reise, uns erzählt, was wir erlebt haben, was wir fühlten und was wir dachten. Aber immer, nachdem wir auflegten, lebte jeder das eigene Leben weiter. 405 Tage sind eine lange Zeit und in dieser Zeit macht man Erfahrungen, die die eigene Persönlichkeit prägen und verändern. Haben wir uns in den stillen Momenten, in denen wir jeweils allein in die Sterne blickten und aneinander dachten, nicht nach einem Idealbild des Partners gesehnt? Ein Idealbild, das oft in den Köpfen entsteht, wenn das, was man liebt, nicht greifbar ist? War diese Verlobung also, trotz fünfjähriger Beziehung, nicht vollkommener Wahnsinn? Bestand nicht eine minimale Restmöglichkeit, dass sie Nein sagen und die Verlobung abblasen würde? Dann stünde ich da, im Anzug, mit dem nutzlos gewordenen Verlobungsring, den ich tief in den Dschungel hineinschleudern würde. Ich hänge diesen dunklen Gedanken noch eine Weile nach und wische sie weg, als das Taxi zum Stehen kommt. Ich stecke dem Fahrer vor lauter Aufregung ein vollkommen überdimensioniertes Trinkgeld zu. Dann gehe ich hügelaufwärts einen Pfad entlang, der direkt zu der Hütte führt.

Oben angekommen begrüßen mich ein älterer Mann und ein junger Mann mit Kamera. In seiner rechten Hand hält der ältere Mann Luftballons: zwei Bündel mit Herzluftballons und 30 normale Ballons in Pink und Lila, den Lieblingsfarben meiner Prinzessin. Der Wind reißt an ihnen, sodass er große Mühe hat, sie beisammenzuhalten. Genau wie den Fotografen hatte ich ihn für diesen Anlass bestellt. Ich schließe die Tür zum Anwesen auf und der Mann beginnt sogleich, die Ballons in den Räumlichkeiten zu verteilen. Der Fotograf setzt sich auf eine rot gepolsterte Sitzbank und fummelt an seiner Kamera herum. Mich beschleicht das Gefühl, dass es keine gute Idee war, ihn bestellt zu haben. Er ist zwar ein sehr sympathischer

Mensch mit einem freundlichen Lächeln, aber er ist ein Fremder. Stört seine Anwesenheit bei diesem intimen Moment nicht? Im Internet sieht man immer diese rührenden Verlobungsvideos. Was man allerdings nie sieht, ist die Anwesenheit der dritten Person, die diesen intimen Moment filmt. Es beschleicht mich die Sorge, dass die Anwesenheit dieses Mannes den Zauber unseres Moments stören könnte.

Ich schlüpfe in den maßgeschneiderten Anzug und erschrecke, als ich an dem großen Spiegel vorbeilaufe: In der marineblauen Weste, dem weißen Hemd und der roten Krawatte schaut mir wieder der frisch rasierte Geschäftsmann in die Augen. Genau so habe ich vor der Reise ausgesehen, wenn ich unterwegs zu meinen Kunden war. Äußerlich der gleiche Mensch. Die ganzen verrückten Geschichten, die prägenden Erfahrungen, all das ist unsichtbar. An diesen Anblick muss ich mich wohl wieder gewöhnen.

Ich habe noch etwa eine Stunde, bis meine zukünftige Verlobte eintreffen würde, und bereite alles vor. Ich lege den Weg vor dem Anwesen mit den Rosenblättern aus. Als ich zwei Fenster aufreiße, fegt ein scharfer Wind durch das Haus und bläst die von dem älteren Herren liebevoll verteilten Heliumballons wild durcheinander. Ein paar entkommen durch ein Fenster, ich beruhige den zeternden Mann und helfe ihm dabei, die Ballons neu zu platzieren.

Als wir mit allem fertig sind, verlässt der Mann das Anwesen. Ich beobachte von einem hölzernen Steg aus, wie er den Pfad den Hügel heruntertrabt. Mein Blick schweift über die atemberaubende Berglandschaft. Die grünen Hügel erstrecken sich bis zum Horizont, wo sie in blauen, nebligen Bergen verschwinden. Die Luft ist klar und frisch, durchzogen von dem blütengeschwängerten Duft der umliegenden Blumen, der meine Lunge füllt und mir ein Gefühl von Lebendigkeit gibt. Ich höre das beruhigende Plätschern eines Bachlaufs, der sich am Haus vorbeischlängelt, und das gelegentliche Zirpen von Grillen, das in der Stille widerhallt. Da stehe ich im maßgeschneiderten Anzug und trage Parfüm, alles ist sauber und geschmückt. Vollkommen absurd nach 405 Tagen, in denen ich mit wochenlang getragenen Unterhosen auf Reisen war. Es fühlt sich nicht richtig an. Am liebsten wäre ich jetzt in einem Zelt, irgendwo in einer menschenleeren Einöde. In Flip-Flops. Da würde ich meiner Prinzessin gerne einen Antrag machen, da würde ich mich in diesem Moment wohler fühlen als hier. Vielleicht wäre das der perfekte Ort für den Antrag gewesen. Auf der anderen Seite war der gestriegelte Josu im Anzug derjenige, den sie zuletzt gesehen hatte, nicht der Josu, der ungeduscht, staubig und verschwitzt war, mit den Narben und Spuren einer langen Reise. Plötzlich frage ich mich: Was mache ich eigentlich nach der Verlobung? Während meiner gesamten Reise hatte ich ausschließlich an diesen Moment gedacht, der in den nächsten Minuten eintreten würde, weiter waren meine Gedanken nicht gegangen. Das Reisen war in den letzten 405 Tagen mein Lebensinhalt geworden. Konnte ich in Thailand einfach einen normalen Job annehmen, jeden Tag zur selben Uhrzeit nach Hause kommen, zu Abend essen und schlafen gehen?

Dann sehe ich am Fuße des Hügels einen roten Punkt den Pfad entlanglaufen. Obwohl ich die Gestalt nicht erkenne, sehe ich an der Art der Bewegungen sofort: Das ist sie. Mein Herzklopfen schießt mir in den Hals. So lange habe ich sie nur als verpixeltes Video auf meinen mobilen Geräten gesehen. Sie kommt näher und ich erkenne immer deutlicher den lieblichen Körper, den ich so lange nicht gesehen habe. Bei dem Gedanken, gleich wieder in ihre ozeanblauen Augen schauen zu können, zittere ich am ganzen Körper. Ich sage dem

Kameramann, dass er filmen soll, und merke sofort: Es war ein Fehler, ihn zu bestellen, er passt nicht zu diesem Moment. Aber jetzt ist es so. Ich gehe ins Haus und stelle mich hinter die milchverglaste Eingangstür. Der Kameramann wuselt um mich herum und sucht die richtige Perspektive. Ich erkenne die roten Schemen ihres Kleids immer deutlicher hinter dem Milchglas. Für diesen Moment bin ich 30 000 Kilometer gereist, in einem Hubschrauber vom Dach der Welt geflogen, stand Auge in Auge einem Tiger gegenüber, habe mit Toten gebadet und dabei fast ein Auge verloren, auf öffentlichen Toiletten geschlafen und mich von Schmugglern über einen Grenzübergang bringen lassen, Beamte bestochen, Freunde und Familie hinter mir gelassen und einen Traum verworfen. Gleich würde ein anderer in Erfüllung gehen. Sie drückt die Türklinke herunter.

Kapitel 1

Der Traum, der keiner war

Selbstständig sein: Seitdem ich denken kann, war das mein Traum. Es lag in meiner Familie: Mein Großvater war Bauer und führte seinen eigenen Hof, mein Vater betrieb einen Holzhandel und verkaufte Brennholz an die Dorfgemeinschaft. Ich ging nicht in den Kindergarten. Mein Vater hielt es für eine bessere Idee, mich morgens mit in den Wald zu nehmen, statt mich in den Kindergarten zu Bastelscheren und Mittagsschläfchen zu stecken. Ich könnte jetzt davon erzählen, wie wir vor Tagesanbruch beim ersten Vogelzwitschern aufbrachen, die Hosenbeine voll Morgentau von den Wiesen, und im Wald Bäume fällten. Wie ich bereits mit vier Jahren eine Kettensäge zu bedienen wusste und wie ich mit meinen Kinderhänden frisches Holz auf einen Anhänger lud. Aber so war das nicht. Mein Vater ging seine Selbstständigkeit sehr entspannt an. Frühestens vormittags waren wir im Wald, da trank er erst mal gemütlich Kaffee. Dann wurden ein, zwei Bäume gefällt, aus denen später Brennholz gemacht wurde. Das verkaufte er vor allem an seine Stammkunden, mit denen er auch gut befreundet war. Ein großer Teil der Arbeit bestand aus Kundenpflege: mit den Stammkunden quatschen, Bier trinken und in der Freizeit seinem Hobby, dem Schreinern, nachgehen. Es war eine sorglose, schöne Zeit. Dass dieser Holzhandel ein katastrophales Minusgeschäft war, konnte ich damals nicht wissen und mein Vater wollte es nicht wissen.

Aber während meines ersten Schülerpraktikums dachte ich oft an diese tolle Zeit zurück. Ich arbeitete für ein Unternehmen, in dem man nicht wusste, welche Aufgaben man mir geben sollte. Also ließ man mich die Alt-Texte der Produktbilder im Onlineshop machen. Das ist der Text, der einem in dem Kästchen angezeigt wird, das erscheint, wenn man mit dem Mauspfeil über einem Bild stehen bleibt. Es ging um Tausende Produktbilder. Die Alt-Texte waren bereits in einer Tabelle vorgeschrieben worden. Meine Aufgabe: jeden einzelnen Alt-Text per Copy-and-Paste in die jeweiligen Bilddateien einfügen. So etwas kann man zwar ohne Probleme mit einem Script automatisieren. Aber das hätte ja Geld gekostet und man musste dem Schülerpraktikanten schließlich irgendwas zu tun geben, womit er den Betriebsablauf nicht störte. Wochenlang musste ich das machen. Ich saß isoliert an meinem Arbeitscomputer unter den kalten Halogenröhren und verrichtete die immer gleichen Bewegungen: Tabelle auswählen, Doppelklick, Strg-C, Alt-Text-Textfeld des Bildes auswählen, Strg-V. Bei Besprechungsrunden hatte ich häufig das Gefühl, bessere Ideen als mein Chef zu haben. Doch wer nahm schon die Vorschläge eines Praktikanten ernst? Außerdem konnte ich mich nicht daran gewöhnen, mich jeden Tag in den Bus zu setzen. Umgeben von vielen Menschen, denen man den jahrelangen Frust über ihre Arbeit an den Gesichtern ablesen konnte. Physisch saß ich zwar im Büro. Aber in meinen Gedanken zählte ich entweder die Tage bis zum Ende meines Praktikums oder ich machte Ausflüge in den Wald meiner frühen Kindheit. Mir wurde schnell klar: Ich musste um jeden Preis in die Fußstapfen meines Vaters treten und selbstständig werden. Mit diesem Traum war ich nicht allein. Das Internet war voll mit

Online-Gurus, die einem etwas von finanzieller Freiheit versprachen. Am Ende lockten sie einen nur in ihr Schneeballsystem, von dem vor allem die Gurus selbst profitierten.

Nach dem Abitur wollte ich aber erst mal ins Ausland, bevor ich weiter das Ziel meiner Selbstständigkeit verfolgte. Damals war es schwer in Mode, nach dem Abitur nach Neuseeland zu gehen. Aber weil wirklich alle dahin wollten, kam das für mich nicht infrage. Wohin ich stattdessen wollte, wusste ich jedoch nicht. So verpasste ich eine Frist nach der anderen, während ich mir den Kopf darüber zerbrach, welchen Winkel der Erde ich sehen wollte. Dann bekam ich über eine Freundin mit, dass es über die Freikirche im Dorf noch Plätze für ein Austauschjahr an der Deutschen Schule in Chiang Mai in Thailand gab. Zu der Zeit hatte ich mit Gott zwar nicht mehr allzu viel am Hut, aber wenn er mir dabei half, ins Ausland zu kommen, täuschte ich bei der Bewerbung gerne etwas Frömmigkeit vor. Es klappte sofort und ich wurde zu einem Vorbereitungsseminar in Marburg eingeladen.

Dort lernten ich und ein paar andere Teilnehmer etwas darüber, wie man in fremden Kulturen zurechtkam und was es bedeutete, im Glauben zu wachsen. Während ich diesen Ausführungen nur halb zuhörte, entging mir vollständig, dass eine Seminarteilnehmerin ein Auge auf mich geworfen hatte: Benita aus Hessen. Das änderte sich zunächst auch nicht, als dieses schüchterne Mädchen mir später in Chiang Mai unter der thailändischen Abendsonne das Gitarrespielen beibrachte. Jeden Abend, wenn wir damit fertig waren, den Lehrerinnen an der Deutschen Schule zu assistieren, gingen wir gemeinsam zu unseren Unterkünften und sprachen über Gott und die Welt. Vielleicht spürte ich damals langsam, dass sich da etwas zwischen uns anbahnte. Doch ich hielt mich zurück. Ich war mir der Tatsache bewusst, dass wir am Jahresende wieder in unsere

Heimatstädte in Deutschland zurückkehren würden, die weit über das Land verteilt lagen. Für mich als Schwabe war eine Fernbeziehung ins weit entfernte Hessen kaum vorstellbar. Allein die kulturellen Unterschiede, wie Handkäs mit Musik statt Spätzle auf dem Tisch, erschienen mir unüberwindbar. Nachdem wir alle wieder nach Deutschland zurückgekehrt waren, schrieben wir dennoch viel miteinander.

***

Womit sollte ich mich selbstständig machen? Das war die große Frage, die mich nach der Rückkehr von meinem Auslandsjahr in Chiang Mai beschäftigte. Weil ich zu dem Zeitpunkt noch keine zündende Idee hatte, schrieb ich mich erst mal für Betriebswirtschaftslehre an der Hochschule in Mainz ein. Benita hatte mir dazu geraten. Nicht nur, weil die Hochschule in Mainz viele Kurse zur Unternehmensgründung anbot, sondern auch weil sie selbst im angrenzenden Wiesbaden internationales Management studierte. Ihre Beratung war also nicht ganz uneigennützig. Als ich in Mainz mein Studium begann, zog ich in ein kleines Zimmer in einem Studentenwohnheim. Es erinnerte zwar mehr an ein Krankenhauszimmer als an ein gemütliches Zuhause, entsprach aber der Dicke meines damaligen Geldbeutels. Der Teppichboden war fleckig und abgetreten, die gelben Vorhänge gaben dem Raum eine triste Atmosphäre. Mein einziges Fenster bot einen inspirationslosen Blick auf die Betonwand des benachbarten Wohnkomplexes, was die sterile Stimmung verstärkte.

Zum Glück kam Benita regelmäßig zu Besuch. Jedes Mal brachte sie kleine Dinge mit, die den Raum nach und nach verschönerten. Es war, als würde sie mit jeder Pflanze, jedem Kissen und jedem Bild an der Wand ein Stück Wärme und

Persönlichkeit in mein klinisches Zimmer bringen. Aus jedem dieser Einrichtungsdetails sprach ihre Warmherzigkeit und menschliche Fürsorge. Inneneinrichtung war nie meine Sache gewesen, daher schätzte ich ihre kreativen Ergänzungen sehr. Irgendwann sah es so nett aus, dass ich Studienkollegen einladen konnte, um mit ihnen die eine oder andere Flasche Riesling zu köpfen.

Aus Chiang Mai hatten Benita und ich gemeinsame Gewohnheiten mitgebracht, neben dem Gitarrespielen gehörten dazu auch lange Spaziergänge. Viele Abende spazierten wir also am Ufer des Rheins entlang und tauschten uns über unser Studienleben und unsere Sorgen aus. Irgendwann begannen wir, dabei Händchen zu halten, dann folgte der erste Kuss. Benitas raffinierter Plan, der schon in Thailand begonnen hatte, als sie heimlich Gefühle für mich entwickelt und mich schließlich nach Mainz gelockt hatte, um uns zusammenzubringen, war aufgegangen.

In meinem Studium belegte ich alle Module, die ich zum Thema Selbstständigkeit finden konnte. In Gruppenarbeiten war ich der nervige Streber, dem es nie schnell genug gehen konnte. Was ich vor dem Studium allerdings nicht wusste: Bei Betriebswirtschaftslehre geht es vor allem um all die Dinge, die in Großunternehmen wichtig sind: Steuern, Personalwesen, Controlling, also genau der Mist, den ich auf jeden Fall vermeiden wollte. All diese Module vernachlässigte ich gehörig. Wie man auf eine eigene Business-Idee kam und daraus ein funktionierendes Geschäftsmodell entwickelt, kam nur am Rande vor. Daher fuhr ich in meiner Freizeit auf Konferenzen in die Start-up-Hochburgen Köln, München und Berlin. Es war immer interessant zu sehen, mit welchen Ideen sich andere selbstständig machten. Einmal besuchte ich den Vortrag eines Start-up-Gründers, der Blumentöpfe vermarkten wollte. Das waren aber keine üblichen Blumentöpfe aus Ton oder Plastik, sondern Kokosnussschalen mit drei Löchern im Boden. Seine bahnbrechende Geschäftsidee bestand also darin, Kokosnussschalen für 20 Euro pro Stück zu verschachern. Deren Vorteil bestand darin, dass sie im Gegensatz zu herkömmlichen Tontöpfen biologisch abbaubar und somit eine »grüne Alternative« waren. Was der Gründer seinen potenziellen Kunden lieber verschwieg, war, dass er die Kokosnüsse extra aus einem tropischen Land importieren ließ. Sie legten also Hunderte Kilometer mit dem Frachtflugzeug zurück, um in Deutschland als umweltfreundliche Alternative verkauft zu werden. Ich bezweifle stark, dass diese Idee Erfolg hatte.

Auch wenn auf diesen Veranstaltungen viel Quatsch präsentiert wurde, fand ich die Szene super inspirierend. All diese fleißigen Freaks, die ihrem Traum vom großen Geschäft hinterherrannten und versuchten, aus jedem Mist ein erfolgreiches Unternehmen aufzubauen. Die sich von Fehlschüssen und Niederlagen nicht beirren ließen und immer wieder aufstanden. Genau so wollte ich es auch machen. Auf jede dieser Veranstaltungen begleitete mich Benita. Nicht, weil sie sich so sehr für die Start-up-Szene interessierte, sondern weil sie mich unterstützen wollte. Sie versorgte mich ständig mit Informationen darüber, wo das nächste spannende Event stattfand, auch wenn das für sie bedeutete, mich schon wieder auf eine dieser Messen begleiten zu müssen.

Um mein Studium, meine Wohnung und die Tickets für Bahnfahrten und Konferenzen zu finanzieren, begann ich als Paketauslieferer bei einem Postunternehmen zu arbeiten. Wenn ich morgens auf die Arbeit kam, war ich noch mal auf einem neuen Level mit dem Frust des Angestelltendaseins konfrontiert. Beim Kaffeetrinken holten manche Kollegen bereits kräftig Luft für den Kotzstrahl, den sie den ganzen Arbeitstag über ausspeien würden. Mir hat die Arbeit aber gut gefallen. Zuerst sortierte ich die Sendungen in ein gigantisches Regal. Jedes Haus auf meiner immergleichen Route hatte dort ein eigenes Fach. Danach lud ich die Paketsendungen auf die Ladefläche des gelben Post-Autos und ordnete sie in der Reihenfolge der Route. Da ich mit dem Wagen immer so schnell gefahren bin, dass die gut sortierten Pakete auf der Ladefläche durcheinandergeschleudert wurden, war ich jedes Mal drei Stunden vor Schichtende fertig. Allerdings wurde das vom System nicht belohnt, sondern sogar bestraft. Kam man zu früh vom Ausliefern in die Paketzentrale zurück, bekam man die übrige Zeit einfach vom Lohn abgezogen. Wie man auf diese Weise mit Freude und Elan seinen Arbeitstag beginnen sollte, war mir ein Rätsel. Wenn ich nach dem Ausliefern noch Zeit übrighatte, parkte ich deshalb mein gelbes Auto im Sommer an einem See, legte mich auf das Dach und dachte beim Rauschen des Windes und dem Summen der Bienen weiter über meine Zukunft als Selbstständiger nach.

In dieser Zeit gewann ich einen bestimmten Blick auf die Welt: Ich suchte im Alltag nach Problemen, die viele Menschen haben, für die ich eine vermarktbare Lösung finden konnte. An meiner Uni fiel mir beispielsweise auf, dass dasselbe Modul gleichzeitig bei drei unterschiedlichen Dozenten belegt werden konnte. Es war aber so, dass die Abschlussprüfung für das Modul entweder kaum zu schaffen oder spielend leicht sein konnte. Das hing davon ab, bei welchem Dozenten man das Modul belegt hatte. Das Problem vieler Studenten bestand darin, dass sie bei der Auswahl des Moduls nicht wussten, bei welchem Dozenten die Prüfung leicht und bei welchem sie schwer war. Meine Lösung für das Problem: eine Online-Plattform, auf der man seine Dozenten bewerten konnte. Anhand der Bewertungen sollten Studenten sehen können, bei wem man sich am besten einschrieb. Dazu sammelte ich Vorlesungszusammenfassungen und alte Prüfungen von bereits etablierten Webseiten, die diesen Service schon anboten, und stellte sie auf meiner eigenen Webseite ebenfalls zur Verfügung. Um mich von der Konkurrenz abzuheben, gab es auf meiner Webseite zusätzlich eine umfassende Bewertungsfunktion, die über das reine Einordnen des Prüfungslevels hinausging. Es ließ sich nicht nur die Lehrfähigkeit der Dozenten und die Schwierigkeit ihrer Klausuren bewerten, sondern auch ihr Aussehen und ihre Attraktivität aus Sicht der Studierenden. Um Traffic zu erzeugen, druckte ich Flyer mit einem QR-Code, den man nur abfotografieren musste, um auf mein Bewertungsportal zu gelangen. In den folgenden Wochen verbrachte ich die Zeit zwischen den Kursen damit, auf dem Campus vor den Mensen zu stehen und die Flyer unter den Studenten zu verteilen. Ich klapperte sämtliche Imbissbuden, Kneipen, Event-Locations und schwarzen Bretter ab, um meine Idee populär zu machen. Tag für Tag konnte ich dabei zusehen, wie die Nutzerzahlen in die Höhe kletterten. Nachdem ich die Zahl von 500 täglichen Nutzern überschritten hatte, bekam ich einen ordentlichen Dämpfer. Eine Abmahnung war per Post in meine Studentenbude geflattert. Sie kam von einem Dozenten, der nicht nur die niedrigste Bewertung bei seiner Lehrfähigkeit, sondern auch bei seinem Aussehen bekommen hatte. Leider musste ich nach gründlicher Recherche feststellen, dass es verboten ist, Personen ohne ihre Zustimmung öffentlich zu bewerten. Ich nahm die Webseite also offline. Das Ende meines Traums von der Selbstständigkeit war das aber nicht. Während meiner Studienjahre versuchte ich mehrmals, den Sprung in die Selbstständigkeit zu wagen. Zu meinen weiteren Ideen gehörten eine Plattform für lokale Dienstleistungen wie Nachhilfe und Babysitting, um Studenten zu helfen, ihre Studienkosten zu decken, sowie ein Online-Verleih für gebrauchtes Kinderspielzeug. Leider scheiterten sie alle kläglich und zehrten auch die letzten Ersparnisse in meinem Studentengeldbeutel auf, weshalb ich mich hauptsächlich von Fünf-Minuten-Terrinen und dem Essen in der Hochschul-Kantine ernährte.

Dann brach plötzlich ein Ereignis über die Welt herein, das so schrecklich, nervtötend und langwierig war, dass ich seinen Namen am liebsten gar nicht aufschreiben würde: die Corona-Pandemie. Irgendwo zwischen Zoomcalls in Unterhosen und dem Backen von Bananenbroten waren die Menschen geplagt von Zukunftssorgen, Langeweile und der Angst vor dem Tod. Selbst meine Ambitionen, mir meinen Traum zu erfüllen, fielen dieser depressiven Zeit zum Opfer.

***

An einem Tag lag ich, eingesperrt in den vier Wänden meines Wohnheimzimmers, bäuchlings auf dem Bett und scrollte durch mein Handy. Leere Pizzakartons und Desinfektionsflaschen türmten sich in der Ecke und ein Haufen Einwegmasken lag achtlos auf dem Schreibtisch. Auf einmal blinkte auf meinem Bildschirm die Werbung für eine neue App auf: TikTok. Obwohl ich allein im Zimmer war, war es mir ein bisschen peinlich, die App herunterzuladen, weil sie damals hauptsächlich aus bescheuerten Challenges und Tanzvideos von Teenagern bestand. Aber meine Langeweile und mein Bedürfnis, irgendwas zu tun, waren so groß, dass ich nicht widerstehen konnte. Nachdem ich das fünfte Hunde-Filmchen und etliche Tanzvideos gesehen hatte, dachte ich: Warum eigentlich nicht? Warum nicht auch ein solches Video drehen? Was für eine absurde Situation. Ich hatte mir meine Studienzeit immer voller Partys und langer Nächte mit Freunden am Rheinufer vorgestellt. Jetzt war ich hier, eingesperrt in meinem Wohnheimzimmer, vollkommen nüchtern, und schwang meine Hüften nicht zu den Klängen von lauter Musik aus Bars, sondern zu dem scheppernden Sound aus meinen Handylautsprechern. Ich konnte nicht anders, als über die Situationskomik zu schmunzeln. Meine Tanzkünste hatten sich schon immer auf das Wippen mit einer Maß Bier in der Hand auf Dorffesten beschränkt. Wie würde dieses mein erstes Tanzvideo aussehen? Wahrscheinlich genauso unkoordiniert und albern. Aber was hatte ich zu verlieren? Vielleicht war es genau das, was ich brauchte – ein wenig Albernheit inmitten der Monotonie. Ich drückte den Veröffentlichungsbutton und ging schlafen, überzeugt davon, dass es niemand sehen würde, weil ich ohnehin null Follower hatte.

Als ich am nächsten Morgen aufwachte, griff ich verschlafen nach meinem Handy und öffnete die TikTok-App, um noch ein paar Minuten zu scrollen. Über Nacht hatte das Video 23 Likes und über 4500 Views bekommen. Moment mal: Über viereinhalbtausend Menschen hatten mein vollkommen bescheuertes Video gesehen, das ich in unter drei Minuten aufgenommen und hochgeladen hatte?

In diesem Moment explodierte mein Kopf, mein Puls raste und ich sprang aus dem Bett. Der Teil meines Hirns, der darauf trainiert war, jede noch so bescheuerte Situation in eine Businessidee umzuwandeln, sprang innerhalb von Millisekunden an. Wenn ich mit so wenig Aufwand 4500 Views erzeugen konnte: Was war möglich, wenn ich mir bei den Videos Mühe gab? Die Erkenntnis traf mich wie ein Blitz: Im Internet lassen sich Views in Form von Werbung zu Geld machen. Ich zog mir eine Hose an und schwang meine Hüften für das zweite Tanzvideo heftiger als jemals zuvor. Schweißgebadet sah ich die Aufrufe auf 2000 hochklettern. Es klappte! Das Potenzial, das ich plötzlich sah, war überwältigend. Wie könnte ich das weiter ausbauen? Was für Möglichkeiten lagen da noch vor mir? Euphorisch nutzte ich ab da jede freie Minute, um tiefer in die Welt von TikTok einzutauchen. In der freien Zeit, die ich als Paketauslieferer in der Sonne auf dem Dach meines Lieferwagens verbrachte, kam mir eine neue Videoidee. Ich begann, mich dabei zu filmen, wie ich in meiner schwarz-gelben Arbeitskleidung faulenzte. Das erzeugte sofort starke Reaktionen: Die Menschen saßen im Lockdown zu Hause, warteten seit Tagen auf ihre Päckchen und der Postbote lag einfach faul herum! Sie schrieben Dinge wie: »Ich warte seit Wochen auf mein neues iPhone! Arbeite gefälligst!!!« Ein großer Spaß. Und: Je wütender die Menschen wurden, desto schneller kletterten die Viewzahlen in die Höhe. Also kam ich auf die Idee, leere Pappschachteln von zu Hause mit auf die Arbeit zu nehmen. In den Videos tat ich so, als handele es sich um echte Pakete. »Hier ist ein Päckchen«, sagte ich in die Kamera. »Klingt nach einem neuen iPhone! Hahaha, das kriegst du nicht!« Dann warf ich es aus dem Auto in den Wald. Mit diesem Video gelang mir mein erster viraler Clip mit über 200 000 Views. Auf TikTok war ich nun bekannt als »Der Postbote«. Nun hatte ich die Gewissheit: Daraus lässt sich eine funktionierende Businessidee entwickeln. Der Gedanke war simpel: Ich musste das Gleiche tun wie bei der negativen Publicity für das Postunternehmen, nur diesmal positiv für neue Kunden. Aus meinen alten, gescheiterten Selbstständigkeitsversuchen wusste ich, dass 10 000 Aufrufe auf Google Ads, wenn man Werbung schaltet, zwischen 50 und 500 Euro kosten können. Diese große Spanne ergibt sich je nach Branche und dem verwendeten Suchbegriff. Ich würde meinen Kunden die gleichen 10 000 Views auf TikTok für ein Drittel des Preises besorgen. Damit wandte ich mich an mittelständische Unternehmen. Schnell hatte ich meinen ersten Kunden, ein kleines Unternehmen. Mit meiner Kamera und kreativen Ideen im Gepäck fuhr ich in die Firma und drehte das Material ab, mit dem ich später die Clips zusammenschneiden würde. Mit meinen Kunden vereinbarte ich, täglich einen Clip auf TikTok hochzuladen. Diese Strategie zeigte schnell Erfolg und beim nächsten Kunden konnte ich dank meiner bisherigen Ergebnisse bereits etwas mehr Geld verlangen. Es folgte eine magische Phase in meinem Leben. Bereits mit 22 hatte ich, nach langer Suche und einigen Fehlschlägen, ein Geschäftsmodell gefunden, das funktionierte. Arbeit war nicht mehr nur ein Mittel zum Zweck, sondern erfüllte mich mit echter Freude und Zufriedenheit. Es fühlte sich an, als wäre ich in die unbeschwerten Tage mit meinem Vater zurückversetzt, als wir zusammen im Wald arbeiteten und in den Pausen mit den Stammkunden plauderten. Jetzt genoss ich diese Kaffeepausen mit den Mitarbeitern der Unternehmen, für die ich drehte. Jeder Tag bot eine neue Herausforderung und eine neue Gelegenheit, etwas Großartiges zu schaffen. Mein Unternehmen wuchs und mit jedem Tag spürte ich den Erfolg ein Stückchen mehr. Ich hatte eine wunderschöne Freundin an meiner Seite, die ich endlich in die teuren Restaurants ausführen konnte. Ein krasser Unterschied zu den eintönigen Instant-Nudeln, aus denen vorher unsere Mahlzeiten bestanden. Ich konnte ihr ein bisschen was zurückgeben für all die Male, die ich sie um fünf Uhr morgens aus dem Bett geworfen hatte und sie sich mit mir einen weiteren Vortrag irgendeines Start-up-Gründers hatte anhören müssen. Die Zeit verging schnell und das Ende meines Studiums rückte näher. Auch Benita begann, sich nach ihrem ersten Job umzusehen, und wir bereiteten uns auf den nächsten Schritt in unserem gemeinsamen Leben vor.

***

Mein kleines Arbeitszimmer war in schwaches Licht getaucht, nur der Bildschirm erhellte den Raum. Überall lagen Notizen und Ideen für zukünftige Projekte verstreut und neben meinem Laptop stand eine halb leere Tasse kalten Kaffees. Wieder mal saß ich nachts an meinem PC, um in der letzten Minute die Videos für den nächsten Tag zu schneiden. Im Hintergrund dudelte leise meine Lieblingsplaylist. Sie half mir, konzentriert zu bleiben. Plötzlich klingelte mein Handy und riss mich aus meiner Arbeit. Es war Benita. »Ich habe krasse Neuigkeiten! An der Schule in Chiang Mai, wo wir uns kennengelernt haben, gibt es eine passende Stelle für mich!«, erzählte sie aufgeregt. »Saucool!«, entgegnete ich spontan, aber tief in mir spürte ich eine Mischung aus Unsicherheit und Unruhe. Ich konnte mir kaum vorstellen, was es wirklich bedeuten würde, wenn sie die Stelle bekäme. »Du musst dich unbedingt bewerben«, fügte ich schnell hinzu. Schon oft hatten wir darüber gesprochen, wie es wäre, gemeinsam im Ausland zu leben und zu arbeiten. Es war schon immer ein Traum von ihr und ich wollte sie in jedem Fall unterstützen.

»Denkst du, du könntest mit einer Fernbeziehung leben, wenn es darauf hinausläuft?«, fragte ich vorsichtig, während ich versuchte, meine eigene Unsicherheit zu verbergen. »Aber du kommst doch mit, oder? So wie wir es uns immer vorgestellt haben«, antwortete sie mit einem hoffnungsvollen Lächeln in ihrer Stimme. Ich lachte, mehr aus Nervosität als aus Freude, und bejahte. »Klar, ich komme mit.« Obwohl ich wusste, dass diese Stelle, wenn sie sie bekäme, eine große Veränderung für uns beide bedeuten würde. Ich beschloss, mir darüber weiter Gedanken zu machen, wenn es tatsächlich so weit wäre. Wir legten auf und ich wandte mich wieder meinem Bildschirm zu, um weiterzuarbeiten. Ich saß bis spät in die Nacht vor dem Computer. Das war keine Seltenheit mehr. Schon vor einigen Monaten hatte ich festgestellt, dass mir die Gründer mit den blendend weißen Zähnen, die ich auf diesen Konferenzen kennengelernt hatte, einen entscheidenden Aspekt der Selbstständigkeit verschwiegen hatten. Selbstständig zu sein bedeutet, einen Arsch voll Arbeit zu haben: Rechnungen schreiben, Rechnungen aufheben. Steuern und Bilanz machen, Jahresabschlussrechnung, Kundenakquise, Kundenbetreuung. Ich will gar nicht wissen, wie viele Stunden ich nachts unter dem Licht meiner Schreibtischlampe Unterlagen sortierte, prüfte, abheftete. Ich musste meinen Klienten wegen ausstehender Rechnungen hinterhertelefonieren, immer wieder. In diesen Momenten dachte ich oft an die einschläfernden Module aus meinem Studium zurück, bei denen ich mich gefragt hatte, wer so was wohl wirklich brauchte. Jetzt wünschte ich mir, dass ich wenigstens ein bisschen mitgeschrieben hätte.

Eine Sache an meiner Selbstständigkeit nervte mich ganz besonders: Ich hatte immer noch Bosse. Ich hatte mir vorgestellt, in der Selbstständigkeit mehr Freiheit zu haben und so arbeiten zu können, wie ich es für richtig hielt. Doch das war überhaupt nicht der Fall. Ich liebe es zwar, mit anderen Leuten zusammenzuarbeiten, Gedanken auszutauschen und gemeinsam coole Projekte zu erschaffen. Doch die Marketingabteilungen von großen Unternehmen kamen mir immer mehr vor wie eine Parallelwelt, in der ich gefangen war. Alle erschienen gestriegelt in Hemd und Jeans und niemand wollte jemand anderem auf die Füße treten. Selbst wenn jemand völligen Schwachsinn redete, durfte man das nicht einfach sagen. Immer lächeln, immer freundlich bleiben. Da war kein Feuer, keine echten Emotionen. Dafür gab es stundenlange Meetings über Belanglosigkeiten, die immer mit einer PowerPoint-Präsentation begannen: Wie liefen die letzten Videos? Was könnte man in Zukunft produzieren? Anschließend zeigte ich meine Arbeit, einen 20-Sekunden-TikTok-Clip, zu dem dann jeder seinen Senf gab. Bevorzugt zu den unwichtigsten Details, wie der Farbe der Untertitel. Ob denn Türkis zu einem Unternehmen passe, das sich als »Happy Brand« verstand, oder ob nicht ein freundliches Gelb besser wäre? Ü50-Boomer, die keine Ahnung von der Generation Z hatten und keine wirkliche Vorstellung davon, was TikTok überhaupt ist, diskutierten langatmig über Kommentare, die 13-Jährige unter ihren Videos gepostet hatten. In meinem Kopf schrie ich sie an: »Wenn ich noch eine weitere Sekunde darüber diskutieren muss, ob Arial oder Calibri die bessere Schriftart ist, breche ich jemandem die Kauleiste!« Tatsächlich saß ich aber mit aufgesetztem Lächeln da und änderte die Videos nach ihren Wünschen. Meine Gedanken gingen zurück zu meiner Zeit als Praktikant und ich erkannte, dass sich eigentlich gar nicht so viel verändert hatte: Ich saß allein in einem Raum vor dem Computer und tat, was andere mir auftrugen. Trotzdem machte ich weiter, denn meine Einnahmen stiegen.

Zwischen Videos schneiden, Rechnungen schreiben und dem ganzen Chaos des Selbstständigendaseins versuchte ich irgendwie, meinen Bachelor-Studiengang zu Ende zu bringen. In Nachtschichten schrieb ich meine Bachelor-Arbeit über das Thema des TikTok-Algorithmus. Kurz vor dem Abschluss hatte ich ein letztes Gespräch mit meinem Dozenten, der die Arbeit betreute. Es war ein sonniger Tag, als ich das letzte Mal an meiner Hochschule in Mainz war. Die Luft war erfüllt von der typischen Geschäftigkeit eines Campus, Studenten eilten von einem Gebäude zum nächsten und ich war unterwegs zu meinem Spind, um ihn auszuräumen. In den Fluren herrschte die vertraute Mischung aus Stimmengewirr und dem leisen Summen der Beleuchtung. Einen Moment lang genoss ich die Atmosphäre, bevor ich meinen Spind ein letztes Mal öffnete, die verbliebenen Bücher und Unterlagen herausnahm und in meine Tasche stopfte. Währenddessen kam der Dozent vorbei, mit dem ich gleich zum Gespräch verabredet war. Er grinste mich an, als er mich sah. »Na, der fleißige TikTok-Star«, begrüßte er mich mit einem Augenzwinkern und kurz darauf saßen wir beide in seinem Büro, das vollgestopft war mit Büchern und Papieren, genau wie man es sich bei einem Professor vorstellt. Das Gespräch begann locker. »Das Thema des TikTok-Algorithmus, wirklich faszinierend«, sagte er, während er durch meine Arbeit blätterte. »Ich bin beeindruckt von der Tiefe Ihrer Analyse.« Ich erzählte ihm von den langen Nächten, in denen ich gearbeitet hatte. »Es war eine Herausforderung, aber es hat sich gelohnt«, sagte ich stolz. Er stellte ein paar Fragen, lauschte meinen Antworten aufmerksam, seine Augen funkelten vor Interesse. Dann lehnte er sich zurück und sagte: »Ich kenne da ein paar Leute, die ich Ihnen gerne vorstellen würde. Ihre Ideen und Ihr Engagement könnten für einige meiner Kontakte sehr interessant sein.«

Es stellte sich heraus, dass mein Dozent Teil des Business Angels Netzwerk Deutschland (BAND) war. »Business Angels« sind vermögende Privatpersonen, die in junge Unternehmen investieren. Entweder kaufen sie Anteile in der Hoffnung, dass das Unternehmen groß wird und sie später ihre Anteile gewinnbringend verkaufen können, oder sie helfen mit ihren Kontakten und ihrer Expertise, um schneller an große Kooperationspartner zu gelangen. Bei den Start-up-

Konferenzen buhlten die Jungunternehmer geradezu um die Aufmerksamkeit dieser Investoren. Mit ihrem Geld und ihren Verbindungen konnte man das eigene Unternehmen auf die nächste Stufe heben. Anders gesagt: Würde ich einen Business Angel an meine Seite bekommen, könnte das den Durchbruch für mich bedeuten. Wir vereinbarten ein Meeting, das aus Corona-Gründen online stattfand.

Ich saß in meinem kleinen Arbeitszimmer im Haus meiner Familie. Der Raum war eine wilde Mischung aus meiner Kindheit und meinem neuen Leben. Alte Poster und Bilder an den Wänden erinnerten mich an unbeschwerte Tage, während Notizen, Ausrüstung und eine unordentliche Ansammlung von Unterlagen und Büchern von meinem jetzigen Arbeitsalltag zeugten. Ein Whiteboard, auf dem ich meine Ideen sortierte, stand prominent im Raum. Bevor es losging, schob ich Dutzende leere Kaffeetassen aus dem Kamerabereich und stellte meine Lampen so um, dass ich gut ausgeleuchtet war. Statt einer Webcam nutzte ich eine der Kameras, die ich für die Firmendrehs verwendete. Es sollte alles so professionell wie möglich aussehen. Als es dann so weit war, saß ich in meinem besten Hemd mit schwitzenden Händen vor meinem Laptop im Warteraum des Zoom-Meetings. Mein Herz klopfte heftig und ich spürte, wie die Aufregung in mir aufstieg. Dann flutschte ich in den Call. Mein Professor und zwei ältere Herren schauten mich aus meinem Laptop heraus an. Der Raum wirkte plötzlich noch kleiner, die Luft stickiger. Nachdem mein Dozent uns kurz einander vorgestellt hatte, ging es los. Sie wollten wissen, was mein Geschäftsmodell sei. Ich antwortete mit meinem penibel vorbereiteten Elevator-Pitch, einer Methode, um potenziellen Investoren in kurzer Zeit die eigene Geschäftsidee optimal und möglichst prägnant zu verkaufen. Sie wollten wissen, in welcher Branche ich agierte, worin die

Marktkapitalisierung bestand, wie groß die Marketingbudgets der Unternehmen waren und welchen Anteil daran ich abgreifen könne. Es fühlte sich an wie ein Fechtkampf, sie stachen mit Fragen zu, die ich schnell mit Zahlen parierte. Jeder Stich ein möglicher Treffer, jeder Schlagabtausch ein weiterer Schritt Richtung Erfolg. In der Mitte des Gesprächs gewann ich an Boden, ich machte meine Sache gut. Meine Antworten wurden sicherer, meine Stimme wurde fester. Dann kam die Frage, die alles entscheiden konnte: »Wie viel Geld brauchen Sie?« Ich nannte die Summe, die ich sorgfältig kalkuliert hatte. Kurz vor Ende des Gesprächs ließen die beiden durchblicken, dass man darüber nachdachte, 25 Prozent meines Unternehmens zu kaufen: »Ich bin mir sicher, dass wir uns einig werden.« Danke für das Gespräch. Auf Wiedersehen. Ich klappte den Laptop zu, atmete tief durch. Draußen hörte ich das Vogelzwitschern und den Wind, der sanft durch die Blätter der Bäume strich. 25 Prozent! Das war astronomisch viel. Ich hatte es geschafft! Wenn die Verträge unterschrieben waren, würden in den nächsten Wochen Zehntausende Euro auf meine Geschäftskonten fließen. Ich würde ein richtiges Büro mieten und Mitarbeiter einstellen können. Es würde viel zu tun geben, meine Gedanken überschlugen sich. Ich atmete noch einmal tief ein, aber beim Ausatmen spürte ich, dass ich nicht alle Luft aus meiner Lunge drücken konnte. Meine Bauchdecke war fest, ich tastete mit meinen Fingern unter mein Hemd. Steinhart. Eine Anspannung, die ich nicht bewusst wahrgenommen hatte, sich aber in den letzten Monaten stetig aufgebaut hatte. Würde ich die Verträge mit den Business Angels unterschreiben, dann würde es kein Zurück mehr geben. Dann würde mein Arbeitsvolumen exponentiell wachsen. Bei dem Gedanken spannte mein Bauch so sehr, dass ich auch kaum noch richtig einatmen konnte. Was tat ich da gerade eigentlich? Machte mir die Arbeit Spaß? Oder hatte ich mich in die Irre führen lassen, angetrieben davon, mir meinen Traum einer erfolgreichen Selbstständigkeit zu erfüllen? Das Einzige, an dem ich gegenwärtig noch Freude hatte, waren die Drehtage in den Firmen. Dort konnte ich Menschen kennenlernen, kreativ arbeiten und eigenständig meine Visionen verwirklichen. Aber das waren höchstens drei Prozent meiner Arbeit. Der ganze Rest war doch nur schnöder BWL-Scheiß. Ich dachte wieder an die Waldspaziergänge mit meinem Vater, ich meinte, die feuchte Erde und Fichtennadeln förmlich riechen zu können. Auch wenn das Business meines Vaters weit davon entfernt gewesen war, lukrativ zu sein, hatte er Freude daran gehabt. Nun kamen mir plötzlich Zweifel. War es bei mir nicht genau umgekehrt? War mein Traum von der Selbstständigkeit nur ein Hirngespinst gewesen? Wie viel hatte die Wirklichkeit mit dem zu tun, was ich mir als Kind bei den Waldspaziergängen darunter vorgestellt hatte? Konnte ich diese Verträge mit den Business Angels wirklich unterschreiben? Ich hatte alles dafür getan, mein ganzes Leben darauf ausgerichtet, erfolgreich zu sein. Gab es jetzt, wo ich so weit gekommen war, überhaupt noch ein Zurück? Oder musste ich das jetzt durchziehen?

Zwei Tage später klingelte mein Handy. Meine Prinzessin war dran. »Josu, ich habe den Job an der Deutschen Schule! Ich werde nach Thailand ziehen!« Ich konnte ihre Freudentränen beinahe hören, versuchte, meine eigenen Tränen zu unterdrücken, und spielte ihr vor, mich für sie zu freuen. Innerlich war ich jedoch zerrissen. Natürlich hatte ich ihr gesagt, dass wir zusammen nach Thailand ziehen würden. Aber das war, bevor ich wusste, dass ich die Chance bekommen würde, richtig durchzustarten. Ich glaubte immer noch daran, dass man seinen Partner bei der Verwirklichung seiner Träume unterstützen sollte. Doch jetzt standen unsere Träume im Widerspruch zueinander. Ihr das zu sagen und ihre Freude über den Job und die vermeintliche gemeinsame Zukunft in Chiang Mai zu zerstören brachte ich allerdings nicht fertig. Schweren Herzens entschied ich, ihr vorerst nichts von meinem Call zu erzählen.

Kapitel 2

Aufbruch

Ein paar Monate vor ihrer Abreise besuchte Benita mich in meinem Heimatdorf. Es war ein frischer Frühlingsmorgen und der Ort lag still da, eingebettet in sanfte Hügel und saftige Wiesen. Wir gingen spazieren. Der Tau klebte an den Blumenknospen, während die Bienen summend über die Wiesen flogen. Eine leichte Brise strich durch die ersten Blätter der Bäume. Nach einer Weile erreichten wir eine kleine Bank, die bei uns im Dorf »Das Bänkle« genannt wurde. Generationen von Dorfbewohnern hatten hier bereits wichtige Lebensfragen erörtert. Dieser Ort schien mir perfekt, um ihr von dem Gespräch mit den Business Angels zu erzählen. Wir setzten uns, ich holte tief Luft und begann zu sprechen. Meine Stimme zitterte leicht, als ich ihr gestand, wie zerrissen ich mich fühlte zwischen der gefühlten Verpflichtung, diese Chance zu ergreifen, und der Angst davor, damit einen großen Fehler zu machen. Benita saß ruhig neben mir. Ihr Blick folgte einem Schmetterling, der vor unseren Augen aufflatterte und in den Hügeln verschwand. Was würde sie jetzt sagen? Dass ich die Verträge unterschreiben sollte? Dass ich ein Idiot wäre, wenn ich meine ganze Arbeit hinschmiss? Dass ich ein Feigling war, der weglief, sobald es unangenehm wurde? Dass ich das auf jeden Fall machen – oder unbedingt sein lassen – sollte? Der Moment fühlte sich sowohl bedeutsam als auch fragil an, als ob jedes Wort aus meinem Mund dasjenige sein könnte, das ihn zerspringen lässt wie Glas. Was würde meine anstehende Entscheidung und ihre Meinung dazu für unsere gemeinsame Zukunft bedeuten?

Es dauerte eine gefühlte Ewigkeit, bis Benita zu sprechen begann. Sie sagte: »Ich bin mir sicher, dass das mit den Business Angels erfolgreich sein wird. Du könntest dein Unternehmen in den nächsten Jahren vergrößern und bestimmt auch viel Geld dabei verdienen. Aber ist das wirklich das, was du willst? Ums Geld ging es dir ja nie.« Ihre Worte trafen mich unerwartet heftig. Ich schwieg, ließ sie sacken, horchte in mich hinein. Hatte sie recht? Aber wenn sich Erfolg und Freiheit für mich tatsächlich nicht in Geld bemessen ließen, womit dann? Auch darauf gab mir meine Prinzessin eine Antwort: »Du hast mir immer gesagt, dass du am liebsten reisen würdest. Das könntest du vergessen, wenn du die Verträge unterschreibst – und ich habe bemerkt, dass du in letzter Zeit wirklich unglücklich mit deiner Arbeit bist.« – »Wirklich?«, fragte ich leise. Mir war nicht klar gewesen, dass das so offensichtlich war. »Ja«, bekräftigte sie. »Wenn wir miteinander gesprochen haben, ging es fast immer nur um dein Geschäft. Neue Aufträge, nervige Meetings, steigende Umsätze. Ich habe gespürt, wie sehr dich das eingenommen hat. Du sprichst nicht mehr mit der gleichen Euphorie darüber wie damals.« Ich schluckte. Alles, was sie sagte, stimmte. Das fühlte ich ganz deutlich. Trotzdem unternahm mein Verstand noch einen letzten Versuch: »Aber meine Freunde und Familie sagen, dass das eine einmalige Chance ist. Sie sagen, ich bin kurz davor, meinen Traum zu verwirklichen«, argumentierte ich und schob hinterher: »Aber gerade weiß ich überhaupt nicht, was ich will.« – »Es stimmt«, antwortete Benita, »du bist kurz davor, deinen Traum zu verwirklichen. Nach den vielen Fehlschlägen war es das erste Mal, dass etwas wirklich funktioniert. Aber ich glaube, du musst dir erst einmal wieder bewusst werden, was dein Traum denn überhaupt ist.« Ich blickte sie an, ihre Worte trafen einen Nerv in mir. »Du bist nicht sauer auf mich, wenn ich jetzt alles hinschmeiße? Du hältst mich nicht für einen Feigling?« – »Nein. Es wäre feige, an diesem falschen Traum festzuhalten, nur weil dir andere dazu raten. Ich glaube nicht, dass das die einzige Chance ist, die du im Leben bekommen wirst. Ich bin mir sicher, dass du auch in etwas ganz anderem erfolgreich sein kannst, wenn du es wirklich willst.« – »Und was soll das sein?«, fragte ich unsicher. »Ach, Josua. Du weißt doch, wie das läuft. Das haben sich nach dem Abi doch schon alle mal gefragt. Das musst du halt neu herausfinden. Niemand kann dir sagen, wie das geht. Damals hat sich dein Traum erst richtig gefestigt, als wir in Thailand waren. Vielleicht musst du einfach wieder verreisen, irgendwohin, wo du etwas Neues sehen und erleben kannst.« Ich dachte nach. Reisen? Das klang nach einer guten Idee, an der ich gerade begann, Gefallen zu finden, als mitten in meine Gedanken hinein Benita doch noch die Frage stellte: »Was wird eigentlich aus uns?«, fragte sie. »In wenigen Monaten bin ich schon in Thailand.« In dem Moment machte sich in mir eine unerschütterliche Sicherheit breit: »Wir schaffen das schon, meine Prinzessin!«, sagte ich. »Du ziehst erst mal nach Thailand und ich überlege mir in der Zwischenzeit, wie es bei mir weitergeht. Aber eine Sache steht für mich fest: Wir beide gehören zusammen und daran wird sich auch nichts ändern.« Nachdem wir uns dann schließlich kurz vor ihrer Abreise zum Abschied am Flughafen geküsst hatten, sagte ich scherzhaft: »Bis später, ich komme gleich nach!«, bevor sie in den Flieger in Richtung des 8500 Kilometer entfernten Thailand stieg.

***

Trotz des offenen Gesprächs mit meiner Prinzessin und der starken Reaktion, die es in mir hervorgerufen hatte, verbrachte ich zunächst weiter Tag für Tag, Monat für Monat Zeit mit dem, was ich einst für meinen Traum gehalten hatte. Doch jede Stunde offenbarte mehr und mehr, dass es nicht wirklich mein Traum war. Jeder Tag zerrte heftiger an meinem Herzen und ließ mich unzufriedener werden. Während diese Unzufriedenheit an mir nagte, führte ich täglich lange Gespräche mit meiner Freundin, die in Thailand ein neues Leben begonnen hatte. Ihre Erzählungen von Abenteuern und neuen Entdeckungen machten mir schmerzhaft bewusst, wie festgefahren mein eigener Alltag geworden war. Monatelang zog sich die Angelegenheit mit den Business Angels hin. Immer wieder fand ich eine neue Ausrede, um die Verträge zu verzögern. Mal musste eine Klausel geändert werden, mal waren es technische Details, die meiner Meinung nach nicht stimmten. Ich fand immer einen Grund, die Unterschrift hinauszuzögern, in der Hoffnung, dass sich mein innerer Konflikt irgendwie von selbst lösen würde. Eines Nachts, es war schon fast drei Uhr morgens, saß ich wie so oft vor meinem Computer und schnitt Videos für den nächsten Tag. Dabei stieß ich wieder auf die dringliche E-Mail der Business Angels, in der sie mich aufforderten, endlich die finalen Verträge zu unterschreiben. Müde von den endlosen Anforderungen und dem Druck verschob ich die E-Mail erneut in den Ordner »Erledige ich später« und legte mich ins Bett. In meinem Kopf arbeitete es. Mein Bankkonto mochte voll und der Pfad der Selbstständigkeit erfolgreich beschritten sein – ein Pfad, den einst auch mein verstorbener Vater gewählt hatte. Doch unsere Leben hätten unterschiedlicher nicht sein können. In diesem stillen, dunklen Moment wurde mir klar, dass der Funke meines ursprünglichen Traums erloschen war. Das war nicht das, was ich wollte. Es war, als hätte ich einen Teil von mir selbst verloren. Am nächsten Morgen, nach einigen unruhigen Stunden voller Zweifel und Überlegungen, stand ich auf und fasste endlich den entscheidenden Entschluss. Ich stellte meine erste Kamera, mit der ich nächste Woche noch einen Shoot machen sollte, auf eBay Kleinanzeigen zum Verkauf. Dann griff ich zum Telefon und rief meine Freundin an. »Ich komme zu dir«, sagte ich mit einer Mischung aus Entschlossenheit und Aufregung in meiner Stimme. Ihre freudig überraschte Reaktion »Wie, du willst kommen?« bestärkte mich in meinem Entschluss nur noch mehr. »Ja«, bekräftigte ich, »ich werde reisen! In 90 Tagen bin ich bei dir. Erinnerst du dich, wie ich immer aus dem Flugzeug geguckt und mich gefragt habe, was wohl zwischen den Flughäfen liegt? Welche Menschen dort leben?« Ihre Antwort kam prompt und mit einem Lachen: »Ja, ich erinnere mich.« »Jetzt nutze ich die Chance, die Welt richtig zu bereisen. Und zwar ohne Flugzeug, in 90 Tagen zu dir.« Sie lachte herzlich und sagte: »Du klingst wie der verrückte Typ, in den ich mich damals verliebt habe, als du mir von deinen wilden Geschäftsideen erzählt hast.« Diese Entscheidung, alles hinter mir zu lassen und zu meiner Prinzessin zu reisen, fühlte sich an wie die Befreiung, die ich so dringend benötigte. Es war ein Sprung ins Unbekannte, doch ich war bereit. Ich wollte verstehen, wie das echte Leben aussieht, die echten Menschen kennenlernen, die unsere Welt formen. Um einen fixen Startpunkt für meine Reise zu haben, buchte ich erst einmal einen Zug nach Budapest. Das Datum für die Zugreise legte ich willkürlich fest. Vor Ort würde ich dann schauen, wie ich weiterreisen wollte.

Jetzt gab es nur noch ein Problem: mein Geschäft und die Verträge, die mich festhielten. Als ich meinen Geschäftspartnern erzählte, dass es bei mir Veränderungen gegeben habe und ich mein Geschäft nicht weiterführen könne, schaute ich zuerst in ungläubige, dann in verärgerte Gesichter. »Wie können Sie jetzt alles hinschmeißen?«, »Es lief doch so gut!«, »Aber wir haben doch Verträge!«. Ich versuchte, meine Kunden in den Chefetagen und Marketingabteilungen zu beruhigen, indem ich erklärte, dass sie die TikToks früher oder später ohnehin selbst produzieren könnten. Es war ein Drahtseilakt. Einerseits wollte ich mich von meinen Verpflichtungen lösen, andererseits wollte ich keine verbrannte Erde hinterlassen, da ich nicht wusste, ob ich nach meiner Reise wieder ins Business einsteigen und auf zufriedene Kunden angewiesen sein würde. Zum Glück war mir klar, dass es für die meisten Probleme eine Lösung gab, wenn man freundlich war und die Bedürfnisse des Gegenübers anerkannte. Viele Klienten konnte ich mit Workshops zum Produzieren von TikToks beschwichtigen. Mit anderen vereinbarte ich noch einen letzten Drehtag, damit sie Material hatten, das sie selbst zusammenschneiden konnten. Wieder andere versuchten, mich mit zum Teil doppeltem Honorar zu halten, aber Geld war mir inzwischen wirklich egal. Insgesamt kam ich erstaunlich gut aus der Sache raus.

Parallel dazu verkaufte ich das meiste von meiner Ausrüstung: Kameras, Objektive, Lichter, Tonequipment, Stative, SD-Karten. Lediglich meine Lieblingskamera, meine GoPro, und meine Drohne »Flipper« durften bleiben. Von dem Geld kaufte ich einige Dinge, die ich für unerlässlich für die Reise hielt. Ich fuhr nach Ulm, um mir in einem Outdoor-Store ordentliche Wanderschuhe zu besorgen. Obwohl ich aufgrund meiner schwäbischen Prägung ein sehr sparsamer Mensch bin, sollte es hier an nichts fehlen. Ich ließ mich vom Verkäufer gründlich beraten und legte am Ende ganze 500 Euro für ein Paar Wanderschuhe hin, mit denen man vermutlich sogar auf dem Mond mehrere Monate herumlaufen konnte. Außerdem nahm ich dort einen riesigen Wanderrucksack mit - mit ganzen 70 Liter Fassungsvolumen.

Als ich abends wieder in meinem Dorf ankam und vom Bahnhof nach Hause lief, kam ich an einem Bauwagen vorbei. Dröhnende Bässe und besoffenes Gegröle drangen aus ihm heraus. Ich erkannte die Stimmen. Das waren ein paar Jungs aus dem Dorf, die ich von früher kannte. Während unserer Pubertät hatten wir unzählige Abende in diesen Bauwägen gesessen und uns die Lichter ausgeknipst. Goldochsen-Bier und in Wodka gecrushte Eisbonbons waren zu Schlagermusik unsere Kehlen runtergeflossen, bevor wir uns nachts rausgeschlichen und Dinge getan hatten, wie Baustellenschilder zu klauen oder mit Motorrollern über die Äcker zu heizen. Es war eine wunderbare Zeit gewesen, aber im Vorbeigehen hatte ich nun ein beklemmendes Gefühl. Während ich in Mainz studiert und mein Unternehmen aufgebaut hatte, schien die Zeit für die Jungs im Dorf stehen geblieben zu sein. Sie machten immer noch das Gleiche wie damals, als wir 15 waren. Das Leben im Dorf ist einfach und vorhersehbar. Man wird geboren, macht eine Ausbildung, während man noch bei seinen Eltern lebt. Mit 30 heiratet man ein Mädchen aus dem Nachbardorf, arbeitet und baut ein Haus, in das man mit Frau und Kindern einzieht. Die größten Highlights sind die unzähligen Dorffeste und später die Hochzeiten der eigenen Kinder. Am Ende liegt man auf dem Sterbebett. Aber was erzählt man dann seinen Kindern? Ich bin froh, im Dorf aufgewachsen zu sein. Es war eine unbeschwerte Kindheit, aber ich musste hier raus. Dieses Leben war nichts für mich. Ich konnte jetzt nicht am Bauwagen klopfen. Für die Dorfbewohner war es schon seltsam, wenn jemand in die nächste Stadt zog. Was würde die Gemeinschaft wohl an den Bierbänken über jemanden erzählen, der eine halbe Weltreise machte? Ich blieb kurz stehen und blickte auf den Bauwagen zurück. Ein vielstimmiges Lachen flatterte durch die Nacht. Ich beneidete diese Menschen. Für sie war dieses einfache Leben genug, das war ihr Lebenstraum. Irgendwie wünschte ich mir, dass mein Lebenstraum weniger schwer zu verwirklichen wäre.

* * *

Die Tage vergingen, gefüllt mit letzten Erledigungen und Vorbereitungen für meine Reise, am letzten Tag vor meiner Abreise fiel mir ein, dass ich ja noch eine Auslandskrankenversicherung abschließen wollte. Also radelte ich drei Dörfer weiter zu einem kleinen Häuschen, in dem ein Versicherungsvertreter sein Büro hatte. Der Mann war überrascht, dass ich mir erst einen Tag vor Antritt meiner Reise Gedanken um das Thema Versicherungen machte. »Ja, so eine Reise ist gefährlich und kann kostspielige Risiken mit sich bringen. Stellen Sie sich mal vor, sie verunglücken auf dem Mount Everest. Niemand wird Ihnen helfen, wenn Sie nicht nachweisen können, dass Sie versichert sind!«, sagte er, nachdem ich ihm von meinem Vorhaben erzählt und ihn nach einer entsprechenden Versicherung gefragt hatte. Anschließend listete er eine ganze Menge Optionen auf, die ich mir aber gar nicht so genau ansah. Ich wollte die Sache schnell hinter mich bringen und schloss einfach einen Vertrag ab. 500 Euro im Monat, die ich mir selbst zuzuschreiben hatte. Hätte ich mich frühzeitiger und gründlicher informiert, wäre ich vermutlich auf deutlich günstigere Angebote gestoßen.

Als ich nach Hause kam, war es schon fast Zeit, mich in unserem Garten blicken zu lassen. Dort schmiss meine Mutter noch eine kleine Grillparty, schließlich war es mein letzter Abend hier. Zumindest war das die offizielle Version. So ist das nun mal im Dorf: Jede Woche gibt es irgendein Fest – und wenn es keinen Grund zum Feiern gibt, erfindet man eben einen. Meine vier Schwestern waren da und die Nachbarin mit den vielen Hühnern, die uns mit Eiern versorgte, seit ich denken kann. Als es dunkel wurde, verabschiedete ich mich von der Runde, da ich am nächsten Tag früh aufstehen wollte.

Bevor ich mich allerdings ins Bett legen konnte, klingelte es an der Tür. Da die anderen im Garten die Klingel nicht hörten, lief ich die Treppe runter, öffnete – und da standen meine besten Freunde. Nico, Patrick, Felix, Timo und Manu. Nico hielt den Griff eines Bollerwagens fest, in dem drei Kästen unseres innig geliebten Goldochsen-Biers, eine Tüte Eisbonbons und eine Flasche Wodka, Tetrapak-Glühwein und eine Flasche flockig gefrorener Ouzo lagen. »Abschiedsparty!«, riefen sie und schoben sich an mir vorbei zur Kellertreppe.

Im Partyraum im Keller machten wir das, was wir seit unserem 13. Lebensjahr regelmäßig getan hatten: Wir besoffen uns kräftig, während die Musikanlage dröhnte. Dabei quatschten wir und tauschten ein paar sentimentale Anekdoten aus: »Wisst ihr noch, als wir den automatischen Rasenmäher von der Kneipe geklaut haben, weil die uns rausgeschmissen haben?«, »Wisst ihr noch, als Manu sich das linke Schlüsselbein bei unseren Roller-Stunts auf der Treppe gebrochen hat, kurz nachdem sein rechtes Schlüsselbein verheilt war?«, »Wisst ihr noch, wie wir beim Southside-Festival mit Manus Krücken in den Backstage-Bereich gekommen sind?«. Zwischendurch vertrieben wir uns die Zeit mit Trinkspielen, die bei uns im Dorf die Namen *Münzspiel, Schachteln, Busfahrer* und *Piccolo* trugen.

Bevor meine Freunde gingen, schenkten sie mir noch einen Schlüsselanhänger. Es war ein kleiner silberner Anhänger. In der Mitte befand sich ein winziges, sorgfältig eingearbeitetes

Foto, geschützt durch eine klare Plastikhülle. Auf dem Foto grinsten wir alle frech in die Kamera. Um drei Uhr waren alle weg. Aufräumen war mein Job und normalerweise tat ich das nach dem Besäufnis auch immer. Allein. Aber irgendwie wollte ich diesmal den Moment noch nicht vorbeiziehen lassen. Der Raum roch nach einer Mischung aus verschüttetem Bier, Zigarettenrauch und den letzten Überresten des Grillabends – eine Mischung, die mir seltsam vertraut und doch fremd vorkam. Ich nahm mir das letzte Bier aus dem Kasten, drehte die Musik noch lauter und setzte mich auf die Couch. Während ich dasaß, fühlte ich die kalte, glatte Oberfläche der Bierflasche in meiner Hand. Der bittere Geschmack des Biers vermischte sich mit der Bitterkeit meiner Gedanken. Die roten und gelben Lichterketten im Partyraum warfen sanfte Farben an die Wände, die in meinen tränengefüllten Augen verschwammen. »Krass«, dachte ich mir. »Das war das letzte Mal.« Eine Träne rollte über meine Wange, gefolgt von einer zweiten. Die Traurigkeit über das Ende dieses Kapitels in meinem Leben überwältigte mich. Die unbeschwerten Zeiten mit meinen Freunden, die Nächte voller Lachen und Bier, sie würden ab jetzt nur noch Erinnerungen sein. Der Raum, der eben noch von Stimmen und Gelächter erfüllt war, schien plötzlich still und leer. Doch als ich am nächsten Morgen aufwachte, waren alle Sorgen der Nacht verflogen. Ich konnte es mir selbst nicht erklären, aber die Angst und die Zweifel waren weg, nur wenige Stunden, nachdem sie mir fast überwältigend groß erschienen waren. Ich riss die Fenster auf und ließ die frische Morgenluft in mein Zimmer strömen. Die Sonne schien hell, die Luft war klar und die Welt draußen wirkte voller Möglichkeiten. Heute ging es los! Ein Aufbruch! Ein Neuanfang! Ich schulterte die Tasche und den neuen Rucksack, die in einer Ecke meines Zimmers fertig gepackt warteten, und rannte die Treppe runter.

Eine meiner Schwestern stand schon in der Küche und deckte den Frühstückstisch. An Essen war vor lauter Aufregung aber nicht zu denken, also schmierte ich mir ein paar Brötchen und stopfte sie in meine Tasche. Beim Rausgehen schlüpfte ich in meine Jacke und griff nach meinem Handy. Eine Nachricht war eingegangen. Sie war von Benita: »Ich kann es kaum glauben, dass du alles hinter dir lässt und wirklich zu mir kommst. Ich bin so stolz auf dich!« Ich lächelte, als ich das Haus verließ.

Meine Mutter, die draußen bei unserem Auto auf mich wartete, öffnete den Kofferraum, ich hievte Rucksack und Tasche hinein. Wir fuhren aus dem Dorf hinaus in Richtung des Ulmer Hauptbahnhofs. Ein letztes Mal ließ ich meinen Blick über die Dorfstraßen schweifen, von denen ich jeden Zentimeter kannte. Macht's gut!

***

Der Zug rollte mit einem tiefen Grollen und schrillen Bremstönen in den Bahnhof ein. Ich drehte mich zu meiner Mutter, deren Gesicht vor lauter Morgensonne rot leuchtete. »Mama, gibt es noch etwas, das du mir für die Reise mitgeben willst?« Das war der Moment, den ich mir insgeheim herbeigesehnt hatte: Der weise Ratschlag der Eltern vor dem Aufbruch. Worte, die man nach der Reise in ein Buch schreiben konnte, um andere daran teilhaben zu lassen. Aber meine Mutter guckte mich nur verwundert an und sagte: »Lass dir nicht deinen Laptop klauen.« Ich lachte. Ich kannte sie und wusste, welche Herzlichkeit in diesen wenigen Worten lag. Das war eben meine Mutter, die bereits im Alter von 16 Jahren angefangen hatte zu arbeiten. Die nach der Arbeit noch den Haushalt geschmissen und fünf Kinder bekommen hatte, die sie nach dem Tod meines Vaters ganz allein großgezogen hatte. Die starke

Mutter, die nichts aus der Ruhe bringen konnte und die alles tat, um uns Kindern jeden Wunsch zu erfüllen. Die ihr Leben lang ihre eigenen Bedürfnisse hintangestellt hatte, um für uns da zu sein. Die bis zur Rente für das immer gleiche Unternehmen gearbeitet hatte. Die ihren Ruhestand nicht mit Fernsehgucken verbringen wollte und stattdessen einen älteren Herrn im Nachbardorf pflegte. Deren größter Traum es immer gewesen war, aus dem Dorf zu kommen und eine Weltreise zu machen. Ein Traum, den sie sich aber nie erfüllen konnte, weil die Arbeit, dörflichen Gepflogenheiten und Verantwortung für ihre Kinder sie dort festgehalten hatten. Ein Traum also, der für sie immer ein Traum geblieben war und den ihr Sohn sich nun erfüllte, der vor ihr am Gleis 3 des Ulmer Hauptbahnhofs stand. Kein Tränenglitzern in ihren Augen, das war nicht ihre Art, aber ein warmer Blick, der sagte: »Ich bin stolz auf dich. Du machst das schon.«

Die Türen des Zuges schlugen auf. Wir umarmten uns. Dann sprang ich mit meinem Gepäck in den Waggon. Meine Mutter blickte mir noch eine Weile nach, während ich auf den Schienen meine Heimat verließ.

Kapitel 3

Budapest, Serbien, Istanbul

Drei Monate hatte ich ab jetzt Zeit. Drei Monate, um die halbe Welt zu bereisen. »Nichts leichter als das!«, dachte ich mir im Zug nach München, wo ich in Richtung Wien umsteigen würde. Kurz nachdem ich in München losgefahren war, nickte ich für ein paar Stunden weg. Mein Körper holte den verpassten Schlaf der vergangenen Nächte nach. Zwischendurch wachte ich immer wieder kurz aus meinem Schlummer auf. Flüchtig bekam ich mit, dass wir an riesigen Wiesen, dichten Wäldern und schließlich an schneebedeckten Alpengipfeln vorbeifuhren. Wir verschwanden immer wieder in stockdunklen Tunneln, wo kurz die Deckenlichter im Zug ansprangen. In Wien stieg ich in einen Schnellzug nach Budapest um. Die Landschaft flachte wieder ab, sanfte Hügel, Obstgärten an den Ufern der Donau, die nicht von unserer Seite wich, bis es dunkel wurde und ich sie nicht mehr sehen konnte.

Als ich im Bahnhof Budapest-Keleti ausstieg, war ich überwältigt von dem hölzernen Gerippe der historischen Bahnhofshalle. Alles war mit kleinen Lichtern geschmückt, es wirkte geradezu weihnachtlich, obwohl erst Herbst war. Weil mein Magen knurrte, holte ich mir vor dem Bahnhof in einem kleinen Laden einen Lángos – ein mit Knoblauchöl bestrichenes Fladenbrot, belegt mit geschmorten Zwiebeln, Paprika und

Tomate. Ich konnte schmecken, dass ich nicht mehr in meinem Dorf war. Eine Unterkunft hatte ich nicht gebucht. Für mich stand jedoch fest, dass ich in Hostels übernachten wollte. Nicht nur, weil mein schwäbisches Blut es liebt, für wenig Geld einen Schlafplatz zu bekommen, sondern vor allem, weil man dort leicht Kontakt zu Fremden knüpfen konnte. In Hostels traf man die jungen Backpacker, die kontaktfreudig waren, mit denen man etwas erleben und gemeinsam die Stadt erkunden konnte. Das entsprach einfach deutlich mehr meinem Verständnis vom Reisen, als abgeschottet in Einbettzimmern in Hotels zu schlafen. Die Suche war simpel. Über ein Online-Portal suchte ich einfach nach Hostelzimmern und ließ mir die günstigsten zuerst anzeigen. Ich steuerte also das erste Hostel an. Allerdings sagte man mir an der dortigen Rezeption, dass bereits alle Zimmer restlos belegt waren. Auch das nächste war ausgebucht. Und das übernächste. Mit meinem schweren Gepäck stapfte ich weiter durch die nächtlichen Straßen von Budapest. Die Stadt leuchtete in einem warmen goldenen Licht. Altehrwürdige Gebäude säumten die Kopfsteinpflasterstraßen. Menschen strömten aus Bars und Restaurants, lachten und unterhielten sich. Straßenkünstler spielten melancholische Musik, die durch die Gassen hallte. Während ich die neuen Eindrücke auf mich wirken ließ, fragte ich mich, warum alle Hostels im Oktober ausgebucht waren. Schließlich fand ich eines, in dem es noch ein paar Betten gab. Im großen Schlafsaal waren alle möglichen Leute, nur keine Backpacker in meinem Alter: alte Männer, Mütter, schreiende Kinder. Sie sprachen alle die gleiche Sprache, die in meinen Ohren nach Russisch klang. Der Raum war funktional eingerichtet, aber schon ein bisschen abgewohnt. An den Wänden blätterte die Farbe ab und die Fensterrahmen waren leicht verzogen, sodass ein kühler Luftzug durch die Ritzen zog. Ein muffiger Geruch hing in der Luft, gemischt mit dem Duft von billigem Putzmittel. Ich legte meine Taschen auf das letzte freie Bett und gesellte mich zu einem älteren Mann, der gedankenversunken auf einem Stuhl saß. »Hi! Ich bin Josu. Wie heißt du?«, fragte ich auf Englisch. Er blickte auf und lächelte. »Ich bin Oleksandr.« Ich deutete auf die anderen Leute im Schlafsaal. »Kommt ihr alle aus dem gleichen Land?« – »Ja, wir sind Ukrainer. Ich komme aus Charkiw«, sagte er. Nun dämmerte mir, warum sie alle hier waren. »Ihr seid also vor dem Krieg geflohen?«, wollte ich wissen. Vor acht Monaten waren russische Truppen in der Ostukraine eingefallen. Auf Oleksandrs Stirn bildeten sich tiefe Grübelfurchen, sein Blick verdunkelte sich. »Ja. Wir sind hier wegen Putin, diesem A…« Den Rest des Wortes murmelte er leise in seinen Bart. Ich fragte ihn, wie lange er schon in Budapest sei. »Wir sind direkt nach dem russischen Angriff auf Charkiw Ende Februar über die ukrainisch-ungarische Grenze geflohen. Seitdem sind wir hier«, antwortete er, griff nach einer halb vollen Flasche Wodka unter seinem Stuhl und hielt sie mir hin. »Möchtest du was trinken?« Ich nahm dankend an und genehmigte mir einen kräftigen Schluck, der mich schüttelte. Um ihn aufzumuntern, schauspielerte ich meinen Ekel etwas übertrieben. Oleksandr lachte. Während wir abwechselnd aus der Flasche tranken, erzählte er mir, wie russische Streubomben seine Heimat zerstörten, von verschwundenen Töchtern, herrenlosen und verängstigten Hunden, die durch die Ruinen irrten, von dem nervösen Zucken, dass er immer bekam, wenn in Budapest jemand eine Gemüsekiste auf den Boden knallen ließ. Als ich Hunger bekam, sagte ich ihm, dass ich mir in der Stadt noch etwas zu essen holen wollte. Er nickte, trank den letzten Schluck aus der Flasche und legte sich dann in eines der vielen Betten im Raum.

Ich verließ den Schlafsaal und trat hinaus in die kühle Nacht von Budapest. Während ich durch die Straßen ging, dachte ich über das Gespräch nach. Die Erlebnisse, die Oleksandr mit mir geteilt hatte, ließen mich nicht los. Natürlich hatte ich in Deutschland in den Medien viel über den Krieg gehört, aber die Auswirkungen aus erster Hand erzählt zu bekommen war schon verrückt. Neben einer U-Bahn-Station lockte mich ein deftig-süßer Duft an eine Bude. Über einem Holzkohlegrill waren mehrere Spieße aufgereiht, auf denen Baumstriezelkuchen braun gebacken wurden. Ich kaufte einen und setzte mich vor dem Laden auf einen Plastikstuhl. Neben mir saßen zwei Männer, die sich auf Englisch unterhielten. Ich sprach sie an und sie stellten sich mir als Nimrad und Michele vor. Nimrad war 43 Jahre alt und kam aus Israel, Michele war 64 und stammte aus Italien. Ich wollte wissen, was sie machten. Nimrad nuschelte etwas davon, dass er eine Scheidung hinter sich habe und in Budapest auf der Suche nach einer neuen Frau war. »Ich habe keinen Tag in meinem Leben gearbeitet!«, sagte Michele stolz. »Ich bin nämlich Musiker!« *Interessant,* dachte ich mir und fragte ihn: »Was für Musik machst du?« Seine Stimme wurde tiefer, er blickte mir ernst in die Augen und sagte: »Ich habe mir vor ein paar Wochen ein neues Mikrofon gekauft. Damit nehme ich Geräusche von Mutter Natur auf. In meinem Geist verarbeite ich diese Klänge zu Musik. Ich will, dass die Menschen in den Clubs wieder zurück zur Natur finden. Soll ich es dir mal vorspielen?« Ohne meine Antwort abzuwarten, hielt er mir sein Smartphone unter die Nase. Ich bin mir ziemlich sicher, dass diese Musik genauso schrecklich geklungen hätte, wenn sie statt aus einem Smartphonelautsprecher in einem Tonstudio abgespielt worden wäre. Schräge Vögel, aber unterhaltsam. Wir zogen in eine Bar, in der ein Bier nur 1,50 Euro kostete. Nachdem wir drei Runden getrunken hatten, legte Michele auf einmal los: »Die Amerikaner kontrollieren alles. Wirklich alles! Sie manipulieren uns. Die Mondlandung, 9/11, die Coronapandemie. Alles fake! Aber das ist nur die Spitze des Eisbergs, hörst du, die Pharmaindustrie will uns krank machen. In den angeblichen Corona-Impfungen sind Mikrochips, mit denen sie uns steuern wollen. Ich mache da nicht mit, das kannst du mir glauben, alles kompletter Mist. Die wollen die Weltbevölkerung kontrollieren.« Nimrad pflichtete ihm bei, auch wenn ich das Gefühl hatte, dass er dazu nicht wirklich eine Meinung hatte. Irgendwie genoss ich dieses Gequatsche. Auch wenn aus seinem Mund natürlich totaler Schwachsinn kam, fand ich es spannend, seinen wirren Theorien zu lauschen. Ich ließ mich von diesem Unsinn berieseln und ließ die bulgarischen Biere durch meine Kehle laufen. Ich weiß nicht mehr, wie ich zum Hostel zurückgefunden habe und wo die 200 Euro hin sind, die ich zuvor noch in meinem Portemonnaie gehabt hatte. Ich erinnere mich nur noch daran, dass eine schlanke Frau mit langen dunklen Haaren an der Rezeption eincheckte und mich danach fragte, wo das Badezimmer sei. Im nächsten Moment liege ich schon im Bett und falle in einen traumlosen Schlaf.

***

Am nächsten Tag wurde ich von schreienden Babys geweckt. Mein Schädel brummte, mein Körper war schweißnass und mein Mund fühlte sich staubtrocken und verkrustet an. Vom widerlichen Geschmack und Geruch in meinem Mund wurde mir fast übel. Ich blinzelte und sah Dutzende Ukrainer um mein Bett herumwuseln und hektisch miteinander reden. Es war unerträglich. Ich setzte mich auf und stellte fest, dass ich mich mit meinen Wanderschuhen schlafen gelegt hatte. Ich öffnete die Schnürsenkel und spürte beim Ausziehen ein fieses Brennen an meinen Füßen. Die Socken klebten an der Haut und es fühlte sich an, als steckten meine Mauken in einem Feuerameisennest. Was ich sah, als ich die Socken abpellte, erinnerte nur noch entfernt an menschliche Füße. Sie waren übersät mit riesigen Blasen. Ich stand auf und humpelte wie auf heißen Kohlen in Richtung Badezimmer. Dort nahm ich meinen Ohrring aus dem Ohrläppchen, setzte mich auf den geschlossenen Klodeckel und stach mit dem Verschluss jede Blase einzeln auf. Zwischendurch würgte ich, wobei ich mir nicht sicher war, ob das vom Kater oder von den Schmerzen an meinen Füßen kam. Es war gerade mal mein zweiter Reisetag und ich fühlte mich bereits wie nach drei Wochen Überlebenskampf in der sibirischen Tundra. 500 Euro für diese Drecksschuhe! Wobei: Meine Schwester hatte mir noch gesagt, dass man Wanderschuhe erst einlaufen muss, bevor man sie länger tragen kann. An der Rezeption holte ich mir erst mal einen Kaffee und ein Sprudelwasser, um wieder etwas auf Spur zu kommen. Ich setzte mich in den Eingangsbereich des Hostels, schaute ein bisschen umher, während ich mit kleinen Schlucken abwechselnd Wasser und Kaffee trank – und erkannte auf einmal die junge Frau wieder, die mich in der vergangenen Nacht an der Rezeption nach dem Weg zum Badezimmer gefragt hatte, doch irgendetwas war anders an ihr. »Entschuldigung?«, fragte ich sie. »Hattest du nicht gestern Nacht noch Haare auf dem Kopf?« Sie setzte sich zu mir und sagte mit einem starken französischen Akzent: »Ja. Wie gefällt dir mein neuer Look?« All die Jahre, in denen ich mit meinen vier Schwestern aufgewachsen war, hatten mich auf diese Frage vorbereitet. »Ich finde, er betont sehr deine Augen«, erwiderte ich. Sie lächelte, ihre Augen begannen noch ein wenig mehr zu funkeln und ein leichter Hauch von Verlegenheit überzog ihre Wangen. »Merci«, sagte sie leise, bevor sie mir mit Blick auf meine geschundenen nackten Füße ein paar Utensilien reichte, mit denen ich meine Füße notdürftig verarzten konnte. »Das sollte helfen«, fügte sie hinzu und blickte mich aufmunternd an. »Ich bin übrigens Estelle.« Nachdem ich mich ebenfalls vorgestellt hatte, beschlossen wir, gemeinsam die Stadt zu erkunden. Ich hatte zwar einen straffen Zeitplan und wollte so schnell wie möglich weiter zu meiner Freundin nach Thailand, aber ich wollte auch die Reise genießen und etwas von der Welt sehen. Budapest war eine Stadt, die ich noch nie zuvor besucht hatte, und ich wollte die Gelegenheit nutzen, sie kennenzulernen. Also machte ich mich mit Estelle auf den Weg, die Straßen der Stadt zu entdecken. Bei Tag hatte Budapest einen ganz anderen Charme als in der Nacht. Von den Geräuschen aus den Bars und des pulsierenden Nachtlebens war nichts mehr zu hören. Stattdessen bildete das lebendige Treiben der Stadt den Soundtrack: das Rauschen des Wassers der Donau, die geschäftigen Geräusche der Märkte und das Summen der Gespräche in den belebten Straßencafés. Die majestätischen Bauten, die bei Nacht geheimnisvoll und ehrfurchtgebietend wirkten, strahlten im Tageslicht eine freundliche Wärme aus. Der Duft von gebratenem Fleisch und frisch gebackenem Brot lag in der Luft. Ich lief barfuß, da meine Füße es nicht überlebt hätten, auch nur einen weiteren Schritt in den 500-Euro-Stiefeln zu machen. Irgendwann verschwand Estelle in einen kleinen Supermarkt und kam mit zwei Weinflaschen zurück. Wir setzten uns ans Ufer der Donau, wo das Wasser sanft gegen die Steine plätscherte und ein kühler Wind über dessen Oberfläche strich. Die Uferpromenade war belebt, Familien spazierten dort entlang, Radfahrer fuhren vorbei und Straßenkünstler stellten ihre Talente zur Schau. Während wir dort saßen und tranken, erzählte Estelle mir von ihrem Leben. Sie war 22 Jahre alt und kam, wie ich anhand ihres Akzents schon vermutet hatte, aus Frankreich. Nach der Schule hatte sie eine Zeit lang als Model gearbeitet. Das war eine aufregende Phase gewesen, schwärmte sie, voller Glamour und Reisen. Doch nach einer toxischen Beziehung mit ihrem Model-Agenten hatte sie Frankreich den Rücken gekehrt. Seit zwei Jahren reiste sie nun durch Europa und war ihr eigener Manager. Ich fragte sie, ob sie immer noch modelte. Sie lächelte und antwortete: »Ja, in gewisser Weise schon ...« Bevor ich nachfragen konnte, zückte sie schon ihr Handy und hielt es mir unter die Nase. Während ich auf den Bildschirm starrte, spürte ich, wie mein Gesicht heiß wurde. Auf dem Bildschirm sah man einen Onlyfans-Account, der offensichtlich ihr gehörte. Auf mehreren Fotos posierte Estelle gänzlich unbekleidet in eindeutigen Stellungen.

Estelle beobachtete meine Reaktion genau und fragte: »Gefällt dir das?« Ich war total überfordert mit der Situation, da ich es nicht gewohnt war, dass Frauen mir so kurz nach dem Kennenlernen Nacktbilder von sich zeigten. Das Einzige, woran ich denken konnte, war, wie ich das meiner Freundin später am Telefon erklären sollte: »Hey Prinzessin, übrigens, ich bin jetzt losgereist und habe schon einiges gesehen, zum Beispiel die Brüste einer anderen Frau.« Um das Thema etwas professioneller anzugehen, fing ich an, ihr Fragen zu ihrem Geschäftsmodell zu stellen. »Es ist ganz einfach«, begann sie. »Meine Videos können nur von Abonnenten gesehen werden. Die zahlen einen festen monatlichen Betrag. Zusätzlich verdiene ich noch Geld mit besonders exklusiven Videos, für die ich mehr verlange. Außerdem sind unter den Abonnenten viele Leute, die extra viel Geld zahlen, um mit mir zu chatten.«

Ich fühlte mich an die Zeit an der Uni zurückerinnert, als ich an meinen eigenen Geschäftsideen tüftelte. Aus dem Blickwinkel betrachtet doch ganz interessant – und unverfänglicher. »Was muss man tun, um mit so etwas erfolgreich zu werden?«, fragte ich sie.

Ihre Begeisterung für das, was sie tat, erinnerte mich an meine eigenen Anfänge. Sie sprach von der Notwendigkeit, ständig hochwertige Inhalte zu erstellen, und wie wichtig es sei, nah an ihren Fans zu bleiben. Sie erzählte, wie sie ihre Social-Media-Kanäle nutzte, um ihre Abonnenten auf Onlyfans aufmerksam zu machen, und wie sie durch die Fokussierung auf eine spezielle Nische – Bondage – einen Vorteil gegenüber der Konkurrenz hatte. Dann wurde sie ernster und sprach von dem Ziel, das sie antrieb: »Eines Tages werde ich vor dem Haus meines ehemaligen Agenten, vor seiner Familie und seiner Ehefrau, in einem dicken Ferrari vorfahren, um ihm zu zeigen, was er an mir verloren hat. Das ist mein größter Wunsch.«

Allmählich wurde es dunkel. Wir zogen durch die Bars und verwandelten die Nacht in ein einziges langes Abenteuer. Ihr Geschäftsmodell ging mir allerdings nicht aus dem Kopf. Es faszinierte mich und ich stellte Estelle immer wieder neue Fragen dazu. Ich fand es erstaunlich, wie viel Wissen und Leidenschaft sie in ihre Arbeit steckte. Und ich wunderte mich darüber, dass so eine kleine, schlanke Frau solche Unmengen an Wein vertrug. Zurück im Hotel verabschiedeten wir uns herzlich. Ich wünschte Estelle viel Glück für ihr Business. Es war verrückt, wie ich in so kurzer Zeit so viele verschiedene Leute kennengelernt hatte. Oleksandr, der Ukrainer, der mir von seinem Leben im Krieg erzählte. Michele, der Musiker aus Italien, der mir seine Naturklänge vorspielte. Nimrad, der Israeli, der in Budapest auf der Suche nach einer neuen Liebe war. Und jetzt Estelle aus der Erotik-Branche, die ich kennengelernt hatte. Vor wenigen Stunden hätte ich mir niemals vorstellen können, dass ich mich so intensiv mit solch unterschiedlichen Menschen unterhalten würde. Diese Begegnungen, so unerwartet sie auch waren, erfüllten mich mit Vorfreude darauf, welche Menschen ich noch auf meiner Reise kennenlernen würde. Am nächsten Morgen telefonierte ich noch halb betrunken mit Benita. Ich erzählte ihr, was am Vorabend alles passiert war. Sie nahm es gelassen. Am Ende diskutierten wir sogar noch eine Weile zum Spaß darüber, ob Onlyfans nicht ein neuer Karrierezweig für mich sein könnte, wenn ich in Thailand war. Nach dem Gespräch wurde mir klar, dass ich weiterreisen musste. Ich konnte nicht mein ganzes Geld in Budapest versaufen. Außerdem hatte ich meiner Prinzessin versprochen, in 90 Tagen bei ihr zu sein. Die Uhr tickte und ich hatte noch einen langen Weg vor mir. Also zückte ich mein Handy und suchte online nach dem kürzesten Weg nach Thailand. Es gab zwei Möglichkeiten: über die Ukraine und Russland oder über die Türkei. Ersterer wäre, zumindest zum Teil, der umgekehrte Weg, den Oleksandr aus der Ukraine geflohen war. Ich hob den Blick, suchte ihn im Schlafsaal und fand ihn wieder gedankenverloren auf dem gleichen Stuhl sitzend, mit einer neuen Flasche Wodka in der rechten Hand. Im traurigen Angesicht Oleksandrs und vor dem Hintergrund des Kriegs in der Ukraine schien dieser Weg, die Möglichkeit Nummer eins, keine gute Idee zu sein. Dann also Option zwei.

Ich checkte aus dem Hostel aus und fuhr mit dem Bus in die Nähe einer Autobahnauffahrt außerhalb der Stadt. In Laufweite gab es einen Supermarkt. Dort kaufte ich eine Dreierpackung Filzstifte und klaute aus den Müllcontainern hinter dem Gebäude eine große Pappe, auf die ich *Thailand* schrieb und einen freundlichen Smiley drunter malte. Im Gegenzug bekam der Container meine 500-Euro-Wanderstiefel. Diese teuren Mistdinger sollten auf einer Mülldeponie verrotten!

Ich stellte mich an die Auffahrt und hielt das Schild hoch. Dabei lächelte ich und winkte allen vorbeifahrenden Autos zu. Nach zehn Minuten stoppte ein alter weißer VW, in dem ein Arbeiter saß. »Wohin willst du?«, fragte der Mann durch das heruntergekurbelte Beifahrerfenster. »Richtung Thailand, wenn möglich«, antwortete ich ihm. Verwirrt schaute er mich an und sagte, dass er nach Szeged fahre. Das ist eine ungarische Stadt in der Nähe der serbischen Grenze. Genau meine Richtung! Ich warf mein Gepäck auf die Rückbank und setzte mich auf den Beifahrersitz, dann ging es auf die Autobahn.

In Szeged angekommen dauerte es nur wenige Minuten, bis mich ein Ehepaar, beide um die 40 Jahre alt, mitnahm. Sie erklärten, dass sie jeden Tramper mitnehmen, weil sie früher selbst häufiger den Daumen rausgehalten hatten. Während der Fahrt lauschte ich gespannt ihren Geschichten. Sie erzählten von ihren Abenteuern und den wilden Zeiten, als sie in meinem Alter waren. Ihre Erzählungen fesselten mich und ich merkte, wie sehr sie diese Erlebnisse geprägt hatten. Nach ein paar Stunden Fahrt kamen wir bei ihnen zu Hause an. Da es schon stockdunkel war und meine Chancen, noch weiter mitgenommen zu werden, dadurch drastisch gesunken waren, luden sie mich ein, bei ihnen zu übernachten. Ich half der Frau beim Kochen und genoss die herzliche Atmosphäre. Währenddessen holte der Mann eine Plastikflasche mit einer klaren Flüssigkeit aus einem Schrank hervor. »Selbst gebrannt!«, verkündete er stolz. Ich ahnte schon, was nun folgen würde. Der Kater am nächsten Morgen war schlimmer als die letzten drei Tagen zusammen. Warum betrank ich mich gerade so viel? Vielleicht war es das Gefühl der Freiheit, endlich die Dinge tun zu können, die ich während meiner Selbstständigkeit nie tun konnte. Keine Verpflichtungen, kein Druck – nur die endlose Straße und eine Perlenkette kostbarer Reisetage vor mir. Zum ersten Mal seit langer Zeit fühlte ich mich wirklich frei. Das Ehepaar hatte mir ein frisches Handtuch hingelegt. Geduscht, aber definitiv noch betrunken, schwankte ich ins Wohnzimmer, wo ich einen reich gedeckten Frühstückstisch vorfand. Ich war zu benebelt, um richtig mitzubekommen, was ich da aß, aber es war das beste Katerfrühstück meines Lebens. Jeder Bissen schien den Brummschädel und das flaue Gefühl im Magen ein wenig zu lindern. Die beiden luden mich ein, noch ein paar Tage zu bleiben, damit ich die Stadt ansehen konnte. Aber ich wollte weiter, bei aller Freiheit wollte ich dennoch meinen Zeitplan einhalten. In den nächsten Tagen durchquerte ich Serbien und Bulgarien. Die Landschaft wechselte ständig - von weiten Feldern zu dichten Wäldern und kargen Hügeln. Jeder Tag brachte neue Begegnungen. Gesichter und Geschichten mischten sich, wurden zu einem Mosaik aus Menschen, die mir ihre Heimat zeigten und von ihren eigenen Reiseträumen erzählten. Ich spürte den Fahrtwind in meinem Gesicht, roch den Duft von frisch gemähtem Gras, den Rauch von Lagerfeuern und das Aroma von Straßenständen, die lokale Köstlichkeiten verkauften. Die Hitze der Tage und die Kühle der Nächte begleiteten mich auf meinem Weg. Ich genoss die einfache, unbeschwerte Freiheit, die ich lange nicht mehr gefühlt hatte. Meine Füße schmerzten von den langen Strecken, die ich zwischen zwei Mitfahrgelegenheiten und beim Erkunden unbekannter Städte immer wieder zu Fuß zurücklegte. Aber jeder Schritt brachte mich näher zu meiner Prinzessin. Drei Tage nachdem ich von dem netten Ehepaar aufgebrochen war, erreichte ich die 15-Millionen-Einwohner-Stadt Istanbul.

***

Noch nie zuvor war ich in der Türkei gewesen und es fühlte sich an wie eine völlig andere Welt. Plötzlich wurden Christen zu Moslems und statt Bier gab es Çai. Die Architektur wechselte von gotischen Kathedralen zu majestätischen Moscheen, deren Kuppeln und Minarette in den Himmel ragten. In den Straßen von Istanbul mischten sich die fremden Klänge der türkischen Sprache mit dem lauten, mir unverständlichen Rufen der Händler auf den Basaren. Der Duft von frisch gebrühtem Kaffee und den würzigen Aromen der Gewürzmärkte erfüllte die Luft. Menschen strömten durch die engen Gassen, in denen farbenfrohe Teppiche, leuchtende Lampen und handgefertigter Schmuck ausgestellt waren. Auf den ersten Blick wirkte alles hektisch und chaotisch, aber darunter lag bei genauerem Hinsehen eine faszinierende Ordnung und ein tiefes kulturelles Erbe, das die Stadt lebendig machte. In Istanbul kaufte ich mir Flip-Flops, die für den gesamten Rest meiner Reise mein bevorzugtes Schuhwerk bleiben würden. Nach einem Tag voller neuer Eindrücke und Gerüche entschied ich, dass es Zeit war, ins Hostel zu gehen. Als ich am Gezi-Park vorbei in Richtung der Metro-Haltestelle ging, sprach mich ein Mann um die 30 an. Er trug einen blauen Hoodie und eine ausgewaschene Jeans. »Hey, mein Freund, was machst du heute noch?«, fragte er mich und grinste.

»Ich fahre zurück in mein Hostel, hatte eine lange Reise«, antwortete ich.

So schnell ließ er sich aber nicht abwimmeln. Er streckte mir die Hand hin, lächelte und verwickelte mich geschickt in ein Gespräch. »Mein Freund, wie heißt du und woher kommst du?« Obwohl ich müde und erschöpft war, ließ ich mich darauf ein, weil ich mich immer freute, neue Leute kennenzulernen. Ich antwortete: »Ich bin Josu, ich komme aus Deutschland! Wer bist du?«

»Ich heiße Yiannis! Ich komme von hier aus Istanbul. Gerade bin ich auf dem Weg in eine Bar, möchtest du mitkommen?«

Nach den vergangenen Tagen war Alkohol das Letzte, was meine Leber jetzt wollte. »Nein, ich glaube, ich hole mir noch eine Kleinigkeit zu essen und lege mich dann schlafen. Ich hatte einen langen Tag«, antwortete ich ausweichend.

»Komm schon, auf ein Bier! Ich zeige dir die beste Bar in ganz Istanbul. Die ist ein Geheimtipp, vertrau mir!«

Ein zweiter Mann kam dazu. »Das ist mein Kollege Ahmet! Ahmet, kennst du Josu? Er kommt aus Deutschland«, stellte uns Yiannis vor. Ahmet streckte mir die Hand hin. »Mein Cousin lebt auch in Deutschland«, sagte er und lächelte dabei freundlich. »Nur ein Bier! Wir zahlen auch das Taxi!«, drängte Yiannis. Vielleicht war die Bar ja wirklich ein echter Geheimtipp, und aus Angst, etwas zu verpassen, ließ ich mich überreden: »Aber nur auf ein Bier! Dann muss ich ins Bett! Morgen muss ich weiter!«

Yiannis winkte ein Taxi heran, wir stiegen ein und fuhren durch die Stadt. »Die Bar, zu der wir fahren, ist wirklich gut«, sagte Ahmet, der sich vom Beifahrersitz zu mir umdrehte. »Und das Beste: In der Bar gibt es die hübschesten Frauen der Stadt! Es wird dir gefallen.« Yiannis pflichtete ihm bei: »Ja, heute reißen wir ein paar Mädchen auf. Dann kannst du in Deutschland erzählen, was für hübsche Frauen es hier gibt.« Ich bereute es jetzt schon, mit den beiden mitgekommen zu sein. Typen, die sagten, dass sie Frauen aufreißen gehen, hatte ich schon immer peinlich gefunden. So einer war ich nicht. Ganz abgesehen davon, dass in Chiang Mai meine Freundin auf mich wartete. Nachdem wir bereits zehn Minuten unterwegs waren, fragte ich: »Wohin fahren wir eigentlich? Ich dachte, die Bar ist gleich um die Ecke.« – »Wir sind gleich da, vertrau mir, Bruder Yusuf«, sagte Yiannis. Das war das erste, aber nicht das letzte Mal auf dieser Reise, dass mich jemand Yusuf nannte. Eigentlich hatte ich in der Nähe des Taksim-Platzes bleiben wollen, weil ich dort mein Hostel hatte. Jetzt war ich bereits eine halbe Stunde lang mit den Jungs zu dieser blöden Bar gefahren. Mit der Metro würde ich mindestens eine Stunde für die Rückfahrt brauchen. Als das Taxi endlich zum Stehen kam und wir ausstiegen, zahlten die beiden Typen immerhin wirklich die Rechnung.

Wir gingen auf einen kleinen Hauseingang in einer belebten Straße zu. Über der Tür prangte in Leuchtbuchstaben *Tropicana Bar*. Von außen wirkte der Laden auf mich wie ein trashiger Club, in dem man Shisha rauchen und überteuertes Bier für 8 Euro kaufen konnte. Rechts und links vom Eingang hatten sich zwei Türsteher postiert. Monströse Brocken, beide fast zwei Meter groß, bis zu den Ohren tätowiert und mit dichten schwarzen Bärten. Die beiden nickten und grummelten etwas auf Türkisch in ihre Bärte, als wir an ihnen vorbeigingen. Mir kam das alles etwas seltsam vor. Ich fragte die zwei Jungs, was das sollte, ich wollte eigentlich entspannt irgendwo ein Bier trinken und nicht in einen Club gehen. Sie schwenkten um und behaupteten nun nicht mehr, dass das die beste Bar, sondern der beste Club in Istanbul sei. Resigniert trabte ich mit ihnen einen dunklen Gang entlang, der mit roten Neonröhren beleuchtet war. Am Ende des Ganges war eine Metalltür, durch die wir hindurchgingen.

Auf der anderen Seite der Tür befand sich ein großer Raum. Eine Metalltreppe führte direkt hinunter auf die Tanzfläche. So etwas hatte ich in meinem Leben noch nicht gesehen: Auf der Tanzfläche waren ausschließlich Frauen. Irgendwas war hier faul. Die Frauen standen in einer großen Gruppe in der Mitte der Tanzfläche an Stehtischen. Sie trugen Stöckelschuhe, kurze Röcke, Hochsteckfrisuren und nippten an ihren

Getränken. Um die Tanzfläche herum standen im Halbdunkel ein paar Couches, nur auf einer saß ein älterer Mann. Discolichter huschten über den Boden, R'n'B dröhnte aus den Lautsprechern. Ich wurde skeptisch. Einen Club, in dem nur Frauen waren, konnte es nicht geben. Früher oder später würden dort zwangsläufig auch Männer auftauchen. Das sagte mir zumindest mein gesunder Menschenverstand. Yiannis und Ahmet grinsten mich begeistert an: »Siehst du? Nur schöne Frauen hier!« Ich nahm mir vor, mit den beiden ein Bier zu trinken und dann ins Hostel zurückzufahren. Sie gingen auf eine der freien Sitzmöglichkeiten abseits der Tanzfläche zu und breiteten sich aus. Schnell kam ein Kellner und reichte uns die Karten. Als ich sie aufschlug und unter »Alkoholische Getränke« nach Bier suchte, fielen mir fast die Augen aus dem Kopf. 20 Euro verlangte man hier für ein kleines 0,3-Liter-Pils. Diese Idioten hatten mich in eine Touristenfalle geschleppt. »Ich bin doch keine halbe Stunde mit euch aus der Stadt rausgefahren, um hier 20 Euro für ein kleines Bier zu zahlen!«, zeterte ich, doch die beiden beschwichtigten mich: »Komm schon, trink wenigstens ein Bier mit uns«, schmeichelte Yiannis. Widerwillig bestellte ich beim Kellner ein Bier. Was war das nur für ein seltsamer Laden? Die Frauen sahen ganz normal aus, so als schienen sie hier einfach eine gute Zeit zu haben. Ich konnte mir darauf keinen Reim machen. Während ich noch grübelte, kam schon der Kellner wieder und stellte eine große silberne Platte auf den Tisch. Melonenstücke, Schalen mit Hummus, Brot, Granatäpfel, Eis, Pfirsiche, Oliven, alles sehr üppig und appetitlich drapiert. Die Bier stellte er auf runde Deckel. »Nimm ruhig«, sagte Ahmet und deutete mit der Hand auf das Obst. Ich lehnte ab. Bei den Bierpreisen kostete die Platte vermutlich ein halbes Vermögen und ich wollte verhindern, an der Rechnung beteiligt zu sein. Die Sache war mir zu undurchsichtig, ich wollte nicht mein ganzes Geld in diesem schäbigen Laden lassen. Aber Ahmet blieb beharrlich und drückte mir ein Stück Melone in die Hand. »Alles klar, aber ich zahl dafür nicht!«, warnte ich ihn vor. Ahmet und Yiannis lachten. »Lass uns zu den Mädchen gehen«, schlug Yiannis vor und stand auf. Ich folgte ihm, schließlich wollte ich wissen, was hier los war. Eine der Frauen, mit blondiertem Haar und einer blauen Spange, stellte sich als Ronia vor. »Ich bin zum ersten Mal hier. Weißt du, was das für ein Laden ist? Werdet ihr dafür bezahlt, hier zu sein?«, fragte ich sie. Sie winkte lachend ab. »Nein, meine Freundinnen und ich sind einfach so hier, um ein bisschen Spaß zu haben«, antwortete sie. Das ergab für mich keinen Sinn. Ich setzte mich wieder an den Tisch und sah dabei zu, wie Yiannis und Ahmet mit den Frauen schäkerten und sie schließlich an unseren Tisch führten. Ronia war auch mitgekommen und setzte sich neben mich. Ich fragte sie, was sie machte, wenn sie ihre Zeit nicht in so seltsamen Läden wie diesem hier verbrachte. Doch bevor unser Gespräch Fahrt aufnehmen konnte, stand der Kellner neben mir und fragte: »Wollen Sie den Damen eine Flasche Champagner bestellen?« Ich musste lachen. »Auf gar keinen Fall kaufe ich hier eine ganze Flasche Champagner!«, erwiderte ich. Trotzdem fragte der Kellner die drei Frauen, ob sie denn gerne ein Gläschen hätten. Ronia flötete: »Och ja, warum nicht, einen Champagner hätte ich jetzt schon ganz gerne!« – »Na dann kauf dir selber einen!«, lachte ich sie an. Der Kellner ging, ohne ein weiteres Wort zu sagen, und brachte eine Flasche Champagner. Ich fühlte mich unwohl. Sobald ich mein Bier ausgetrunken hatte, würde ich verschwinden. Als nur noch ein paar Schluck in der Flasche waren, fühlte ich mich leicht benommen. Seltsam, ich hatte doch nur dieses eine Bier gehabt und müsste durch die vergangenen Tage doch ganz gut im Training sein. Warum schlug das Bier so stark an? Ich sagte Yiannis und Ahmet, dass es mir reiche und ich gleich gehen würde. Ich winkte den Kellner heran. Yiannis und Ahmet versuchten mich noch einmal zum Bleiben zu überreden, ließen es dann aber sein und sagten, dass sie noch ein paar Gläser trinken wollten. Der Kellner kam und legte die Rechnung auf den Tisch. Zum zweiten Mal flogen mir in diesem Club beinahe die Augen aus dem Schädel. 3300 Euro sollte ich zahlen! Ich kontrollierte auf der Rechnung, woraus sich dieser astronomische Betrag zusammensetzte. Eintritt, drei Bier, die ganze Platte, eine Servicegebühr, die Frauenbegleitung, eine Flasche Champagner. Sogar die Musik berechneten sie extra. Ich zeigte Yiannis die Rechnung und fragte ihn, ob das ernst gemeint war. Er winkte ab: »Was ist denn? Ist doch eine ganz normale Rechnung!« Der Kellner blickte ernst. In diesem Moment wurde mir klar, was hier für ein Spielchen gespielt wurde. Yiannis und Ahmet steckten mit den Besitzern, dem Kellner und den ganzen Frauen unter einer Decke. Die beiden lockten arglose Touristen hierher, mithilfe der Frauen verführten sie sie dazu, viele Sachen zu bestellen, die sich dann vollkommen überteuert auf der Rechnung wiederfanden. Ich war Scammern in die Falle getappt.

Meine Halsschlagader fing sofort an zu pulsieren, ich sprang auf und schrie den Kellner an: »Ihr Pisser, ich zahle diese Rechnung sicher nicht, ich rufe die Polizei!« Wie in einem Film schlug die Stimmung plötzlich um. Die Musik verstummte. Die freundliche Art von Yiannis und Ahmet verwandelte sich schlagartig in eine aggressive, bedrohliche Haltung. Ihre Gesichter verhärteten sich. Sie standen auf, ihre Augen kalt und unerbittlich. »Du musst bezahlen«, sagte Yiannis, seine Stimme jetzt eiskalt. Ehe ich mich versah, kamen die beiden Türsteher herein, verschlossen die Tür hinter sich und kamen die Treppe herunter. Der Kellner brüllte mich auf Türkisch an und ich schrie auf Englisch zurück: »Ich zahle nur mein Bier und das war's! Glaubt ihr im Ernst, dass ich mich hier abziehen lasse?« Plötzlich spürte ich zwei große Hände, die meine Schultern fest packten. Der eine Türsteher hielt mich mit einem eisernen Griff fest, während der andere bedrohlich flüsterte: »Du musst zahlen, sonst lassen wir dich bezahlen.« Panik durchfuhr mich, aber ich riss mich los, drehte mich um und schrie: »Wenn ihr glaubt, dass ich ein leichtes Opfer bin, habt ihr euch geschnitten. Fass mich noch mal an und ich verklag die Scheiße aus euch raus!« Ich zog mein Portemonnaie heraus und knallte 20 Euro für das Bier auf den Tisch. »Und jetzt mach die beschissene Tür auf«, brüllte ich. Zu meiner Überraschung taten sie genau das. Ich schnappte meine Taschen und bahnte mir einen Weg durch die wütende Menschenmenge. Mit pochendem Herzen und wild klopfendem Puls rannte ich die Treppe hoch, trat die Metalltür scheppernd auf und stürzte durch den rot beleuchteten Gang zum Ausgang. Draußen auf der Straße rannte ich, ohne mich umzusehen, durch die dunklen Gassen Istanbuls. Keine Ahnung wohin, aber weg von hier, denn hinter mir meinte ich, die schweren Schritte der Türsteher zu hören. Endlich erblickte ich das leuchtende Schild einer Metro-Haltestelle. Ich sprintete die Treppen hinunter und ein junger Mann hielt mir die sich schließende Tür der Bahn auf. In einem letzten Kraftakt sprang ich hinein, die Türen schlossen sich hinter mir. Ich ließ mich auf einen Sitz fallen, mein Atem ging schwer und mein Puls hämmerte in meinen Ohren. Langsam begann ich zu begreifen, was gerade passiert war. Alles drehte sich um mich und mit erschreckender Klarheit wurde mir bewusst: Die Typen mussten mir Drogen ins Bier gemischt haben. Mein Körper fühlte sich schwer an, meine Gedanken wurden träge. Ich klammerte mich an der Haltestange fest, während Panik in mir aufstieg. Als ich im Hostel ankam, schmiss ich meine Taschen sofort auf den Boden und legte mich in Klamotten ins Bett. Hier, in der Sicherheit des Schlafsaals, fiel die Anspannung und Angst von mir ab. Ich musste lachen. Es war ein wildes, unkontrolliertes Lachen, das tief aus mir hervorbrach. Ob es die Drogen waren oder das Adrenalin, wusste ich nicht, aber ich fühlte mich so lebendig wie schon lange nicht mehr. Trotzdem fasste ich einen Entschluss: Fürs Erste reichte es mit dem Alkohol.

Kapitel 4

Der Nahe Osten

Der große Moment war gekommen: Heute würde ich die erste große Etappe meiner Reise abschließen. In Istanbul stieg ich auf eine Fähre, die mich über den Bosporus bringen sollte. Mit einer frischen Meeresbrise im Gesicht beobachtete ich das lustige Treiben des Wassers und genoss die Fahrt. Der Bosporus ist eine Meerenge, die nicht nur Istanbul teilt, sondern auch den europäischen vom asiatischen Kontinent trennt. Deshalb ist Istanbul geprägt vom Aufeinanderprallen zweier Welten. Neben Männern, die frisch aus der Haartransplantationsklinik kommen, war es völlig normal, sowohl Frauen in Burkas als auch Frauen in Miniröcken zu sehen. Von der Fähre aus bewunderte ich die prachtvollen Paläste und Moscheen, die am Ufer des Bosporus lagen. Die Sonne spiegelte sich im Wasser und tauchte die Stadt in ein goldenes Licht, sodass es aussah, als wäre sie einem Märchen entsprungen. Ein magischer Moment, den ich so schnell nicht vergessen würde. Nach kurzer Fahrt erreichte die Fähre das andere Ufer und ich setzte zum ersten Mal auf dieser Reise meinen Fuß auf asiatischen Boden. Diesen Wechsel bemerkte ich sogleich an zwei Dingen: Zum einen waren die Preise hier wesentlich niedriger als auf der anderen Seite des Bosporus. Zum anderen musste ich bei meinem ersten asiatischen Toilettenbesuch feststellen, dass es hier keine Sitztoiletten mehr gab.

Stattdessen musste man sich über ein Loch im Boden hocken. Diese Art von Klo würde mich noch den gesamten Rest meiner Reise begleiten.

Schon während der letzten Reiseetappen war ich ständig damit beschäftigt gewesen, meine weitere Route zu planen. Immer wieder hatte ich auf meinem Handy Karten studiert und die Preise verschiedener Transportmittel miteinander verglichen. Ehrlich gesagt war ich noch nie der Typ gewesen, der alles im Voraus plant. Das galt nicht nur für diese Reise, sondern für mein Leben generell. Oft hatte ich nur einen groben Plan und ließ mich treiben. Ich mochte es, die Dinge einfach auf mich zukommen zu lassen. Doch diese Reise war anders. Konflikte, geschlossene Grenzen und unruhige Orte zwangen mich vorauszuplanen. Mir wurde schnell klar, dass die direkte Route von der Türkei über den Iran und Pakistan nach Indien schwierig werden würde, da ich mir bei der iranisch-pakistanischen Grenze und der pakistanisch-indischen Grenze nicht sicher war, ob sie passierbar waren. Als Alternative stieß ich auf ein Boot, das im Dezember, also in etwa acht Wochen, von Maskat im Oman nach Indien ablegen würde. Dieses Boot war, so wie es aktuell aussah, der einzige Rettungsring, der mich sicher und rechtzeitig zu meiner Prinzessin führen würde. Von der Türkei aus gab es zwei Wege in den Oman. Ich entschied mich für den kürzeren, der über den Iran führte, von wo aus ich ein Boot nach Dubai nehmen würde, um von dort per Anhalter in den Oman zu kommen. Also beantragte ich beim Generalkonsulat in Istanbul ein Visum für den Iran. Bis es bewilligt war, saß ich im östlichen Teil Istanbuls fest, aber mit der Aussicht, bald weiter in Richtung meiner Prinzessin reisen zu können, ließ sich das ganz gut aushalten. Da wusste ich noch nicht, dass die weltpolitische Lage meine Reisepläne ein weiteres Mal durchkreuzen würde.

Am 13. September gegen 18:30 Uhr war eine 22 Jahre alte Frau an der U-Bahn-Haltestelle Shahid Haqqani in Teheran im Iran ausgestiegen. Weil die iranische Sittenpolizei der Ansicht war, sie trage ihr Kopftuch nicht korrekt, kam sie in Haft. Dort wurde sie so heftig verprügelt, dass sie drei Tage später an ihren schweren Kopfverletzungen im Krankenhaus starb. Der Tod von Jina Mahsa Amini löste im Iran die größte und längste Protestwelle seit der Revolution von 1979 aus. Einen Tag, nachdem ich meine Dokumente im Generalkonsulat eingereicht hatte, sprach die deutsche Bundesregierung eine Reisewarnung für den Iran aus und forderte alle deutschen Staatsbürger dazu auf, sofort das Land zu verlassen. Trotzdem bekam ich mein Visum bewilligt.

Die Lage im Iran war mir allerdings zu gefährlich. Man wusste nicht genau, was vor Ort los war, aber insbesondere Journalisten schien man dort gerade ungern zu sehen. Auch wenn ich keiner war, würde das ganze Kamera-Equipment in meinem Gepäck mich in den Augen argwöhnischer Grenzbeamter sicherlich verdächtig aussehen lassen. Also schwenkte ich um auf die zweite mögliche Route in den Oman.

Der längere der beiden Wege würde mich über den Irak und Saudi-Arabien führen. Also beschloss ich, zunächst über die Ost-Türkei in Richtung irakischer Grenze zu reisen. Von Istanbul aus nahm ich eine Fähre nach Bursa, das auf der anderen Seite des Marmarameeres lag. An Deck brannte die Sonne in meinem Nacken, der Wind brauste wild durch meine Haare. Die Touristen schmissen kleine Stücke Brot in die Luft, die von unzähligen Möwen in atemberaubenden Sturzflugmanövern geschnappt wurden. Plötzlich schrien die Touristen an Deck laut auf und deuteten mit ihren Fingern ins Wasser: Delfine! Zum ersten Mal in meinem Leben sah ich Delfine!

Von Bursa aus entschied ich mich, nach Izmir zu reisen, weil ich die Türkei gerne an der Küste entlang bereisen wollte. Es war lange her, dass ich das Meer gesehen hatte, so lange, dass ich mich gar nicht mehr erinnern konnte. Außerdem entschied ich mich dafür, das Land per Anhalter zu bereisen, um die Menschen und die Kultur des Landes noch besser kennenzulernen. Ich hatte das Gefühl, dass die langen Autofahrten die perfekte Atmosphäre dafür boten, sich auszutauschen. Ich stellte mich also an eine Autobahnausfahrt, die nach Antalya führte, und streckte gut gelaunt den Daumen raus. Ich hatte nur Gutes über die türkische Trampkultur gehört und dass die Leute gerne Mitfahrer aufnehmen würden. Die Leute hatten recht, denn nach nicht mal fünf Minuten wurde ich von einem Lkw-Fahrer eingesammelt, der mich bis nach Balıkesir bringen konnte. Leider sprach er kaum Englisch, sodass wir die Fahrt über schwiegen. Aber es war trotzdem schön, die lange Strecke gemeinsam zu verbringen anstatt allein. Während wir durch die türkische Landschaft fuhren, passierten wir grüne Hügel, auf denen Schafherden weideten. Die fruchtbaren Felder der Marmara-Region erstreckten sich weit, unterbrochen von kleinen Dörfern mit ihren traditionellen Häusern. In der Ferne sah ich die bläulichen Konturen der imposanten Gebirgszüge des Ägäis-Gebiets, die sich majestätisch erhoben. Auf den Feldern entdeckte ich Bauern, die ihre Ernte einbrachten, während die Sonne hoch am Himmel stand. Einmal fuhren wir durch Olivenhaine, deren silbrig-grüne Blätter im Wind flirrten. Trotz der Sprachbarriere war die Fahrt angenehm. Wir warfen uns gegenseitig Blicke zu und lachten, wenn wir etwas Interessantes sahen. Diese wortlosen Unterhaltungen waren oft lustiger und bedeutungsvoller, als man sich vorstellen konnte. Jede Mitfahrgelegenheit war anders und einzigartig und es war toll, diese kleinen Abenteuer zu erleben. Wir erreichten Balıkesir, doch statt mich gleich an der Autobahn rauszulassen, bog der Fahrer ohne weitere Erklärung in die Stadt ein. Über diesen kleinen Umweg brachte er mich zur innerstädtischen Autobahnausfahrt, von wo aus ich leichter mitgenommen werden konnte. Ich bedankte mich beim Aussteigen für diese wortlose Zuvorkommenheit, postierte mich an der Straße und hielt wieder den Daumen raus.

Manche würden diese Art zu Reisen vielleicht als Schmarotzertum abtun. Aber ich sah das anders. Ich gab den Fahrern zwar kein Geld, aber versuchte stets, sie mit meinem Interesse an ihrer Person, meinen Geschichten und unterhaltsamer Abwechslung auf einer langen Autofahrt wertzuschätzen. Auf keiner dieser Fahrten bin ich jemals in eine Situation gekommen, die sich bedrohlich angefühlt hat. Bis zu diesem Tag.

Nach 20 Minuten nahm mich in Balıkesir ein staubiger Ford Focus mit. Drinnen saßen vier Männer. Ich packte meine Sachen in den Kofferraum zu den Werkzeugkisten und quetschte mich zwischen die beiden Männer auf der Rückbank. Der Fahrer war anscheinend der Einzige, der ein bisschen Englisch sprach. Er erzählte, dass er Türke sei und die drei anderen syrische Flüchtlinge, die für ihn arbeiteten. Sie kamen gerade von einer Baustelle und fuhren zurück zu ihren Unterkünften. »Wo kommst du her?«, fragte er mich. »Ich komme aus Deutschland«, antwortete ich. Nachdem ich das gesagt hatte, war es plötzlich ruhig. Hatte ich etwas Falsches gesagt? Dann murmelten die vier Männer in einer arabischen Sprache durcheinander. Der Mann neben mir, dessen Bart dicht und dunkel war, sagte immer wieder: »Geld, Geld!« Diese Forderung verwunderte mich, schließlich machte ich beim Einsteigen immer sofort klar, dass ich nach einer kostenlosen Mitfahrgelegenheit suchte. Ich sagte, dass, wenn er unbedingt Geld haben wolle, er mich sofort rauslassen müsse, weil ich nicht bereit wäre, für die Fahrt zu zahlen. Aber jetzt fing der Mann links von mir ebenfalls an, »Geld, Geld« zu fordern, und hielt dabei beide Hände auf. »Wenn ihr unbedingt Geld wollt, dann müsst ihr mich jetzt rauslassen!«, machte ich deutlich. Der Fahrer lachte, der Typ links von mir stieß mir neckisch mit dem Ellenbogen in die Seite. Ich wusste nicht, wie ernst das mit dem Geld gemeint war. Ich versuchte, die Situation zu entschärfen, indem ich ein gezwungenes Lachen aufsetzte. Dann fragte der Syrer links von mir: »Kleidung? Hast du Kleidung?« Ich bemühte mich, seine Nachfrage mit einem Lachen zu überspielen, und entgegnete, ob er denn Kleidung für mich hätte. Plötzlich sah ich aus dem Augenwinkel, wie rechts von mir ein Arm in den Kofferraum griff, die Kopftasche meines Rucksacks öffnete und ein T-Shirt rauszog. So was war mir noch nie passiert. Ich zeigte auf seinen dicken Bauch und versuchte ihm mit Gesten klarzumachen, dass meine Klamotten ihm ohnehin nicht passen würden. Dann drehte ich mich um und zog mit Kraft seinen Arm aus meiner Tasche. Der Fahrer lachte noch mehr. Kurz darauf spürte ich, wie etwas an meinem Oberschenkel streifte. Der Typ links von mir war dabei, sich die Tasche zwischen meinen Beinen zu schnappen. Schlagartig realisierte ich, dass das Ganze kein Scherz mehr war. Ich schlug den Arm weg. In der Tasche war meine Technik drin. Mir war unwohl bei dem Gedanken, dass die Typen wussten, was für teures Equipment ich bei mir hatte. Möglicherweise gäbe es dann keinen Weg mehr aus dieser Situation, nach dem irgendwas davon noch mir gehören würde. »Du kannst mich jetzt rauslassen«, beschied ich dem Fahrer, doch er lachte, als hätte er mich nicht richtig verstanden. Mit Nachdruck sagte ich: »Bro, ich will hier raus.« Doch der Fahrer lachte weiter, während von allen Seiten Hände nach mir und meinen Sachen griffen. Das Adrenalin schoss durch meinen Körper. Mir wurde bewusst, dass ich gefangen war. Mit aller Kraft wehrte ich die Griffe der Typen nach meinen Sachen ab. Ich schrie: »Was zur Hölle, lasst eure Drecksfinger von meinem Zeug!« Doch keine Reaktion. Ich drehte meinen Oberkörper und klemmte den Mann rechts von mir mit meinem Rücken gegen die Autotür. Mit meinem rechten Fuß drückte ich mich am Fahrersitz ab, mit dem linken trat ich den anderen Kerl. Die ganze Zeit kreischte ich: »Verpisst euch, lasst mich raus!« Der Fahrer lachte. Ich kapierte nicht, warum er das so wahnsinnig lustig fand. Dann, ganz plötzlich, holperte der Wagen über Kies, bevor er zum Stehen kam. So schnell ich konnte, zog ich meine Taschen aus dem Kofferraum zu mir und drückte mich an dem Syrer vorbei aus dem Wagen. Die Männer schlugen die Türen zu und bretterten zurück auf die Autobahn. Ich konnte sie noch ein paar Sekunden aus den offenen Fenstern durch die Weiten der vertrockneten Hügellandschaft lachen hören, bis das Brummen des Motors verklang.

Ich starrte auf den Boden und zitterte, stellte die beiden Taschen auf dem Boden ab. Dann tastete ich meinen Körper ab, um zu schauen, ob etwas fehlte. Ein T-Shirt war den Dreckskerlen zum Opfer gefallen, sonst war noch alles da. Ich schaute mich um: Nichts als eine zweispurige Asphaltstraße, Sand, vertrocknetes Gestrüpp und etwas Plastikmüll, der im Wind wehte. Die Landschaft wirkte wie eine endlose Einöde. Weil das Adrenalin noch meinen Körper durchflutete, waren meine Mundwinkel zu einem fratzenhaften Grinsen gespannt. Endlich lebte ich wieder! Doch mit der Sonne, die sich langsam hinter die fernen Hügel schob und die Szenerie in ein orangefarbenes Licht tauchte, schwand auch das Adrenalin und plötzlich versagten meine Beine. Ich sackte auf den Boden.

Mein Herz pochte wild in meiner Brust und ich spürte ein raues Kratzen in meiner Kehle. Da saß ich nun, atemlos und erschöpft. Die Stille war erdrückend, unterbrochen nur von dem gelegentlichen Rauschen des Windes. Der Schreck saß mir schwer in den Knochen. Doch irgendwie hatte diese Situation auch eine bizarre Schönheit. Als ich mich beruhigt hatte, überlegte ich, wie es weitergehen sollte. Auf meinem Handy sah ich, dass der nächste Ort über 80 Kilometer von meinem Standort entfernt war. Es gab also keine andere Möglichkeit, als per Anhalter weiterzufahren. Das Problem war nur, dass es langsam dunkel wurde. Im Dunkeln hatten viele Leute Angst, fremde Menschen in ihr Auto zu lassen. Ich musste mich also beeilen. Bei der Vorstellung, mich wieder zu Fremden ins Auto zu setzen, wurde mir etwas schwummrig im Bauch. Aber ich versuchte mir klarzumachen, dass dies von all den Fahrten der letzten Jahre die erste und einzige kritische gewesen war. Ich rechnete mir vor, dass es rein statistisch höchst unwahrscheinlich war, zweimal hintereinander eine schlechte Mitfahrgelegenheit zu erwischen. Meiner Wahrscheinlichkeitsrechnung nach musste die Chance einer sicheren Fahrt bei der nächsten sogar besonders hoch sein.

Zum Glück hielt nach einem kurzen Augenblick ein Lkw-Fahrer. Bis nach Izmir könne er mich mitnehmen. Ich stieg ein. Er hatte einen weichen Händedruck und stellte sich als Kadir vor. Aus seinem hochgekrempelten Hemd ragten muskulöse Unterarme hervor, er hatte einen Schnurrbart und buschige Augenbrauen. Kadir machte einen freundlichen und ruhigen Eindruck auf mich. Ich erzählte ihm sofort, was gerade vorgefallen war. Aufmerksam hörte er zu, stellte trotz seines schlechten Englischs immer wieder Rückfragen. Als ich fertig war, bot er mir einen Tee an, den ich dankend annahm. Während er mit links das Lenkrad festhielt, bereitete er mit der rechten Hand einen elektrischen Teekocher vor. Mein Angebot, das zu übernehmen, lehnte er entschieden ab. Er steckte das Gerät an den Zigarettenanzünder, befüllte es mit Wasser aus einer Plastikflasche, bröselte etwas Tee in den Kocher und schaltete ihn an. Während das Wasser zu kochen begann, sagte er: »Du musst aufpassen, wenn du per Anhalter fährst. Das ist gefährlich. Hier sind viele Gauner unterwegs.« Mit der rechten Hand öffnete er das Handschuhfach, holte etwas heraus und hielt es mir hin: ein Klappmesser. »Hier, nimm das.« Ich nahm es in die Hand und versuchte es zu öffnen. Plötzlich sprang unvermittelt eine dicke gebogene Klinge aus dem Griff wie die Kralle eines Tigers. Sie sah gefährlich aus. Mit meinem Zeigefinger fuhr ich vorsichtig über die Schneide und spürte, wie scharf sie war. »Du musst so was dabeihaben, wenn du hier unterwegs bist«, riet mir Kadir mit Nachdruck. Ich nickte, aber dachte gleichzeitig, dass ich ein solches Messer niemals zur Verteidigung benutzen würde. Meiner Meinung nach war es immer eine dumme Idee, ein Messer zu ziehen. Ganz egal, wie brenzlig die Situation war. Mit einer Waffe eskaliert man die Situation unnötig. Meistens ist es klüger, sich einfach ausrauben zu lassen. Zumindest wenn einem das eigene Leben lieb ist. Was wäre wohl passiert, wenn ich vorhin auf der Rückbank ein Messer gezogen hätte? Aber ich dankte dem Lkw-Fahrer und steckte das Messer in meinen Rucksack.

Als er mich in Izmir rausließ, war es schon dunkel. Ich verabschiedete mich von Kadir, dessen Warmherzigkeit mir an diesem Tag das Vertrauen in die Mitfahrerei zurückgegeben hatte. Für die Nacht nahm ich mir ein Hostelzimmer, nur um bereits vor Sonnenaufgang wieder aufzustehen und grinsend den Daumen in den Frühverkehr zu halten.

***

Drei Tage später war ich in Antalya angekommen. Ich blieb nie lange an einem Ort, denn ich hatte nur noch 40 Tage, um die knapp 4000 Kilometer nach Maskat zurückzulegen und mein Schiff zu erwischen. Langsam realisierte ich, dass 90 Tage für die gesamte Reise etwas zu ambitioniert gewesen waren. Ich hielt mich nur kurz im atemberaubend schönen Antalya auf. Bevor ich per Anhalter weiterfahren konnte, musste ich mit dem Bus etwas aus der Stadt zu einer Autobahnausfahrt rausfahren. Es war viel Betrieb am Busbahnhof: Menschen mit Rucksäcken und Koffern zählten Münzen an den Fahrscheinautomaten, während die Kinder mit Spielzeugpistolen herumliefen und aufeinander schossen. Ich holte meine GoPro aus dem Rucksack. Um die Speicherkarte wieder freizukriegen, wollte ich ein Video löschen. Vertieft scrollte ich durch das Material der vergangenen Tage, als mich ein Bettler ansprach. Ich legte die GoPro auf den Boden und kramte in meiner Hosentasche nach ein paar Münzen, die ich ihm gab. Mein Bus fuhr ein, also nahm ich meine Taschen und schleppte sie dorthin. Als ich einen Platz gefunden hatte, suchte ich nach meiner GoPro, um mit dem Löschen weiterzumachen. Aber sie war nicht in meiner Tasche. Ich musste sie am Bussteig liegen gelassen haben. Ich hatte ein ungutes Gefühl im Magen. Obwohl ich wusste, dass ich sie dort vergessen haben musste, drehte ich alle Taschen auf links. Nichts. *Gut*, dachte ich, *ich steige einfach an der nächsten Station aus und renne zur Bushaltestelle zurück*. Mit etwas Glück war sie noch da. In diesem Moment ärgerte ich mich darüber, wie vergesslich und unordentlich ich schon immer gewesen war. Mein Rucksack, dessen Fassungsvermögen von 70 Litern zu Beginn der Reise bis oben hin voll gewesen war, war zu diesem Zeitpunkt nur noch halb gefüllt, weil ich die Hälfte der Sachen bereits verloren hatte. Nichts davon war wirklich wichtig gewesen, aber bei der GoPro war das anders. Diese kleine Kamera war mehr als nur ein technisches Gerät für mich. Ich hatte damals mein letztes Geld zusammengekratzt, um sie mir zu kaufen und die ersten Auftragsvideos für meine Kunden zu machen. Als ich meinen Bestand verkauft hatte, hatte ich mich nicht von ihr trennen können. Sie war zwar verkratzt und technisch nicht mehr auf dem aktuellen Stand, aber ich liebte es trotzdem, kleine Videos mit ihr zu drehen. Diese GoPro war eine Erinnerung an mein altes Leben. Sie repräsentierte die Anfänge meines Geschäfts, die ersten Schritte in die Selbstständigkeit, die Hoffnung und die Träume, die ich damals gehabt hatte. Jedes Mal, wenn ich sie benutzte, fühlte ich mich wieder in diese Zeit zurückversetzt.

Der Bus fuhr weiter und mit jedem Meter, den wir uns von der Station entfernten, wurde ich nervöser. Wann kam denn endlich die nächste Haltestelle? Ich drückte auf den roten Knopf, aber der Bus fuhr gnadenlos weiter bis in die Randbezirke der Stadt, ich war bereits viele Kilometer weg von der Station, an der ich eingestiegen war. Erst nach 20 Minuten hielt der Bus, weit außerhalb der Stadt. Zwar war ich mir ziemlich sicher, dass irgendjemand die Kamera mittlerweile gefunden und mitgenommen hatte, aber ich fuhr die Strecke trotzdem noch mal zurück. Am Bussteig angekommen gab es dann keine Zweifel mehr: Die GoPro war weg. Ich war am Boden zerstört. Und ich wusste nicht warum, denn klar, diese GoPro hatte einen emotionalen Wert für mich, dennoch war ich es gewohnt, Dinge zu verlieren. Der Verlust dieser Kamera sollte mich nicht so hart treffen. Als ich betrübt durch die Straßen Antalyas lief, kreisten meine Gedanken ständig um die verlorene Kamera. Warum konnte ich das nicht einfach abhaken?

Benita war meine erste Freundin, aber ich stellte mir vor, dass sich eine Trennung ähnlich anfühlen müsste. Wie wenn man Fotos, die an schöne Momente der Beziehung erinnern, ins Feuer wirft und zusieht, wie sie verbrennen. Aber war es nicht auch befreiend, Altes loszulassen? War es nicht sogar notwendig, um Platz für Neues zu schaffen? Je länger ich darüber nachdachte, desto mehr kam ich zu dem Schluss, dass es vielleicht doch gar nicht so schlecht war, dass ich die Kamera verloren hatte. Mit einem Gefühl der Leichtigkeit trampte ich in den nächsten Tagen an der Meeresküste entlang bis nach Gaziantep, wo ich ebenfalls nur eine Nacht im Hostel schlief. Anschließend ging es an der syrischen Grenze entlang bis nach Cizre, der letzten Stadt vor der irakischen Grenze. Ich hatte noch über zwei Stunden, bis ich einen Bus über die Grenze bis ins irakische Erbil nehmen konnte. Mir fiel auf, dass ich noch eine ganze Menge türkischer Lira in den Taschen hatte, die ich im Irak nur mit hohem Verlust umtauschen konnte. Ich beschloss also, die Zeit zu nutzen und die übrigen Lira zu verprassen. In einem kleinen Restaurant in der Innenstadt ließ ich mich nieder und bestellte eine üppige Fleischplatte. Das Aroma des frisch gegrillten Fleisches stieg mir in die Nase und ließ mir das Wasser im Mund zusammenlaufen. Nach dem Hauptgang gönnte ich mir einen riesigen Teller Künefe, dessen süßer Duft mich sofort das Wasser im Mund zusammenlaufen ließ. Der warme Käse im Inneren der Süßspeise zog sich in langen Fäden, als ich die erste Gabel zum Mund führte. Zum Abschluss bestellte ich die größte Shisha auf der Karte. Sie war pompös und aufwendig verziert, mit einem hohen, geschwungenen Hals und einem breiten, kunstvoll gearbeiteten Wasserbehälter. Die Schläuche waren mit goldenen Mustern verziert und schimmerten im Licht des Restaurants. Die Shisha war viel zu groß, um sie allein zu rauchen, also lud ich drei Männer am Nebentisch ein, mit mir zu teilen. Sie freuten sich über die Einladung und wir unterhielten uns ausgelassen, während wir den dichten, weichen Rauch genossen. Nach dem Essen lief ich durch die Innenstadt von Cizre. Da ich keine Ahnung hatte, was ich mit dem restlichen Geld noch anstellen sollte, gab ich alles einem dürren Mann im Rollstuhl. Er lächelte mich an und wünschte mir eine gute Reise. Es dämmerte bereits, als ich in den Bus stieg. Nachdem ich einen Platz gefunden hatte und der Bus losgefahren war, schlief ich zum Brummen des Motors ein.

Als ich wachgerüttelt wurde, war es stockdunkel. »Immigration!«, erklärte mir der Busfahrer in hastigem Ton. Geraschel, schnelle Taschenlampenlichter. Die anderen Reisenden packten eilig ihre Taschen zusammen. Durch das Fenster sah ich, wie die Koffer aus der Seite des Buses gehoben und unsanft auf einen großen Stapel geworfen wurden. Der aufgewirbelte Steppensand hüllte das Gepäck in Sekundenschnelle vollständig ein. Ich kletterte als Letzter aus dem Bus am türkisch-irakischen Grenzübergang Ibrahim Khalil in Kurdistan. Hier mussten wir beim Turkish Emigration Office zunächst die Ausreise beantragen, bevor wir im anderen Gebäude auf der irakischen Grenze die Einreise beantragen konnten. Die Dunkelheit verschluckte fast alles, aber das spärliche Scheinwerferlicht offenbarte gerade genug, um die Umgebung zu erahnen. Sie wirkte wie ein militärischer Komplex mit stählernen Transportern und dicken Wänden. Militärmänner mit Maschinengewehren standen an der Grenze und überwachten die Szenerie. Das Scheinwerferlicht schnitt durch die Dunkelheit und malte ein trostloses Bild aus Asphalt, Lkws und Sand. Ich empfand die Atmosphäre als bedrohlich, als ich noch halb schlafend das Grenzgebäude betrat. Meine Sachen musste ich wie am Flughafen in Plastikschalen legen. MacBook, Kamera-Equipment und meine Drohne kamen in eine separate Schale. Obwohl ich das Prozedere bereits kannte, schwitzten meine Hände, als ich dem Uniformierten mit dichtem Schnurrbart am Schalter meinen Reisepass aushändigte. Er blätterte kurz durch, dann fragte er »Almanya?« und ich nickte, als würde ich in ein Urlaubsparadies und nicht in eins der gefährlichsten Länder der Welt reisen. Der Beamte brummte etwas Unverständliches und drückte dann den Ausreisestempel auf das Papier. Erleichterung! Ich steckte den Pass in die Tasche und verließ das Gebäude. Fast hatte ich es geschafft, in wenigen Minuten würde ich zum ersten Mal den Irak betreten!

Die Mitreisenden packten bereits wieder ihre Taschen und schleppten sie hektisch zurück in den Bus. Auch ich verstaute mein Gepäck und kehrte an meinen Sitzplatz zurück. Nur wenige Hundert Meter rollten wir bis zum irakischen Grenzgebäude. In meiner Hosentasche vibrierte es. Erst dachte ich, das sei die übliche Nachricht des Mobilfunkanbieters beim Grenzübertritt, aber es war eine WhatsApp von meiner Prinzessin: »Bist du schon aus der Türkei raus?« Ich tippte: »Ja!« »Dann bist du also schon im Irak. Wie ist es?«, fragte sie. Ich schrieb: »Ich bin gerade weder in der Türkei noch im Irak. Ich bin im Niemandsland, aber im Herzen ganz nah bei dir.« Denn ich wusste, dass meine Prinzessin solche kitschigen Sätze liebte, und stellte mir vor, wie sie am anderen Ende der Leitung kicherte. »Ich schreib dir, sobald ich über die Grenze bin und wieder Internet habe«, tippte ich, bevor die Verbindung abbrach. Durch das Fenster konnte ich nichts erkennen außer blendendes Scheinwerferlicht und Dunkelheit. Als der Bus hielt, stiegen wieder alle aus.

Im irakischen Grenzgebäude wartete bereits eine lange Schlange Menschen. Meine Hände begannen wieder zu schwitzen, nervös tastete ich nach meinem Reisepass. Solche Grenzübertritte waren immer eine ziemlich aufregende Angelegenheit für mich. Nie wusste ich genau, ob ich alle nötigen Dokumente bei mir hatte. Die Informationen, die ich zur Einreise in den Irak im Internet gefunden hatte, waren sehr spärlich und oft veraltet gewesen. Ich stellte mich ans Ende der Schlange hinter drei Männer, mit denen ich sogleich ins Gespräch kam. Raad, der Älteste der Männer, hatte graue Haare und einen dichten Schnurrbart. Seine Augen blickten wachsam und durchdringend umher, als ob er jede Bewegung registrieren würde. Die beiden anderen waren ungefähr in meinem Alter und wirkten wie typische Bewohner der Region. Kareem, der dürr und hochgewachsen war, trug unter seinem Parka ein traditionelles Gewand aus beigen Stoffen. Sein Gesicht war schmal, die Wangen eingefallen und er hatte dicke, markante Augenbrauen, die ihm einen intensiven Ausdruck verliehen. Salah mit einem dichten, vollen Bart war etwas pummeliger und hatte ein leicht aufgedunsenes Gesicht. Er trug einen abgetragenen Hoodie und seine dunklen Augen funkelten neugierig, als er mich in gebrochenem Englisch fragte: »Woher kommst du?« Ich antwortete, dass ich aus Deutschland komme, und zeigte ihnen meinen bordeauxroten Pass. »Deutschland!«, riefen sie und lachten. Salah erzählte, sie seien Türken und nur kurz im Irak unterwegs. Ich wollte sie mit ein paar Sätzen auf Türkisch beeindrucken, die ich während meiner Tage in der Türkei aufgeschnappt hatte: »Benim adım Yusuf!« – »Ich heiße Yusuf.« Sie lachten. Kareem fragte mich, ob ich Moslem sei. »Nein, Yusuf ist nur die arabische Version von Josu!«, antwortete ich ihm. Zumindest hatten mich all die Lkw-Fahrer, die mich mitgenommen hatten, so genannt. Neugierig fragte ich sie, ob ich auch mal ihre Pässe sehen könne. Raad holte seinen aus der Innentasche seiner Jacke hervor. Er hatte ein ähnliches Rot wie meiner, nur mit einem stärkeren Lila-Stich. Als er ihn aufklappte, sah ich unzählige Stempel.

Immer die gleichen: Türkei und Irak. »Warum reist du so oft in den Irak?«, fragte ich ihn auf Englisch. Er lächelte nur und sagte, dass das ein Hobby sei. Er drehte sich zu seinen Freunden um und sagte ein paar Sätze auf Türkisch, woraufhin sie in ein tiefes Gelächter ausbrachen. Auch wenn ich den Witz nicht verstanden hatte, stimmte ich in ihr Lachen ein.

Wir alberten etwas herum, wir verstanden uns gut. Das verkürzte die Wartezeit. Als wir an der Reihe waren, zeigte ich dem Beamten meinen Pass. Dann scannte er meinen Fingerabdruck und sagte: »40 Euro bitte.« Lächelnd schob ich ihm meine Kreditkarte hin, doch der Beamte schüttelte den Kopf. »Nur Cash. Dollar, Euro, Lira«, erklärte er. »Gibt es einen Geldautomaten?«, fragte ich nervös. Wieder schüttelte der Beamte den Kopf. Ich kam ins Schwitzen. Meine Taschen waren leer, ich hatte mein letztes Bargeld ja in Cizre zum Fenster rausgeworfen. Mir kam der dürre Mann im Rollstuhl in den Sinn und wie ich ihm vor wenigen Stunden noch absurd viel Geld geschenkt hatte. Dem Beamten musste ich nun beibringen, dass ich kein Bargeld dabeihatte. Genervt winkte er mich zur Seite und nahm den Nächsten dran. Jetzt hatte ich ein Problem: Ich wurde nicht weiter in den Irak gelassen, da ich bereits den türkischen Ausreisestempel im Pass hatte, konnte ich aber auch nicht einfach in die Türkei zurückkehren. Also hing ich fest im Niemandsland und stellte mir bereits den bürokratischen Verwaltungsakt vor, der nötig sein würde, um mich hier wieder rauszubekommen.

Nervös wandte ich mich an Salah und fragte ihn, ob er mir die 40 Euro leihen könne. »Ich zahle es dir sofort zurück, wenn wir im Irak sind«, fügte ich hastig hinzu. Salah zögerte einen Moment, dann nickte er mit einem entschlossenen Blick. »Kein Problem«, sagte er. Er übergab dem Beamten das Geld, ich bekam die Erlaubnis zur Weiterreise und wir traten vor die Tür. Erleichtert setzte ich meinen Rucksack ab und versuchte im Dunkeln etwas von der irakischen Landschaft zu erkennen. Doch Raad schnappte sich mein Gepäck und schulterte es. »Nein, den brauchst du mir nicht zu tragen!«, wehrte ich ab, aber er schüttelte nur den Kopf und lief unbeirrt hinüber zu Kareem und Salah. Ich vermutete, dass Raad nur freundlich sein wollte, auch wenn ich den Verdacht nicht ganz loswurde, dass er meinen Kamera-Rucksack gerade als Pfand genommen hatte. Die Unsicherheit nagte an mir, während ich meine Optionen abwägte. Ich fragte die drei, ob sie wüssten, wo der nächste Geldautomat sei. Sie sagten, sie müssten nach Zaxo, das 5 Kilometer von Ibrahim Khalil entfernt lag. Dort seien auch Geldautomaten. Zaxo lag zwar überhaupt nicht auf meiner Route, aber ich hatte keine andere Wahl, als mit ihnen mitzugehen. Der Bus mit den Reisenden fuhr also ohne mich weiter. Ich hing nun fürs Erste mit den Dreien fest.

Wir machten uns auf den Weg nach Zaxo und liefen etwa zwei Stunden. Während wir gingen, begann der Himmel im Osten zu leuchten und die ersten Sonnenstrahlen brachen über die Horizontlinie. Mit jedem Schritt wurde die Landschaft um uns herum deutlicher sichtbar. Der Boden war sandig und die weite Straße erstreckte sich geradeaus bis zum Horizont. Rechts und links davon standen vereinzelt kleine Häuschen, einfach gebaut und mit vertrockneten Gärten. Es war eine karge, aber faszinierende Gegend. Endlich erreichten wir Zaxo. Der Chabur floss träge durch den kleinen Ort und die Einwohner überquerten ihn auf der antiken Brücke Pira Delal, die majestätisch über dem Wasser thronte. Das Erste, was mir auffiel, waren die neuen Kennzeichen mit arabischen Buchstaben, die sich von denen in der Türkei deutlich unterschieden. Die Autos hier waren merklich abgewrackter, viele von ihnen schienen ihre besten Tage längst hinter sich zu haben. Auch die Straßenschilder waren auf Arabisch, was das Gefühl verstärkte, nun in einer völlig anderen Welt zu sein. Noch nie war ich so fern von dem, was ich kannte. Die Geräusche der Stadt, das Hupen der Autos, das Murmeln der Menschen in einer fremden Sprache – all das machte mir bewusst, wie weit ich von meiner Heimat entfernt war. Chiang Mai war noch Tausende Kilometer weit weg. Und ich hing irgendwo dazwischen, im sandigen Niemandsland, an drei fremde Männer gekettet. Wir setzten uns in ein kleines Café, in dem es vorgekochtes Essen aus Schüsseln gab. »Wir machen Pause, bis die Geschäfte öffnen. Die Banken haben ebenfalls noch zu«, bestimmte Salah. Die Männer bestellten reichlich. Es kamen kurdische Spezialitäten, von denen ich noch nie zuvor gehört hatte. Es gab Kubba, eine Art gefüllte Teigtaschen, die in heißem Öl frittiert wurden und außen knusprig und innen saftig waren. Ein großer Teller mit Dolma kam auf den Tisch, mit Weinblättern und Paprika, die mit würzigem Reis und Hackfleisch gefüllt waren. Mir wurde ein Schälchen Mast-O-Khiar gereicht, ein erfrischender Joghurt-Dip mit Gurken und Minze, der perfekt zu den warmen Gerichten passte. Mir war nicht ganz wohl dabei, an einem reich gedeckten Tisch zu sitzen mit dem Wissen, dass ich nichts davon bezahlen konnte. »Kein Problem, Yusuf, wir laden dich ein«, sagte Salah, bevor er sich die erste Teigtasche in den Mund steckte. Die Stimmung war ausgelassen. Wir machten Selfies und die drei zeigten sich begeistert von der Idee, in Deutschland zu arbeiten. Ständig fragten sie mich, wie man ein Visum bekommen könnte, aber ich konnte ihnen nur spärliche Informationen geben. Als sie merkten, dass ich nicht viel darüber wusste, versuchte Kareem, die Gesprächsrichtung zu wechseln und mich zum Islam zu bekehren. Trotz der Ernsthaftigkeit, mit der er mich von der Wahrheit dieser Religion überzeugen wollte, musste ich lachen. Ab und zu mussten wir uns mit dem Google Übersetzer verständigen. Zwischendurch dämmerte ich immer mal wieder am Tisch weg.

Nach einigen Stunden verließen wir das Café und gingen auf der Suche nach einem Geldautomaten die Hauptverkehrsader von Zaxo entlang. Dieser Ort schien ausschließlich entlang dieser Straße zu wachsen. Die Sonne knallte unerbittlich herab und dörrte die ohnehin trockene Erde noch mehr aus. Der Motorenlärm der staubigen Karren und Motorroller war so laut, dass wir uns kaum hören konnten. Der aufgewirbelte Staub hüllte die ganze Stadt in einen leichten Sandfilm, als wäre gerade ein Saharasturm vorbeigezogen. Die erste Bank, die wir aufsuchten, hatte allem Anschein nach bereits seit Längerem geschlossen. Auf den Türgriffen lag eine dicke Staubschicht, durch die Glasscheiben guckte man in einen abgedunkelten Raum, auf dessen Boden eine Kleberolle, ein einzelner Handschuh und lose Kabel lagen. Auch der Geldautomat, den wir anschließend fanden, war defekt. Über das Display war ein handgeschriebener Zettel geklebt. Nebenbei aufs Papier gekritzelt wirkten die arabischen Buchstaben noch unleserlicher, als sie für mich ohnehin schon waren. »Es gibt noch eine Bank am Stadtrand. Der nächste Automat ist dann in Hasan Ava, etwas über 5 Kilometer von hier entfernt«, übersetzte Salah grob das Geschriebene. Noch mal 5 Kilometer? Meine Beine fingen langsam an zu schmerzen.

Auf dem Weg zur letzten Bank des Ortes kamen wir an einer engen Straße vorbei, wo Geldwechsler hinter kleinen Ständen Scheine zählten. Salah ging auf einen von ihnen zu, holte Dutzende schwere Geldbündel aus mehreren Taschen und überreichte sie dem Zähler. So viele Scheine wechselten den Besitzer, dass ich im Kopf nicht überschlagen konnte, wie viele Euros es wohl umgerechnet sein mochten. Aber in dieser Region musste das ein kleines Vermögen sein. Ich fragte Salah, wozu er so viel Geld brauche. »Damit gehen wir einkaufen«, sagte er lächelnd, aber der geheimnisvolle Unterton in seiner Stimme ließ mich ahnen, dass es um mehr ging als nur um einen simplen Einkauf.

Eine halbe Stunde später stellten wir fest, dass auch die letzte Bank des Ortes geschlossen hatte. Das wurde langsam zum Problem. Raad trug noch immer meinen Rucksack und lehnte auch nach wiederholten Bitten freundlich ab, ihn mir wiederzugeben. Während ich darüber nachdachte, wie ich aus dieser Situation herauskommen könnte, tauschte Kareem einen Teil des Geldes gegen eine große Menge Zigaretten ein. Immer wieder wechselten wir die Geschäfte, um die Preise zu vergleichen. Später besorgten sie große Säcke mit Tee. Zunächst dachte ich, sie würden ihren Freunden und der Familie welchen mitbringen. Der Groschen fiel bei mir endlich, als sie später in einem kleinen Geschäft ein halbes Dutzend gefälschte iPhones kauften. »Seid ihr Schmuggler?«, fragte ich Salah. Er lächelte vielsagend, legte einen Finger auf die Lippen und machte ein leises: »Pssst.« Dann steckte er die Handys und Zigaretten zwischen den Tee in den Säcken.

Als ich erkannte, dass ich bei Schmugglern in der Kreide stand, konnte ich mir ein Grinsen nicht verkneifen. Die ganze Sache wurde dadurch für mich noch spannender. Ich stellte mir vor, wie ich diese Geschichte später einmal meinen Enkeln erzählen würde. Eine Geschichte voller unerwarteter Freundschaften, Abenteuer und Spannung. Eine Erzählung, die zeigt, dass Kriminelle nicht nur gefährliche Typen sind. Ich würde ihnen von den Risiken berichten, als ich Zigarettenstangen in Tücher wickelte, mein Gesicht staubbedeckt und von der Sonne gegerbt. Benita würde neben mir sitzen, geduldig lächelnd, aber leicht genervt, weil sie die Geschichte schon zum hundertsten Mal hörte. Mittags machten wir eine kleine Pause. Ich setzte mich ermüdet neben Salah auf den Bürgersteig. Die Sonne stand hoch am wolkenlosen Himmel und brannte auf unsere Schädel. Während er die Zigarettenstangen und den Tee in Plastiktüten umfüllte, fragte ich ihn: »Wie wird man eigentlich zum Schmuggler?« Er schwieg kurz und blickte ernst auf den Boden. Ausgesprochen klang meine Frage sehr viel vorwurfsvoller als in meinem Kopf. Dann sagte er: »Ich mache das mit dem Schmuggel, weil ich die Ersparnisse meines Vaters verloren habe. Damals lag der Bitcoin hoch im Kurs. Kennst du Bitcoin?« Ich nickte. »Seit ich ein Kind bin, träume ich davon, meiner Familie aus der Armut zu helfen. Irgendwann würde ich es mal schaffen, sagte ich mir immer. Deshalb überredete ich meinen Vater, seine Ersparnisse in Bitcoin zu investieren.« Er schluckte schwer und schaute wieder auf den Boden. »Der Kurs ist kurz danach abgestürzt. Mein Vater hat sein Leben lang hart gearbeitet und alles, was übrigblieb, für uns beiseitegelegt. Praktisch über Nacht habe ich alles verbrannt. Ich habe ihm das noch nicht erzählt. Ich muss noch sieben Jahre schmuggeln, bis ich das Geld wiederhabe. Erst dann kann ich ihm in die Augen schauen und die Wahrheit erzählen.«

Ich wusste nicht, was ich darauf erwidern sollte. Auch ich hatte mal 2000 Euro verloren, nachdem ich in eine Kryptowährung investiert hatte. Aber im Vergleich zu seiner Situation kam mir meine eigene so kuschelig vor, dass mir einfach nichts einfallen wollte, was ihn trösten könnte. Vermutlich ist es manchmal besser, den Mund zu halten, wenn man nichts zu sagen hat. Wir beobachteten einen Händler dabei, wie er das Rollo eines Geschäfts mit einer Handkurbel runterließ. Dann kam mir plötzlich ein Gedanke. Ich fragte: »Hast du noch deine Bitcoin-Wallet?« Sallah nickte. Plötzlich war ich hellwach, meine Gedanken überschlugen sich. Auch ich hatte noch eine. Sie war zwar länger nicht in Gebrauch gewesen, aber wenn wir Internet bekamen, konnte ich ihm sein Geld auf diesem Weg zurückgeben. Wir fanden einen kleinen Elektroladen, der geöffnet hatte, mit einem verstaubten WLAN-Router an der Wand. Der Laden war voll von blinkenden Lichtern, Fernsehern und Elektrogeräten, die in engen Regalen aufgereiht waren. Es war ein typischer offener Laden ohne Türen, sodass der Staub ständig hereinwehte. Ich fragte mich, wie diese ganzen Elektrogeräte bei diesen Staubbelastungen überhaupt noch funktionieren konnten. Während ich auf einem wackeligen weißen Plastikstuhl stand, um genug Empfang für mein Handy zu bekommen, ging das Leben um mich herum munter weiter. Kunden kamen herein, feilschten mit dem Verkäufer, kauften elektronische Geräte und gingen wieder hinaus. Während ich wartete, entschloss ich mich dazu, absichtlich eine Null zu viel bei der Überweisungssumme zu setzen. Endlich zeigte mein Smartphone an, dass die Übertragung geklappt hatte. Sallah checkte den Geldeingang auf seinem Handy und sofort rief er erschrocken: »Yusuf, Yusuf, das ist zu viel, das ist zu viel, ich muss dir zurücküberweisen.« Mit einem Lächeln sagte ich: »Das ist für deinen Vater.« Er wollte es nicht annehmen und beharrte darauf, dass es zu viel sei, aber ich hielt ihm stand: »Nein, das ist richtig so. Ich will dir das geben.« Er zögerte lange, kämpfte mit seinem Stolz, aber er war auch sichtbar gerührt von der Geste. Schließlich nahm er das Geld an. Wir jubelten zusammen, ein Moment des reinen Glücks inmitten des geschäftigen Treibens um uns herum. Als wir uns verabschiedeten, beluden die Männer ein Taxi mit ihrer Schmuggelware. Raad gab mir lächelnd meinen Rucksack zurück. Da wurde mir klar, dass er wirklich einfach nur nett hatte sein wollen. Ich umarmte die Männer und wünschte Salah viel Erfolg dabei, das verlorene Geld zurückzubekommen. Erst jetzt hatte ich das Gefühl, den Transitbereich wirklich verlassen zu haben. Auch wenn ich gerade ein echtes Abenteuer hinter mir hatte, prickelte schon die Lust auf ein neues in meinem Blut. Die Reise zu meiner Prinzessin konnte endlich weitergehen. Ich schrieb ihr: »Es hat geklappt, ich bin jetzt im Irak!«

***

Im Irak fuhr ich als Erstes per Anhalter bis nach Erbil. Im Zentrum von Erbil thronte, weit sichtbar auf einem 30 Meter hohen Hügel, die Zitadelle. Das ist die Altstadt, in der vermutlich seit dem 5. Jahrtausend vor Christus Menschen leben. Erbil ist umschlossen von befestigten Hausfassaden, die zusammen eine massive Mauer bilden, welche die ganze Altstadt einschließt und eine lange Geschichte hinter sich hat. Ich streifte im Schatten historischer Arkaden an kleinen Geschäften für Gewürze, Textilien und Kunsthandwerk vorbei. Einige Häuserwände trugen noch immer die Spuren vergangener Kämpfe, sichtbar durch die Schusslöcher und vereinzelt zusammengesackte Gebäude. Diese stammen von den intensiven Gefechten während des ISIS-Vormarsches zwischen 2014 und 2017. Neben diesen Narben der Vergangenheit gibt es auch wunderschöne moderne Ecken in Erbil, die einen beeindruckenden Kontrast bilden. Ich schlenderte an einem Teehäuschen vorbei, in dem viele Männer auf Plastikstühlen saßen und über einen kleinen Bildschirm gebannt ein Fußballspiel verfolgten. In Katar war gerade die Fußball-Weltmeisterschaft. Ich fragte, wer spiele. »Spanien gegen Japan. Vorrunde«, sagte ein älterer Mann. »Deutschland spielt parallel gegen Costa Rica.« Als ich das hörte, musste ich an meinen verstorbenen Vater denken, der früher der Fußballtrainer unseres Dorfvereins gewesen war. Er hätte sich vermutlich im Grab umgedreht, wenn er mitbekommen hätte, dass sein eigener Sohn nicht wusste, wann Deutschland während der WM spielte! Ich setzte mich dazu. Als die Leute mitbekamen, dass ich Deutscher war, wurde sofort auf das andere Spiel umgestellt und mir ein Tee angeboten. Ich wunderte mich kurz darüber, dass es für die Männer kein Problem zu sein schien, nur für mich mitten in der Partie auf ein anderes Spiel umzuschalten. Aber schlussendlich war das nur ein weiteres Zeichen der Gastfreundlichkeit, die ich in dieser Region der Welt erfahren durfte. »Wenn Japan gewinnt, braucht Deutschland mindestens zwei Tore Differenz, um ins Achtelfinale zu kommen. Sonst sind sie raus«, sagte der ältere Mann. Es war die 57. Minute, es stand 1:0 für Deutschland. Ich fragte den Mann, wie es im anderen Spiel gerade stand. »Japan liegt in Führung. Man sieht, dass das bei den Deutschen die Motivation drückt.« Costa Rica fing den Ball im deutschen Strafraum. Ein hoher Pass neben den Elf-Meter-Punkt, Kopfball aufs Tor. Der Ball prallte am deutschen Torwart ab, doch ein gegnerischer Spieler kickte ihn doch noch rein. Ausgleich für Costa Rica. Die Männer sprangen von ihren Stühlen auf und brüllten den Bildschirm an. Ihre Begeisterung war ansteckend, auch wenn Fußball sonst nicht mein größtes Interesse war. Sie jubelten besonders laut für Deutschland, weil ich dabei war. Für alle war es selbstverständlich, ab sofort auch für Deutschland die Daumen zu drücken. Als ich mich noch einmal im Café umschaute, fiel mir auf, dass keine einzige Frau hier saß. Die Tische waren voller Teegläser, kein Bier in Sicht. Hier wurde, typisch für die Region, ausschließlich Tee getrunken. Die Männer saßen entspannt beisammen, plauderten und verfolgten das Fußballspiel. Plötzlich legte einer der Männer seine Hand auf meinen Oberschenkel. Zuerst war ich irritiert, doch ich erinnerte mich daran, dass Männer im arabischen Raum viel mehr körperliche Nähe untereinander pflegen als in Deutschland. Diese Gesten sind dort ein Ausdruck von Freundschaft und Vertrauen, nicht etwa von romantischen Gefühlen. Ich beobachtete, wie sich die Männer gegenseitig ihre Arme um die Schultern legten, sich an den Händen hielten und herzlich miteinander lachten. Deutschland gewann das Spiel zwar 4:2, aber weil Japan gegen Spanien gewonnen hatte, reichte es nicht aus. Deutschland war in der Vorrunde rausgeflogen.

Erst jetzt fiel mir auf, dass noch drei Leute in dem Café saßen, die offensichtlich nicht hierhergehörten. Die drei Männer trugen Brasilientrikots und saßen um eine Shisha herum. Es waren die ersten Touristen, die ich in dieser Region sah. Obwohl ihre Trikots bereits die Antwort verrieten, ging ich zu ihnen rüber und stellte eher pro forma die Frage, woher sie kämen. Als Gesprächsaufhänger befand ich das als legitim, ich liebte es, mich mit Menschen zu unterhalten und ihre Geschichten zu hören. »Aus Brasilien! Setz dich zu uns«, riefen sie begeistert und stellten sich als Carlos, Antonio und Felipe vor. Felipe trug eine grüne Perücke und eine ebenso grün umrandete Sonnenbrille. Nachdem sie erfahren hatten, dass ich aus Deutschland kam und mich tröstend umarmt hatten, erzählte Felipe, dass sie alle ursprünglich aus Rio de Janeiro stammten, aber in London lebten und arbeiteten. »Wir sind mit unserem Auto den ganzen Weg von England aus hierhingefahren und auf dem Weg zur Weltmeisterschaft in Katar. Wir wollen unbedingt dabei sein, wenn unsere Mannschaft den WM-Titel holt!« Als ich nachfragte, warum sie nicht einfach ein Flugzeug genommen hatten, erklärte Felipe, dass die Idee erst vor ein paar Tagen in einem Londoner Pub während eines Brasilienspiels entstanden war, nach ein paar Pints. Wir sind direkt am nächsten Morgen los.« *Witzige Jungs,* dachte ich mir. Nach einem kurzen Gespräch stellten wir fest, dass Katar auf meiner Route in den Oman lag. Also fragte ich sie, ob sie mich ein Stückchen mitnehmen könnten. »Klar, kein Problem. Wenn du uns dabei hilfst, in dieser Stadt ein Bier zu finden!«, forderte Felipe. Ich gab zu bedenken, dass es hierzulande fast unmöglich war, an Alkohol zu kommen, versprach aber, mein Bestes zu geben. Wir zogen durch die Nacht, auf der Suche nach einem Laden, in dem Bier ausgeschenkt wurde. Aber ohne Erfolg. Felipe scherzte, dass sie mich aus reiner Gnade trotzdem mitnehmen würden.

Am nächsten Morgen waren wir auf dem Parkplatz verabredet, auf dem sie ihren Bus geparkt hatten. Den musste ich nicht lange suchen: Auf der Motorhaube des VW-Busses mit britischem Kennzeichen klebte eine riesige Brasilienflagge, die zu beiden Seiten mit Fußbällen überklebt war. Die drei luden Taschen in den Kofferraum und trugen immer noch die gleichen Trikots wie am Vorabend. Wir quetschten uns in den Bully und fuhren in Richtung Süden, bis uns unerwartet eine Grenzkontrolle stoppte. Die bewaffneten Soldaten wollten wissen, wo wir hinwollten. Als wir es ihnen sagten, wies uns einer der Grenzbeamten darauf hin, dass wir uns an der kurdisch-irakischen Grenze befänden und für den Irak ein Visum benötigten. Ich war verwirrt, denn ich hatte gedacht, dass wir bereits im Irak wären. Es stellte sich jedoch heraus, dass wir bisher lediglich in der Autonomen Region Kurdistan waren. Die Landesgrenze zwischen Kurdistan und dem Irak sei geschlossen, erklärte der Grenzbeamte, man könne ausschließlich per Flugzeug dort einreisen. Wir diskutierten mit ihm, versuchten alles, um doch noch einreisen zu dürfen, aber keine Chance. Hier ging es nicht weiter. Zu meiner

Überraschung schienen die Brasilianer nicht allzu traurig darüber zu sein. »Ach, dann ist unsere Reise wohl hier zu Ende«, sagte Felipe mit einem Schulterzucken. Ich fragte sie, ob sie nicht enttäuscht seien, ihr Ziel nicht erreicht zu haben. »Nicht wirklich«, antwortete Carlos. »Wir hatten eine schöne Zeit, wir haben viel erlebt und viele neue Leute kennengelernt. Wir fahren jetzt zurück nach England und schauen das nächste Spiel wieder in unserem Pub.« Ihre Leichtigkeit und Gelassenheit verwirrten mich. Erst später sollte ich begreifen, dass diese Jungs das Vorbild für eine der größten Lektionen meines Lebens sein würden.

* * *

Nun, da Plan B über den Irak nicht funktionierte, blieb mir nichts anderes übrig, als wieder auf Plan A, die Route über den Iran, umzuschwenken, um zu Benita zu kommen. Vielleicht hätte ich das meiner Familie nicht mitteilen sollen. Mein Telefon vibrierte unaufhörlich. Eine Nachricht nach der anderen schlug in mein Handy ein. Anfangs dachte ich, es sei meine Prinzessin, die mir von ihren Abenteuern in Thailand berichtete und wie so oft Hunderte Bilder hinterherschickte. Aber ich irrte mich. Es war eine meiner Schwestern, die mir unzählige Online-Artikel über die aktuelle Lage im Iran weiterleitete: Straßenschlachten, Frauen, die ihre Kopftücher verbrannten, Menschen, die festgenommen und Journalisten, die hingerichtet wurden. Die Bundesregierung warnte eindringlich davor, sich auch nur in die Nähe des Landes zu begeben. »Du kannst auf gar keinen Fall in den Iran reisen«, schrieb sie. Ich schloss die App mit den Nachrichten meiner Schwester und hob den Blick. Ein Schild: 3 Kilometer noch bis in den Iran.

Am meisten Sorgen machte mir nach wie vor mein restliches Equipment. Ich wusste, dass Kameras von der iranischen Regierung ungern gesehen wurden. Trennen wollte ich mich von ihnen aber auch nicht. Insbesondere von meiner Kameradrohne, die ich liebevoll »Flipper« nannte. Ich trug meinen mittlerweile leichten Rucksack über einen Pfad, der an einer kaum befahrenen Straße entlangführte. Je näher ich dem Iran kam, desto kälter wurde es. Das hatte ich in dieser Region nicht erwartet. Ich streifte mir den letzten Pullover über, den ich noch hatte. Irgendwann sah ich die ersten schneebedeckten Gipfel am Horizont, die den Iran ankündigten. Diese Kälte passte gut zu meinem Unbehagen.

Kurz vor der Grenze lief ich durch das letzte türkische Dorf. Ein älterer Türke sprach mich an. »Willst du auch in den Iran?«, fragte er mich. Er war kleiner als ich und hatte ein schmales Gesicht, das von freundlichen Runzeln übersät war. Ich bejahte seine Frage. Hinter ihm stand seine Frau. Obwohl sie vollkommen verschleiert war, erkannte ich an ihren Augen, dass sie lächelte. Der Mann stellte sich als Mustafa vor. »Ich fahre regelmäßig über die Grenze«, sagte er. »Meine Frau kommt aus dem Iran und ihre Familie lebt noch dort. Wenn du möchtest, nehme ich dich mit. Aber es ist besser, wenn wir die Grenze am Abend überqueren, kurz bevor die Grenzposten schließen. Jetzt ist dort zu viel los, wir würden ewig anstehen.« Sie luden mich zu sich nach Hause ein. »Bevor wir in den Iran einreisen, essen wir erst mal was!«, sagte er. Wieder einmal war ich überrascht von dieser schier grenzenlosen Freundlichkeit, die man in diesen Breitengraden Fremden gegenüber entgegenbrachte.

Bei ihnen angekommen wurde die Eingangstür von einem Mann geöffnet, der Mustafas Zwilling hätte sein können. Sie begrüßten sich herzlich mit Umarmungen und Küssen auf beide Wangen. Mustafas Frau umarmte die Frau des Mannes, die ebenfalls in der Eingangstür erschienen war. Während wir Männer es uns auf dem persischen Wohnzimmerteppich gemütlich machten, zogen sich die Frauen in die Küche zurück. Das Wohnzimmer füllte sich schnell mit weiteren Männern und Kindern der Familie, die sich überall auf den Sofas und Bodenkissen verteilten. Zunächst servierten die Frauen Tee, dann breiteten sie ein großes Tuch auf dem Boden aus, das sogleich mit reichlich Speisen bedeckt wurde. Es gab Oliven, Hummus, frisch gebackenes Fladenbrot, Tabouleh, gefüllte Weinblätter, scharfe Falafel und eine Schüssel mit Baba Ganoush. Jedes Gericht schmeckte noch vorzüglicher als das vorherige. Die Aromen der köstlichen Speisen vermischten sich im Raum zu einem verführerischen Duft. Ich erzählte den Männern von meinen vier Schwestern, was auf unerwartet großes Interesse stieß. Vor allem Mustafas Zwillingsbruder, der sich als Ahmed vorstellte, war ganz angetan von dem Gedanken einer Verbindung unserer Familien. Er schlug vor, dass einer seiner Söhne eine meiner Schwestern heiraten könne. »Wir werden bald Familie sein!«, wiederholte er immer wieder. »Stell dir vor, wie wunderbar das wäre! Unsere Familien durch eine Hochzeit vereint!« Ich lachte und wir diskutierten den ganzen Abend darüber, wie die Hochzeit aussehen könnte. Wir sprachen darüber, welche traditionellen Speisen serviert würden, ob die Zeremonie nach muslimischem oder christlichem Brauch ablaufen sollte, und sogar darüber, welche Musik gespielt werden könnte. Ahmed schlug vor, dass der Empfang in einem großen Festzelt stattfinden könnte, mit einem riesigen Büfett und Tänzen bis in die Nacht. Das alles fand ich unglaublich unterhaltsam und konnte mir die Hochzeit bildhaft vorstellen. Bei dem Gedanken, was meine Schwester wohl dazu sagen würde, wenn sie mitbekäme, dass ich gerade kurz davor war, sie einem iranischen Mann zu versprechen, musste ich kichern. Als das Gespräch allerdings immer ernster wurde und Ahmed sogar nach einem passenden Datum fragte, zog ich die Reißleine und lenkte das Gespräch auf ein anderes Thema. Nach dem Essen fragte Mustafa mich, ob ich genug Bargeld dabeihatte. »Du musst Bargeld in den Iran mitnehmen. Wegen der internationalen Sanktionen ist der Iran vom SWIFT-System ausgeschlossen. Das bedeutet, dass es keinen einzigen Geldautomaten im Land gibt, an dem du Bargeld abheben kannst.« Ich schluckte. Gut, dass ich Mustafa getroffen hatte. In den Iran zu reisen war schon gefährlich genug. Ohne Geld wäre ich komplett aufgeschmissen gewesen.

Als es dämmerte, fuhren wir zu einem Geldautomaten und dann weiter mit dem Taxi zum Grenzübergang. Wie Mustafa gesagt hatte, war außer uns fast niemand hier. Als wir das Gebäude betraten, lief ich direkt zum Schalter, um die Sache mit dem Visum zu klären. Mustafa nahm mein Gepäck und ging damit zur Taschenkontrolle. Der Grenzbeamte prüfte meine Papiere und fragte mich, wohin ich wolle. Ich erzählte ihm von meinem vagen Plan, er drückte mir ohne weiteren Kommentar den Einreisestempel in den Pass. Als ich ihn gerade in die Tasche stecken wollte, sagte der Beamte: »Reise nicht nach Teheran. Dort gibt es zurzeit Unruhen, weshalb es für Ausländer gefährlich ist. Ok?« Ich nickte und lief zu Mustafa, der meinen Rucksack anscheinend als seinen eigenen ausgegeben hatte und ihn gerade durch den Scanner laufen ließ. Auf dem Bildschirm konnte man mein Equipment sehr genau in Grauschattierungen sehen. Ich bekam Angst, die Frau am Scanner rief einen Kollegen hinzu. Sie diskutierten angeregt darüber, was wohl dieses kleine Ding mit den Rotorblättern sein könnte. Ihre Blicke sprangen zwischen meinem Rucksack und dem

Bildschirm hin und her, scheinbar noch unschlüssig, ob sie dem undefinierbaren Ding auf den Grund gehen sollten. Ich spürte, wie meine innere Anspannung stieg. Aber bevor die beiden irgendwas sagen konnten, griff Mustafa beherzt nach dem Rucksack, marschierte damit nach draußen und warf ihn in ein wartendes Taxi. Er rief: »Schnell, komm ins Taxi!« Ich sprang auf die Rückbank, dann fuhren wir los. Ich kann das Ausmaß an Dankbarkeit nicht beschreiben, das ich Mustafa gegenüber in diesem Moment empfand. Geschafft! Ich war ohne Probleme in den Iran eingereist!

Das Erste, was mir in diesem Land auffiel: Gefühlt fuhren alle das gleiche Auto. Die Wagen sahen aus, als wären sie direkt aus einem anderen Jahrhundert importiert worden. Mit ihrer eckigen Karosserie, den schmalen Reifen und den abgenutzten Sitzen wirkten sie wie Überbleibsel einer längst vergangenen Zeit. Mustafa erklärte mir, warum das so war. »Das Auto, in dem wir sitzen, der Peugeot 405, ist ein gutes Beispiel dafür, wie die internationalen Sanktionen den Iran betreffen. 1987 wurde dieses Modell von Peugeot entwickelt und in Fabriken im Iran hergestellt. Hierzulande erfreute es sich schnell wachsender Beliebtheit. Ende der 1990er-Jahre führten die internationalen Sanktionen jedoch dazu, dass die Produktion im Iran eingestellt werden musste. Da auch andere ausländische Autohersteller fortan nicht mehr im Iran produzieren wollten, übernahm der iranische Staat die Fabriken, in denen der Peugeot produziert wurde. Seitdem wird das Modell vom Hersteller Iran Khodro produziert.« Mustafa seufzte. Seine Augen füllten sich mit Trauer. »Diese Sanktionen sollen eigentlich die Regierung treffen. In Wahrheit leidet darunter aber die Bevölkerung. Glaubst du, unsere Staatschefs fahren Iran Khodros?« In der Stadt Urmai stieg ich aus dem Taxi. Mustafa lehnte ab, dass ich den Fahrer bezahlte. Er wünschte mir viel Spaß im Iran, dann verabschiedeten wir uns.

***

Von heute an hatte ich noch 20 Tage, um in Maskat auf das Schiff nach Indien zu kommen. Fieberhaft rechnete ich herum, wie es mir gelingen sollte, in dieser kurzen Zeit den Iran, die Emirate und den Oman zu durchqueren. Es war ausgeschlossen, dass diese Reise lediglich 90 Tage dauern würde. Mein Plan war so naiv gewesen, dass ich kurz darüber lachen musste. Trotzdem wollte ich meine Prinzessin nicht allzu lange warten lassen, deshalb versuchte ich, möglichst schnell nach Süden, in die iranische Hafenstadt Bandar-e Lengeh, zu kommen. Von da aus wollte ich mit einer Fähre nach Dubai. Mit einem Taxi ließ ich mich wieder zu einer Autobahnausfahrt außerhalb der Stadt bringen. Doch als ich die Fahrt bezahlen wollte, lehnte der Fahrer ab. »Du brauchst nicht zu bezahlen, ich lade dich ein!« Die Fahrt kostete umgerechnet etwa 10 Euro. Bei einem durchschnittlichen Monatseinkommen von rund 380 Euro im Iran war das nicht gerade wenig Geld. Ich bestand darauf zu bezahlen, doch der Fahrer sagte: »Nein wirklich, ich will kein Geld von dir.« Mustafa hatte recht gehabt, die Iraner gehörten wirklich zu den freundlichsten Menschen der Welt. Ich bedankte mich und stieg aus. Als ich mich nach ein paar Metern noch mal umdrehte, sah ich, dass der Fahrer mir mit einem ungläubigen Blick hinterherschaute. Er sah bedrückt, fast traurig aus. Warum, das konnte ich mir nicht erklären, also winkte ihm nochmals dankend zu und setzte meinen Weg fort.

Erst ein paar Tage später wurde mir klar, dass ich Bekanntschaft mit Taarof gemacht hatte. Das ist eine spezielle Form iranischer Höflichkeit, die den alltäglichen Umgang der

Menschen in diesem Land regelt. Ein wichtiger Teil von Taarof ist, ein Angebot zuerst mehrere Male auszuschlagen, bis man es annimmt. Wenn man beispielsweise bei jemandem zu Hause ist und einem etwas zu essen angeboten wird, muss man es zunächst ablehnen, egal, wie hungrig man ist. Damit demonstriert man dem Gastgeber gegenüber Bescheidenheit und Wertschätzung der Gastfreundschaft. Nimmt man das Essen zu früh an, gilt man als gierig. Die Kunst besteht darin, die Ablehnung bis zu einem ganz bestimmten Moment aufrechtzuerhalten. Mein Taxifahrer hatte mir nicht ernsthaft angeboten, die Kosten für die Fahrt zu übernehmen. Das war Taarof gewesen. Mein schlechtes Gewissen und der ungläubige Blick des Taxifahrers in meinem Rücken, während ich in die endlose verschwommene Weite der Wüstenlandschaft verschwand, verfolgt mich noch heute in meinen Träumen.

***

In den folgenden Tagen fuhr ich trotz des Zeitdrucks per Anhalter in Richtung Süden, wobei ich einen großen Bogen um Teheran machte. Im Unterschied zum Norden bestand die Mitte des Irans aus unendlichen goldenen Wüstenlandschaften, die im Licht der sengenden Sonne flimmerten. Kamele, manchmal einzelne, manchmal ganze Herden, zogen gemächlich durch die Wüste. Hier und da punktierten Oasen die monotone Sandlandschaft mit ihrem üppigen Grün. An vielen Stellen war weit und breit nichts anderes als Sand zu sehen, alle 100 Kilometer kam man an einer Autobahnraststätte vorbei. Dann fuhr man plötzlich an märchenhaften Städten vorbei, die aussahen, als kämen sie direkt aus den Erzählungen von 1001 Nacht.

In Isfahan angekommen, ungefähr auf der Hälfte der Strecke zwischen Urmai und Bandar-e Lengeh, machte ich mich auf den Weg zum einzigen Hostel, das trotz der anhaltenden Proteste noch geöffnet hatte. Immer wieder sah ich Menschengruppen, die sich in dieselbe Richtung bewegten. An jeder Straßenecke schlossen sich weitere Menschen diesen Gruppen an, um entschlossen in Richtung Innenstadt zu laufen. In mir keimte ein unbehagliches Gefühl auf – ich spürte, dass ich mich mitten in eine sich formierende Protestbewegung geraten war. Instinktiv bog ich in eine Seitenstraße ab und beschleunigte meine Schritte. Einerseits wollte etwas in mir sich der Gruppe anschließen und für den Traum nach Freiheit der iranischen Frauen demonstrieren. Andererseits lähmte mich der Gedanke, dabei mein Leben aufs Spiel zu setzen. Letzten Endes überwog dieser Gedanke. Schweren Herzens setzte ich meinen Weg fort, weg von den Protesten, getrieben von der Sehnsucht nach Sicherheit – und mit dem bitteren Geschmack mangelnden Mutes im Mund.

An der Rezeption des Hostels lernte ich Farhad kennen. »Es gibt also doch noch Touristen im Iran. Zurzeit ist hier nicht gerade Urlaubssaison. Woher kommst du?«, fragte er mich. Er war in meinem Alter, hatte ein schmales Gesicht und einen Spitzbart auf dem Kinn. Wir entdeckten schnell unsere gemeinsame Leidenschaft für Fotografie und Videografie und beschlossen, zusammen die Stadt zu erkunden. Während wir durch die belebten Straßen schlenderten, erzählte Farhad mir Wissenswertes über den Iran und seine Geschichte. Wir schossen Fotos von den prächtigen Moscheen, den historischen Brücken und den farbenfrohen Basaren. Später liefen wir aus der Innenstadt bis in die ruhigen Vororte. Unser Gespräch floss wie von selbst, doch als ich Farhad nach seiner Einschätzung der politischen Lage im Land fragte, würgte er das Thema hastig ab. »Wir können hier nicht darüber reden«, zischte er und blickte sich nervös um. Erst als wir uns in einem abgeschiedenen Teil des Vororts befanden, begann er vorsichtig zu sprechen. »Man muss hier echt aufpassen, wenn es um Politik geht. Es gibt überall Spitzel, die für die Regierung arbeiten. Sie können dich in einem Café belauschen, wie du über die Regierung schimpfst. Dann kommen sie zu dir nach Hause und holen dich ab.« Seine Stimme zitterte leicht, während er redete. Ich versuchte, die Stimmung mit einem Scherz aufzulockern. »Woher weißt du, dass ich kein Spion bin?«, neckte ich ihn, doch Farhad verzog keine Miene. Ernst schaute er mich an. »Du kannst dir nicht vorstellen, was für ein Glück du als Deutscher hast. Dir ist es jederzeit möglich, frei zu sprechen. Mit deinem Pass kannst du überall hinreisen. Ich kann nicht mal das Land verlassen. Früher habe ich als Touristenguide gearbeitet. Aber bei einem der Proteste wurde ich erkannt. Sofort hat man mir meine Lizenz entzogen, sodass ich meine Arbeit nicht mehr machen konnte.« Sein ernster Ton ließ mich meinen unbedachten Witz bereuen.

Ein paar Tage später erfuhr ich von anderen Leuten im Hostel, dass Farhad verhaftet worden war. Er hatte in der Wüste eine Drohne steigen lassen und Videoaufnahmen gemacht, ohne zu wissen, dass sich keine 500 Meter entfernt ein iranischer Militärkonvoi befand. Mehrere Armee-Trucks waren sofort gekommen und hatten ihn festgenommen. Seitdem sitzt er im Gefängnis, ihm wird Spionage vorgeworfen. Ich weiß bis heute nicht, ob er es aus dem Iran geschafft hat und was aus ihm geworden ist.

***

Als mein Blick den Ozean traf, verspürte ich Erleichterung. Ich hatte es geschafft, ich hatte Bandar-e Lengeh erreicht. Es war höchste Zeit, den Iran zu verlassen. Zum einen ging mir mein Bargeld langsam aus, zum anderen verschärfte sich die politische Lage. Obwohl ich nur eine Woche in diesem Land verbracht hatte, spürte ich, dass es mich geprägt hatte. Von Bandar-e Lengeh aus wollte ich mit einem Schiff über den Persischen Golf nach Dubai fahren. In den Morgenstunden bestieg ich im Hafen mein Schiff. Es war ein ziemlich alter Kahn, höchstens 100 Meter lang. Oben blau gestrichen, der Bug war vollkommen verrostet. Vor der Gangway hatte sich bereits eine Schlange gebildet. Unzählige Menschen, auch viele Frauen, Kinder und Ältere standen neben Unmengen an Gepäck, das sie nach Dubai bringen wollten. Es dauerte fast zwei Stunden, bis wir alle an Bord waren.

Es war unmöglich, einen Schatten- oder Sitzplatz zu finden, wo ich mich nach dem Marathon durch den Iran vor der brennenden Sonne geschützt hätte ausruhen können. Männer diskutierten laut, Möwen kreischten um unsere Köpfe herum. Ich quetschte mich an einen Platz an der Reling, um mich am Anblick des glitzernden Persischen Golfs zu erfreuen. Bald schon sah ich in der Ferne die monumentale Skyline von Dubai. Der Burj Khalifa, das höchste Gebäude der Welt, pikste gut sichtbar in den blauen Himmel. Stahl und Glas. Das war ein ziemlich großer Kontrast zum Iran, wo die Städte vor allem aus sandfarbenen kleinen Häusern bestanden. Als wir uns der Wüstenmetropole näherten, sah ich die ersten Superjachten.

Nachdem wir im Hafen von Dubai angelegt hatten, wies uns der Kapitän per Lautsprecherdurchsage darauf hin, dass die örtlichen Behörden zuerst den Zoll abfertigen mussten, bevor wir von Bord gehen könnten. Die »paar Minuten«, die er dafür angekündigt hatte, erwiesen sich als etwas untertrieben.

Ganze sechs Stunden hingen wir auf dem Boot fest, weil sich praktisch keiner an Bord an die Einfuhrbestimmungen gehalten und viel zu viel mitgebracht hatte. Sechs Stunden ohne Wasser bei über 30 Grad. Das Geschrei der Kinder, Mütter, Männer und Möwen wurde zunehmend lauter. Es fühlte sich an, als befände ich mich in Untersuchungshaft in einer Gruppenzelle.

Als ich endlich von Bord gehen und durch Dubai streifen konnte, war es schon dunkel. Die ersten SUVs rasten an mir vorbei, ich passierte strahlende Shopping-Center, glitzernde Swimming-Pools und luxuriöse Hotelanlagen. Die Stadt wirkte so sauber und perfekt, dass es fast surreal war. Ich setzte mich in einen Starbucks und nutzte das WLAN, um nach einem günstigen Hostel zu suchen. Kaum hatte ich mich eingeloggt, begann mein Handy heiß zu laufen vor lauter Benachrichtigungen. Die Nachrichten fluteten den Bildschirm in einer solchen Geschwindigkeit, dass ich nur Bruchteile lesen konnte. Benita hatte mir 58 Nachrichten hinterlassen. Während meiner gesamten Reise durch den Iran war ich von der Außenwelt abgeschnitten gewesen. Mir war vorher nicht bewusst gewesen, wie stark das Internet dort zensiert wurde. Apps wie Instagram oder WhatsApp funktionierten einfach nicht. Obwohl ich im Vorfeld einige VPNs installiert hatte, um die Sperren zu umgehen, hatten sie nicht richtig funktioniert. In der letzten Woche hatte ich Benita kein Lebenszeichen von mir senden können. Da wir sonst jeden Tag telefonierten, hatte sie sich nun enorme Sorgen um mich gemacht. Ihre Nachrichten spiegelten diese wachsende Besorgnis wider. Es begann mit einem einfachen »Hey, warum antwortest du nicht?« und eskalierte zu »Wenn du in den nächsten drei Stunden nicht antwortest, rufe ich die deutsche Bundespolizei an und melde dich als vermisst«. Als ich all die Nachrichten sah, spürte ich die Dringlichkeit und den Schmerz, den ich ihr ungewollt zugefügt hatte. Ich versuchte sofort, sie zu erreichen, doch es war bereits Nacht in Thailand. Am nächsten Morgen erklärte ich ihr aber in einem emotionalen Marathon, was alles passiert war.

Danach machte ich mich auf in die Stadt, ich gab mir einen Tag, um Dubai anzuschauen, bevor ich weiterreisen wollte. Zuerst wollte ich das Ölparadies von oben betrachten. Dafür hatte ich mir die Aussichtsplattform eines noblen Restaurants ausgesucht, das sich auf einer der künstlich aufgeschütteten Inseln befand, die aus der Luft betrachtet die Form einer Palme haben. Ein Inder in einem schnieken Anzug saß an der Rezeption, verkaufte die Tickets für die Plattform und schleuste die Leute hinein. Als ich am Ticketstand auftauchte, musterte er mich von oben bis unten und bemerkte geringschätzig: »So wie du gekleidet bist, kommst du hier nicht rein.« Erstaunt blickte ich an mir hinunter und versuchte zu erkennen, was er meinte. Okay, mein Stil hatte sich im Laufe der Reise verändert. Während ich am Anfang noch in Jeans und kurzärmeligen Hemden durch die Straßen wanderte, trug ich jetzt meistens meine bequeme Ballonhose und ein ausgewaschenes Shirt. Meine Haare wuchsen mir langsam über die Augen und die einzigen Schuhe, die ich noch besaß, waren die Flip-Flops, die ich mir in der Türkei zugelegt hatte. Meine Nase schälte sich langsam von den vielen Stunden, die ich draußen in der Sonne verbracht hatte. »Mach dir keine Sorgen, ich kann mir das Ticket schon leisten«, beschwichtigte ich ihn. Genervt erwiderte er: »Das Restaurant kostet 20 Euro Eintritt und die Plattform 50 Euro.« 50 Euro! Da ich auf den Basaren gelernt hatte, dass man immer handeln musste, versuchte ich, mit ihm zu diskutieren, aber das half nichts. »Denselben Ausblick kann ich mit meiner Drohne kostenlos haben«, argumentierte ich. Doch der Ticketverkäufer schaute mich nur von oben herab an und ließ mich wissen: »Drohnenaufnahmen in Dubai sind streng verboten.« Beim Weggehen spürte ich seinen abschätzigen Blick in meinem Rücken. Sein Verhalten ließ einen solchen Ärger in mir aufsteigen, dass ich aus Trotz meine Drohne direkt vor dem Fenster seiner schicken Rezeption vorbeifliegen ließ.

Dubai war schrecklich. Eine überteuerte Scheinwelt für Touristen, aufgebaut inmitten der Wüste. Die Preise waren astronomisch und die Menschen sahen aus, als wären sie gemalt – mit Gucci-Taschen und Prada-Gürteln. Diese künstliche Welt war einfach nichts für mich. Ich wollte die Länder so erleben, wie sie wirklich waren, authentisch und ungeschönt. Je länger ich unterwegs war, desto mehr. Nach und nach hatte ich sogar die Lust daran verloren, ständig auf Städte und freie Hostelbetten angewiesen zu sein. Ich wollte so nah wie möglich ran an Länder und Leute. Deshalb marschierte ich in Dubai in einen Outdoor-Laden und kaufte mir dort für 60 Euro ein Einmannzelt und eine Isomatte. Ich warf ein paar Hemden und Unterhosen aus dem Rucksack, es würde schon auch mit weniger gehen, und stopfte das Zelt hinein. Von nun an würde ich einfach dort schlafen, wo es mir gefiel!

***

Ernüchtert von Dubai wollte ich schnell weiter in den Oman und hoffte, in der Stadt der Millionäre wenigstens von einem Ferrari mitgenommen zu werden. Letztendlich war es zwar nur ein Toyota Prius, aber der Fahrer fuhr immerhin bis zur omanischen Grenze. Als wir die Stadt verließen, zeigte sich mir hinter den Prius-Scheiben die andere Seite von Dubai. Die ohne Protz, Geld und Glamour. Am Stadtrand war alles voller indischer Restaurants. Unter den unfertigen Brücken standen Zelte, in denen die Inder und Pakistanis schliefen, die diese Brücken bauten. Dann begann plötzlich die Wüste. Vollkommen irre. Vor einer Minute noch war alles voller Glastürme und künstlicher Grünanlagen gewesen, jetzt gab es nur noch Sanddünen, so weit das Auge reichte. Am Horizont auf einer Düne entdeckte ich eine kleine Kamelherde, und es war um mich geschehen. Das war die Gelegenheit, um mein neues Zelt gleich auf die Probe zu stellen. Diese Nacht würde ich in der Wüste bei den Kamelen schlafen. Ich bat den Fahrer, mich rauszulassen, und grub sogleich meine Füße in den Sand.

Die Wüste ist ein magischer Ort. Die Luft flimmerte, zart strich der Wind über die Dünen und fegte den Sand spielerisch vor sich her. Das Licht der untergehenden Sonne brach sich in Farbtönen, die ich noch nie gesehen hatte. Ich begriff, warum die Menschen, die an diesen Orten lebten, religiös waren. Hier zu sein fühlte sich an wie in einem Traum. Ich lief auf die Düne zu, auf der die Kamele standen. Sie hatten mich lange bemerkt, bevor ich sie gesehen hatte. Je näher ich ihnen kam, desto besser konnte ich ihre kreisförmigen Kaubewegungen erkennen. Kurz verschwanden sie aus meinem Blickfeld, als ich den Sandhügel hinauflief, hinter der Kuppe gab es dafür umso mehr zu sehen: Hunderte, Tausende Kamele drängten sich in einem Tal zwischen zwei Dünen. Es war ein unglaublicher Anblick. Ich schlitterte den sandigen Abhang hinunter und durchlief das Tal mit den Kamelen. Sie schauten mich neugierig an, ich streichelte eines über den Bauch, der sich in Fellrichtung seidig weich, in umgekehrter Richtung sehr borstig anfühlte. Auf der anderen Düne saßen zwei Männer auf Kamelen, die ich bisher nicht bemerkt hatte. Der eine winkte mich zu sich heran. Kaum, dass ich mich ihnen genähert hatte, waren sie wieder verschwunden. Ich erklomm den Sandhügel und erreichte die Männer auf der anderen

Seite. Sie sprachen kaum Englisch, aber ich verstand, dass sie Pakistanis waren, die auf die Kamele der Scheichs aufpassten. Der, der mich herangewunken hatte, stellte sich als Hassan vor. Er lud mich ein, mit ihnen und ihren Kollegen die Nacht in der Wüste zu verbringen. Ein Angebot, das ich dankend annahm. Obwohl ich es eigentlich ziemlich bescheuert finde, auf Tieren zu reiten, bestanden die Pakistanis darauf, dass ich auf das größte und stärkste Kamel stieg. Hassan half mir hinauf. Dabei hatte er seine Hände etwas zu zärtlich an meinem Hintern. Aber ich dachte mir nichts dabei, auf meiner Reise hatte ich schon mehrfach erlebt, dass Männer körperlicher miteinander umgehen als in Europa. Als ich oben saß, erzählten mir die Pakistanis, dass all diese Kamele einem einzigen Scheich gehörten. Unter den Superreichen in den Emiraten gelten diese Tiere als Statussymbol. Der Tradition gemäß lässt man die Kamele in Rennen gegeneinander antreten. Das geht auf die Beduinen zurück, für die Kamelrennen eine beliebte Freizeitbeschäftigung waren. Heute handelt es sich bei diesen Rennen um perfekt organisierte und hoch technisierte Veranstaltungen: Die Kamele werden mit einer motorbetriebenen Peitsche auf dem Kamelhöcker angetrieben, während die Scheichs mit ihren dicken SUVs neben ihnen durch die Wüste rasen. Für diese sei der Besitz, die Zucht und das Training der Kamele nicht nur eine Frage des Prestiges, sondern auch mit erheblichen Investitionen verbunden, erzählte Hassan. Doch es lockte ein hoher Gewinn. Kamele, die viele Rennen gewinnen, können schnell mehrere Millionen wert sein.

Später rollte ich meine Isomatte in einer ziemlich heruntergekommenen Hütte aus, in der die Kameltreiber schliefen. Nur der Anführer hatte einen getrennten Bereich mit Ventilator. Bevor wir uns schlafen legten – die Einweihung meines Zeltes würde doch noch warten müssen –, bekam ich vorgeführt, was mit den Kamelen geschah, die keine Rennen gewannen. Zusammen mit den 20 Pakistanis aß ich an einem Feuer gebratenes Kamelfleisch mit Reis. Anschließend legten wir uns hin, da die Kamele am nächsten Morgen bereits um fünf Uhr ihre erste Fütterung bekamen. Hassan legte sich neben mich. Während ich beim Einschlafen über die Wüste und das Erlebte nachdachte, hörte ich: »Pssst-Pssst.« Ich drehte mich zu Hassan um. Er blickte mich mit Schlafzimmerblick an und formte Küsse mit seinem Mund. Auch wenn ich meine Freundin seit einer halben Ewigkeit nicht mehr gesehen hatte und mich nach ihrer Nähe sehnte – nach den intimen Berührungen, den leidenschaftlichen Küssen und den vertrauten Momenten im Bett –, war Hassan definitiv keine Option für mich. Ich musste schon fast schmunzeln, als ich antwortete: »Was zum ..., Bro, Nein!« Hassan schaute mir dennoch tief in die Augen. Dann nickte er mit dem Kopf in Richtung Ausgang und bedeutete mir damit, ob ich mit ihm nach draußen gehen wolle. Ich setzte mich auf und sagte bestimmt: »Nein, Hassan, haram! Verboten!« Dann drehte ich mich um und nach ein paar Augenblicken schlief ich ein. Ich war sicher, Hassan würde meine Entscheidung respektieren. Und so war es auch.

Am nächsten Morgen nach der Fütterung bedankte ich mich bei den Kameltreibern und verabschiedete mich. 30 Minuten dauerte es, bis ich zur nächsten befestigten Straße gelangte, wo ich wieder den Daumen rausstreckte. Mein nächstes Ziel: der Oman.

***

Ich war nun auf der letzten Etappe meiner Reise durch den Nahen Osten. Nur wenige Meter trennten mich noch vom Oman, wo in sieben Tagen mein Schiff nach Indien ablegen würde. Ich ging zu Fuß zum omanischen Grenzgebäude. Aber man ließ mich nicht einreisen. Der Grund: Man brauchte ein Fahrzeug, egal ob Auto, Motorrad oder Fahrrad. Mittlerweile gingen mir die ganzen Regularien an den Grenzen ganz schön auf die Nerven. Ich lief die Straße also wieder einen halben Kilometer zurück und hielt den Daumen raus. Nach 20 Minuten hielt ein Auto, das mich mitnahm.

Ich fuhr bei Charlotte und Elijah mit. Sie waren aus Amerika, beide um die 30, verheiratet und auf dem Weg in die Küstenstadt Sur. Das passte mir gut, denn von dort waren es nur noch knapp 300 Kilometer bis Maskat, wo in sieben Tagen mein Schiff nach Indien ablegen würde. Charlotte und Elijah waren freundliche, aufgeschlossene Menschen. Als wir uns vorstellten, erzählte ich ihnen von meiner Freundin, die schon seit mehreren Monaten in Thailand auf mich wartete. Sie hörten gespannt zu. Ich wollte wissen, was zwei junge Erwachsene in den Oman führte. »Wir sind Missionare und leben seit drei Jahren hier«, erklärte Elijah. »Wir wollen das Christentum in dieses Land bringen.« Ich bewunderte Menschen, die solch einen Einsatz und so viel Herzblut für ihren Glauben zeigten. Ihre gesamte Familie zurückzulassen, um das Ziel zu erfüllen, die Welt zu ihrem Glauben zu konvertieren, empfinde ich als sehr mutig. Wenn ich mir sicher wäre, welcher Gott der richtige ist, wäre ich vielleicht auch Missionar geworden! Während der Fahrt unterhielten wir uns viel über das Leben und die Kultur im Oman. Besonders interessant fand ich, was die beiden über das Dating-Leben hier erzählten. »Die Frauen sind voll verschleiert«, sagte Elijah. »Das erschwert das Dating natürlich etwas. Aber die Omanis haben ihre eigenen Methoden entwickelt. Eine Liebesbeziehung kann zum Beispiel damit beginnen, dass eine Frau einem Mann heimliche Blicke zuwirft. Nachdem er sie erwidert hat, können Handynummern ausgetauscht und Treffen vereinbart werden. Aber das muss alles heimlich stattfinden, weil Frauen in diesem Land nicht einfach so auf Dates mit fremden Männern gehen dürfen. Wird der Mann beim Date von Bekannten beobachtet und gefragt, wer die Frau sei, sagt er einfach, es sei seine Cousine gewesen. Kann ja niemand überprüfen, schließlich sind die Frauen voll verschleiert. Wenn jedoch herauskäme, dass der Mann mit einer unverheirateten Frau auf einem Date war, könnte das große Familienstreitigkeiten auslösen. Falls der Mann ernsthafte Absichten hat, sagt er seinem Vater, dass er diese bestimmte Frau heiraten will. Dann stellt der Vater seinen Sohn dem Vater der Frau vor, der ihn auf Herz und Nieren prüft. Gefällt der Sohn, verhandeln die Väter über den Preis für die Frau.« – »Ganz schön kompliziert«, erwiderte ich und war im gleichen Moment heilfroh, dass bei Benita und mir alles ein bisschen einfacher abgelaufen war. Während wir über die Autobahn fuhren, erklärte Elijah mir eine weitere Besonderheit der omanischen Kultur, die mit den Autokennzeichen zu tun hat. »Nummernschilder gelten im Oman als wichtiges Statussymbol. Weil es hier nicht so viele Menschen gibt, bestehen die Kennzeichen nur aus einfachen Zahlenkombinationen. Besonders niedrige Nummern oder sich wiederholende Zahlenkombinationen wie 7777 können hier Millionen kosten. Wenn du eine Zahl von 1 bis 10 siehst, kannst du dir sicher sein, dass in diesem Auto entweder jemand von der Königsfamilie sitzt oder einer der wohlhabendsten Menschen in ganz Oman.« Ich hörte Elijahs Ausführungen fasziniert zu. »Das ist wirklich verrückt«, staunte ich und wir diskutierten lebhaft darüber, was wir uns mit 1 Million Euro statt eines Autokennzeichens kaufen würden. Ich malte mir gerade alle möglichen Anschaffungen aus, als mich Charlotte mit der Frage überrumpelte: »Würdest du nicht einen Ring für deine Freundin kaufen, nach über fünf

Jahren Beziehung?« Meine Antwort kam schneller und abwehrender, als ich es beabsichtigt hatte: »Nee, ich bin noch zu jung zum Heiraten.«

Als wir nach etwa sieben Stunden Fahrt endlich in Sur ankamen, luden die beiden mich ein, bei ihnen die nächsten Tage zu verbringen und Weihnachten zu feiern. Ich lehnte dankend ab, schließlich wollte ich schnellstmöglich nach Maskat. Die nächsten drei Tage trampte ich an der Küste entlang in die omanische Hauptstadt. Ich war pünktlich: Bald würde mein Schiff ablegen!

Erst einmal war aber Weihnachten, und mir wurde schmerzlich bewusst, dass dies mein erstes Weihnachten allein sein würde. Ein Gefühl der Leere überkam mich, und ich fühlte mich verloren ohne die vertrauten Gesichter meiner Familie. Bei mir zu Hause war Weihnachten das wichtigste Fest des Jahres, ein Leuchtturm der Zusammenkunft und Freude. Alle kamen zusammen und das Haus war erfüllt von Lachen und Liebe. Ich vermisste meine vier Schwestern und meine Mutter besonders. Nach dem Tod meines Vaters waren wir enger zusammengerückt und Weihnachten hatte noch größere Bedeutung für uns bekommen, weil wir es noch mehr schätzten, einander zu haben. Das Haus war zu dieser Zeit stets lebendig, erfüllt vom Duft frisch gebackener Plätzchen, der sich mit dem Aroma vermischte, das von dem geschmückten Tannenbaum ausging, den wir traditionell aus dem nahe gelegenen Wald holten. Eine heiße Grillplatte stand auf dem Tisch in der Mitte unseres Esszimmers, auf der jedes Jahr Raclette zubereitet wurde. Die Kratzer in den alten Pfannen erzählten stumme Geschichten vergangener Weihnachtsfeste und strahlten eine gewisse Geborgenheit aus. Diese Gedanken an meine Familie, die Wärme und die Vertrautheit, die wir miteinander teilten, ließen mich lächeln. Ohne meine Familie fühlte sich dieser

Tag leer und bedeutungslos an. Trotzdem wollte ich irgendwas Besonderes machen, es war ja schon seltsam genug, dass ich diesen Tag fast vergessen hätte. Vielleicht ein kleines Bier trinken, auf dem Weg zum Strand hatte ich einen Liquor Store gesehen, zu dem ich zurücklief und hineinspazierte. Ich staunte nicht schlecht darüber, dass eine Flasche Bier 20 Euro kostete. »Das ist die Sündensteuer«, klärte mich der Verkäufer auf. »Wenn du im Oman eine Sünde begehen willst, sollst du kräftig dafür zahlen.« Obwohl es meiner Low-Budget-Philosophie vollkommen widersprach, bezahlte ich die 20 Euro und steckte das Bier in meinen Rucksack.

Ich wollte raus aus der Stadt und suchte mir einen einsamen Strand, an dem ich diesen Tag in aller Ruhe begehen konnte. Da der Oman gefühlt zu 50 Prozent aus Küstenlinie besteht, dauerte es nicht lange, bis ich einen fand. Weit und breit war niemand zu sehen. Ich war der Einzige. Der Strand erstreckte sich etwa 600 Meter weit, eingeschlossen zwischen zwei riesigen Felsen, die rund 20 Meter in die Höhe ragten. Diese Felsen rahmten die Bucht perfekt ein und verliehen ihr eine abgeschiedene, fast mystische Atmosphäre. Das Wasser war strahlend türkis und glitzerte im Sonnenlicht, als ob es mit Millionen von Diamanten bestreut wäre. Der Sand unter meinen Füßen war weich und warm, fast wie Puderzucker, und die leichten Wellen des Ozeans plätscherten sanft ans Ufer. Die Umgebung wirkte so idyllisch und friedlich, dass ich für einen Moment all meine wehmütigen Gedanken vergaß und einfach nur den Augenblick genoss. Ich dachte, dass ich vielleicht meine Familie anrufen könnte, aber ich hatte keinen Empfang. Erst als ich auf eine der Klippen kletterte, erschien ein zitternder Strich Mobilfunk-Empfang. Mit klopfendem Herzen wählte ich die Nummer meiner Familie. Nach mehreren Versuchen hob meine Mutter endlich ab.

»Frohe Weihnachten!«, rief ich voller Freude. Ein verzerrtes »Frohe Weihnachten!« kam zurück, gefolgt von einer kurzen Stille, bevor die Verbindung abbrach. Auch wenn es nur ein kurzer Moment war, war es trotzdem schön, ihre Stimme gehört zu haben. In diesem Moment fühlte ich mich zum ersten Mal auf meiner Reise wirklich traurig und einsam. Weder meine Familie noch meine Prinzessin waren bei mir und das Gewicht dieser Einsamkeit drückte schwer auf mein Herz. Ich saß dort, hoch oben auf dem Felsen, blickte in den Sonnenuntergang und trank mein inzwischen lauwarmes Bier. Die Sonne tauchte den Himmel in ein tiefes Orange und die Wellen des Ozeans glitzerten im letzten Licht des Tages. An der Kante des Felsens stehend sah ich 20 Meter unter mir das türkisblaue Wasser glitzern. Von Westen her zogen dunkle Wolken in spektakulären Formationen auf, verliehen dem Himmel ein dramatisches Aussehen. Ich nahm einen letzten Schluck von meinem Bier, atmete tief durch und sprang ins kühle Nass. Der Sprung fühlte sich an wie ein Moment der Freiheit, ein kurzer Augenblick, in dem all die Einsamkeit und der Schmerz verschwanden. Wer kann schon von sich behaupten, an Weihnachten Klippenspringen gemacht zu haben?

Als es fast dunkel war, suchte ich an dem Felsen entlangkletternd einen windgeschützten Ort, um mein Zelt aufzuschlagen. Gerade als ich drinnen meine Matte ausgerollt hatte, hörte ich dicke Regentropfen gegen die Zeltwand prasseln. Im Oman gab es laut Wetterstatistiken neun Regentage im Jahr, er gilt somit als eine der niederschlagsärmsten Regionen der Welt. Ausgerechnet an Weihnachten, wo ich mein Zelt im omanischen Nirgendwo zwischen Felsen aufgeschlagen hatte, musste es regnen. Und was für ein Regen das war! Das Trommeln an der Zeltwand steigerte sich zu einem wilden Drumsolo, unter freiem Himmel knallte das Donnern tief im Innenohr. Es regnete so heftig, dass ich fürchtete, der ganze Oman könnte ins Meer gespült werden. Ich schaute aus meinem Zelt und konnte wegen der Bäche, die vom Himmel stürzten, nur ein paar Meter weit schauen. In der kurzen Zeit hatten sich schon kleine Rinnsale gebildet, die den Hang runterflossen. Steine und kleine Felsbrocken lösten sich und prallten gegen mein Zelt, der Wind drückte die Zeltwände ein. Um meine Isomatte herum hatte sich eine Pfütze gebildet, ich kauerte mich auf die Fläche, die noch trocken war, und hoffte, dass es am nächsten Morgen besser sein würde. Schließlich müsste ich noch zu dem Hafen zurücklaufen, um das Boot zu erwischen. Plötzlich gab es einen ohrenbetäubenden Knall und ich konnte Tausende Steine den Berg runterrollen hören. In dieser Nacht schlief ich kaum.

Als ich am nächsten Morgen aufwachte, regnete es immer noch. Es war kaum auszuhalten. Fluchend stieg ich in nassen Klamotten aus dem Zelt und wollte es so gut es ging zusammenpacken. Doch als ich mich aus meiner nassen Unterkunft herausgeschält hatte, erstarrte ich. Überall um mein Lager herum waren Felsbrocken verteilt, die gestern noch nicht hier waren. Einen Schritt neben meinem Zelt lag ein richtiger Koloss: Scharfkantig, tonnenschwer und doppelt so groß wie ich. Ein echter Mörderbrocken. Hätte ich mein Zelt ein paar Zentimeter weiter links aufgebaut, hätte mich der Stein erschlagen und einen Meter tief unter sich in den Sand gedrückt. Unmöglich, dass mich hier jemand gefunden hätte. Verdammte Scheiße, ich war beinahe gestorben und hatte es nicht mal mitbekommen! Ich dachte an Charlotte und Elijah und deren Erzählungen über den Glauben und kniete mich sogleich hin, um ein Dankesgebet in den immer noch grauen Himmel zu schicken.

Vollkommen verdreckt stieg ich vom Felsen runter und ging zum Hafen von Maskat. Ich bot einen wirklich erbärmlichen Anblick. Alles war durchnässt, ich hatte das Gefühl, dass ich sogar unter meiner Haut Schlamm hatte. Als ich am Gateway stand, staunte ich nicht schlecht. Anders als die rostige Tröte, die mich vom Iran nach Dubai gebracht hatte, handelte es sich hierbei um einen Fünf-Sterne-Luxusliner in blendendem Zahnarztweiß. Ich fühlte mich wahnsinnig fehl am Platz, als ich dem Kontrolleur in den weißen Handschuhen mit meinen verdreckten Händen das Ticket auf meinem Handy zeigte. An Bord sagte man mir, dass es sogar einen Dresscode gebe. Er lautete: *Something red.* Alle trugen Fracks und hübsche Cocktailkleider, in denen sich immer ein rotes Element wiederfand: die Haarklammer, die Fliege oder die Schuhe. Inmitten dieser aufpolierten Leute kam ich mir vor wie ein verlauster Kojote. Es gab Whirlpools, Fitnessstudios und Friseursalons, unzählige Cocktailbars, all inclusive. Nach den Strapazen der letzten Nacht war das der Himmel auf Erden! Mein Gebot, mich auf der Reise nicht mehr zu betrinken, brach ich auf dieser Drei-Tages-Reise gewaltig und bestellte mir nach einer heißen Dusche einen riesigen bunten Cocktail mit Schirmchen drin. Auch bei meinem Bett fehlte es an nichts: Es war majestätisch groß und so gemütlich, dass ich nie mehr aufstehen wollte. Ich schickte Benita eine ganze Menge Selfies, die mich in dieser überdrehten Luxuswelt zeigten. Eine Welt, in die ich durch eine glückliche Fügung gestolpert war. Üblicherweise fahren nämlich keine Schiffe vom Oman nach Indien. Der Luxusliner, auf dem ich reiste, kam aus Katar, wo er während der Fußball-WM als Hotel gedient hatte. Um die indische, pakistanische und philippinische Besatzung wieder in die Heimat zu bringen, fuhr es am Oman vorbei nach Indien. Da sich normalerweise niemand eine Drei-Tages-Reise über das wunderschöne, aber doch recht eintönige Meer antat, verkaufte man die Tickets für kleines Geld. Ich genoss den unerwarteten Luxus und schlürfte drei Tage lang Cocktails in Liegestühlen, bevor ich am Horizont das indische Festland sah.

Kapitel 5

Indien

Je näher wir der indischen Küste kamen, desto geschäftiger wurde es auf dem Meer. Hatte es sich vor wenigen Momenten noch blau, einsam und unendlich vor dem Bug ausgebreitet, verwandelte es sich nun immer mehr in einen dicht befahrenen Verkehrsknoten. Riesige Tanker fuhren auf die Küste zu oder von ihr weg, dazwischen tuckerten möwenumschwärmte Fischerboote. Militärschiffe mit unzähligen Kanonen, Antennen und Satellitenschüsseln ruhten bedrohlich vor dem Festland. In Küstennähe färbte sich das Wasser immer dunkler, bis es vollkommen schwarz war. Ein muffiger Geruch stieg zur Reling auf.

Ich war in heller Aufregung. Heute war der 90. Tag meiner Reise. Ich hatte es zwar nicht geschafft, meine Prinzessin innerhalb dieses Zeitraums zu erreichen. Aber mit Indien würde zumindest die nächste Etappe beginnen.

Als ich in Mumbai vom Luxusschiff stieg und meine Füße zum ersten Mal in meinem Leben auf indischen Boden setzte, traf mich fast der Schlag. Natürlich hatte ich bereits viele Bilder der 15-Millionen-Einwohner-Stadt gesehen. Aber keins davon hatte mich auf das Chaos vorbereitet, das mich dort erwartete: Zwischen gläsernen Hochhäusern pulsierte das Leben. Autos hupten durcheinander, Männer bedrängten mich und wollten mir Armbändchen verkaufen.

Kinder liefen barfuß durch den Müll und bettelten, Rikscha-Fahrer zogen Menschen per Muskelkraft durch den Verkehr. Die Händler boten ihr Gemüse in großen Schalen an, Menschen liefen kreuz und quer über die Straße, Rollerfahrer quetschten sich durch die letzten Ritzen zwischen den Autos und Rikschas und machten das Verkehrschaos komplett. Ziegen, Kühe und Hühner tummelten sich am Straßenrand und schienen das Schauspiel zu beobachten, ebenso fasziniert vom alltäglichen Treiben wie ich. Die Eindrücke prasselten geradezu auf mich ein, die Hitze trieb mich fast in den Wahnsinn. Alles war in ein Sonnenlicht getaucht, das so viel farbenreicher war, als ich es aus Deutschland kannte. Ich ging an einem nackten Mann vorbei, der regungslos am Straßenrand lag. Niemanden kümmerte das. Es roch nach Gewürzen, rohem Fleisch, Schweiß, Abgasen und Fäkalien. Als ich die Straßen entlanglief, sah ich Street-Food-Stände, an denen Essen zubereitet wurde, dessen Zutaten ich nicht identifizieren konnte. Es war ein Schmelztiegel von Gerüchen und Farben, die meine Sinne überwältigten. Neben den Ständen mit dem abenteuerlichen Kulinarikangebot reihten sich Juweliere, Stoffgeschäfte, Schuhläden, Handy- und Copyshops aneinander, dazwischen immer wieder traditionelle Teeläden, in denen die Einheimischen saßen und das Treiben auf den Straßen beobachteten. Richtete ich meinen Blick weiter nach oben, sah ich an den Hausfassaden Leuchtreklamen, Klimaanlagen und lose Kabel, die aus den Wänden ragten. Ich hatte das dringende Bedürfnis, meine Taschen abzulegen und kurz durchzuatmen. Also suchte ich mir ein Hostel raus und bahnte mir meinen Weg durch den Verkehr. Im Hostel angekommen, ließ ich mich auf eine fleckige Matratze fallen und spürte, wie die frischen Eindrücke durch mein Gehirn fluteten.

Außer mir waren noch andere Backpacker im Gruppenraum. Eine bunte Truppe aus Amerikanern, Franzosen und einem Deutschen. Während sie sich angeregt unterhielten, öffnete ich ein weiteres Mal die Karte auf meinem Smartphone, um nach einem Weg nach Thailand zu suchen. Myanmar fiel weg, da dort Bürgerkrieg herrschte. Aufgrund der strengen Corona-Einreisebestimmungen konnte ich erst mal auch nicht über China reisen. Der einzige Weg, der noch übrigblieb, führte mit einem Schiff über den Golf von Bengalen. Eine kurze Suche ergab jedoch, dass von Indien aus keine Passagierschiffe nach Thailand fuhren. Was also tun? In Backpacker-Chatgruppen hörte man, dass einige Reisende immer mal wieder auf Containerschiffen anheuerten, um von einem Land ins andere zu gelangen. Ob das von Indien aus überhaupt möglich war, wusste ich nicht, aber es war meine einzige Chance. Also nahm ich mir vor, alle größeren indischen Hafenstädte abzuklappern, bis ich ein Frachtschiff fand, das nach Thailand fuhr. Auf der Karte sah ich, dass der nächste größere Hafen in Kochi lag. Mein nächstes Ziel stand also fest. Vorher wollte ich aber noch ein wenig Zeit in Mumbai verbringen. Ich ging in den Gemeinschaftsraum, wo ich einem Typen in meinem Alter begegnete, der an seinem Skateboard herumschraubte. Er war blond, hatte Sommersprossen und trug einen grau melierten Kapuzenpullover.

»Hey, ich bin Josu. Fährst du schon länger Skateboard?«, begann ich ein Gespräch.

»Ja, seit ich 16 bin. Ich heiße Oskar. Soll ich es dir beibringen?«, bot er an – und ich hatte Lust, es mir zeigen zu lassen. Durch eine Glastür gingen wir vom Gemeinschaftsraum in einen kleinen Hinterhof. Oskar legte das Skateboard auf den Boden und rollte es mit dem Fuß zu mir. »Stell dich mal drauf und fahr ein bisschen. Ich will deine Fußstellung sehen«, sagte er. Ich stellte erst einen Fuß drauf, dann den anderen. Sofort begannen meine Beine zu zittern, das Skateboard wackelte. Ganze drei Sekunden stand ich drauf, bevor ich mit meinem Hintern auf den Boden plumpste. Wie in aller Welt bekam man es hin, ruhig auf einem Brett zu stehen? Oskar half mir auf und lachte. »Schau, du musst deine Füße weiter auseinanderstellen. Dann hast du besseren Stand. Außerdem ist es wichtig, sich beim Fahren immer mit dem hinteren Fuß anzuschieben. Wenn du den vorderen dafür benutzt, fehlt dir die nötige Standfestigkeit.« Ich probierte noch eine Weile rum, bis es mir nach einer Weile gelang, eine Runde im Innenhof zu drehen.

In den folgenden Tagen verbrachte ich viel Zeit mit Oskar. Er kam aus Chicago und war in Indien, um seinen Verpflichtungen dort zu entfliehen. Wir verstanden uns wahnsinnig gut. Vor allem mochte ich seine entspannte Art. Er machte sich nicht viel aus Stress. Im chaotischen Gewusel Mumbais behielt man an seiner Seite leicht einen kühlen Kopf. Es war ein tolles Gefühl, so schnell einen guten Freund gefunden zu haben. In den letzten Monaten war ich viel allein unterwegs gewesen, daher genoss ich seine Anwesenheit. Auch das Skateboarden klappte immer besser, bis wir auf zwei Brettern durch die lebhaften Straßen Mumbais jagten. Wir hängten uns an Tuk-Tuks, die uns über den löchrigen Asphalt zogen. Der Wind fegte durch mein Haar, das Adrenalin schoss durch meinen Körper, während sich hupende Motorroller an uns vorbeidrängten. Die Luft war drückend, der Smog hing schwer über der Stadt. Im Stadtzentrum rollten wir an Luxusboutiquen vorbei, die Glasfassaden der Hochhäuser streckten sich in den Himmel.

An einem anderen Tag fanden wir uns plötzlich mitten in einem Slum wieder. Im Gegensatz zum Stadtzentrum Mumbais merkte man an den heruntergekommenen Wellblechhütten sofort, dass man in einer anderen Welt war. Im Hostel wurde uns mehrfach dazu geraten, diese Gebiete zu meiden. Zu gefährlich sei es dort für Touristen. Doch wo wir schon mal hier waren, wollten wir uns wenigstens kurz umsehen.

Bevor ich das erste Mal in einem Slum war, hatte ich eine vage Vorstellung davon, wie es dort aussah: finstere Orte voll Müll und Armut, traurige Menschen am Abgrund, Bettler und Verderben. Viele dieser Vorstellungen stammen wohl aus Filmen wie Slumdog Millionaire. Doch mit den Darstellungen in diesen Filmen hatte die Wirklichkeit kaum etwas zu tun. Als Erstes fiel uns auf, dass es keine gute Idee gewesen war, mit dem Skateboard durch Dharavi zu fahren. Die Straßen hier waren nur teilweise befestigt. Sie waren von unzähligen Schlaglöchern und Asphaltbrocken übersäht, sodass man mit dem Brett kaum einen Meter vorwärtskam. Die Fortbewegung gestaltete sich zunehmend schwierig, weil in den engen Gassen Menschen, Hunde, Kühe und Ziegen durcheinanderwuselten. An manchen Ecken fühlte ich mich wie in einem Wildpark. Wir liefen, die Skateboards unterm Arm, an einem Kanal entlang, der an der Rückseite improvisierter Hütten aus Ziegeln und Wellblech entlangfloss. Stellenweise war der gesamte Kanal mit riesigen Inseln aus Plastikmüll bedeckt. Der modrige Geruch von Müll und Abwasser hing in der Luft. In Dharavi gab es eine ganz andere Geräuschkulisse als im übrigen Mumbai: das Rufen der Verkäufer, das Blöken der Ziegen, das Wetzen von Messern, das Lachen der Kinder.

»Sag mal, hast du auch das Gefühl, dass wir die ganze Zeit angestarrt werden?«, fragte mich Oskar. Er hatte recht: Die Blicke der Menschen klebten geradezu an uns. Zunächst fühlte sich das etwas beklemmend an, doch ich gewöhnte mich schnell daran. Vermutlich lag es daran, dass wir weit und breit die einzigen Weißen waren. Oft wurde ich nach einem Selfie gefragt. Auch mein blondes Haar schien von großem Interesse zu sein, vor allem für die Kinder, ständig griffen kleine Hände danach. Wir bogen in eine Seitengasse ab und kamen in einen großen Hof. In hüfthohen Betonquadraten standen dort Männer und schlugen nasse Wäsche gegen einen Stein. Das Klatschen hallte von den Wänden wider. »Hier wird die ganze Wäsche der großen Hotels in Mumbai gewaschen. Das gibt es schon seit über 100 Jahren und wurde damals von der britischen Kolonialmacht so eingerichtet«, sagte Oskar. »In Indien gilt Waschen als unreiner Beruf und ist Männersache. Deswegen wird es vor allem in den Slums gemacht.« Er erklärte mir, dass es in Indien ein hierarchisches Kastensystem gibt. Das legt die gesellschaftliche Rolle jedes Inders fest. Die Wäscher bilden innerhalb der untersten eine eigene Kaste und sind damit auf der niedrigsten Stufe. Sie gelten als Unberührbare. »Die meisten Bewohner in den Slums sind in der untersten Kaste«, führte Oskar aus. »Das macht es ihnen praktisch unmöglich, sozial oder wirtschaftlich aufzusteigen.«

Als wir den Slum verließen, fragte ich mich, warum man uns in den Hostels davor so eindringlich gewarnt hatte. Zu keinem Zeitpunkt hatte ich mich dort bedroht gefühlt. Im Gegenteil: Während ich mich durch die engen Gassen schlängelte, hatte ich nichts als Wärme und Freundlichkeit verspürt. Auch diese Menschen versuchten nur, sich durch den Alltag zu kämpfen. Die Slums waren keine abgelegenen Orte, an denen die Menschen einfach verelenden. Auf seine eigene Weise pulsierten dort das blühende Leben und eine eigenständige Kultur.

Zurück im Hostel gesellten wir uns zu den anderen Backpackern im Gemeinschaftsraum. Sie diskutierten darüber, wie man am besten nach Goa komme. Die Hippie-Metropole Goa kannte ich als die Party-Stadt von Indien: Techno, Drogen, weiße Strände. Eigentlich gab es daran nichts, was mich anzog. Aber Goa lag auf direktem Weg nach Kochi. Also schloss ich mich ihnen an. Am nächsten Morgen um zehn würde unser Zug gehen.

***

Erst als wir in der Morgensonne auf den Hauptbahnhof Chhatrapati Shivaji zuliefen, fiel mir auf, was für eine bunte Truppe wir waren. Außer mir und Oskar gab es noch zwei Amerikaner: ein Sportler in unserem Alter namens Ethan und Richard, der schon über 60 war und einen grauen Bart hatte. Dann war da noch der Franzose Antoine, der angeblich schon in der französischen Version der Castingshow X-Faktor aufgetreten war. Außerdem gab es noch Maaike und Beatrix, zwei niederländische Medizinstudentinnen, und zwei junge Amerikanerinnen namens Emma und Zoe.

Das Bahnhofsgebäude war gigantisch. Dutzende Türmchen, Reliefs und Steinskulpturen schmückten die pompöse Fassade. Drinnen erinnerte die Decke an die einer Kathedrale. Am Gleis warteten wir zusammen mit unzähligen Indern auf die Einfahrt unseres Zuges. Nachdem die verstaubten Waggons auf dem Gleis eingefahren waren, mussten wir uns richtig in den Zug quetschen, um noch reinzukommen. Drinnen standen wir Schulter an Schulter, man hatte gerade noch genug Platz zum Atmen, es war drückend heiß. Manche kauerten in Hängematten, die sie zwischen die Gepäckablagen gespannt hatten, andere lagen zwischen den Toilettengängen auf dem Boden. Mehr als zwölf Stunden würde die Fahrt dauern. Die Strecke verlief nahe der Küste entlang nach Süden.

Die Zugfahrt in Indien ist ein Erlebnis für sich. Die Geräuschkulisse war überwältigend – das ständige Rattern der Schienen, das Rufen der Verkäufer, die an jedem Halt hereinstürmten, und das Gemurmel der Fahrgäste. Die Gerüche wechselten ständig, von den scharfen Gewürzen der Imbissstände, die durch die offenen Fenster hereindrangen, bis hin zu den weniger angenehmen Düften der überfüllten Toiletten.

Das Beste am Zugfahren war natürlich, dass die Türen der Züge immer offen standen. Man konnte sich mit seinem Körper aus dem fahrenden Zug lehnen, und das haben meine neu gewonnenen Freunde und ich natürlich sofort ausprobiert. Der Wind, der durch die Haare streifte, das Rauschen der vorbeiziehenden Palmen und Städte – das war ein unbeschreibliches Gefühl der Freiheit. Es fühlte sich an, als ob der Wind all meine Sorgen und Zweifel mit sich forttrug. Dieses Gefühl ist in Deutschland unvorstellbar, wo Sicherheit und Ordnung stets an erster Stelle stehen. Doch hier, inmitten des Chaos und der Lebendigkeit Indiens, spürte ich eine grenzenlose Freiheit, die ich vorher nie gekannt hatte.

Immer wieder hielt der Zug an. Am Gleis warteten schon Verkäufer, die die Durstigen und Hungrigen im Zug versorgten. Dabei stiegen immer mehr Leute ein als aus. Die Verkäufer boten alles Mögliche an – von heißen Chai-Tees über frisch gebratene Samosas bis hin zu farbenfrohen Spielsachen für Kinder. Trotz der Enge und der Hitze herrschte eine überraschend freundliche Atmosphäre. Die Menschen teilten ihre Speisen, tauschten Geschichten aus und halfen einander, wo sie konnten. Als wir endlich in Vagator angekommen waren und uns ein Hostel gesucht hatten, legten wir unsere Rucksäcke dort ab und zogen noch durch ein paar Kneipen. Später saßen wir am Meer und schauten in die Flammen eines Feuers, das wir mit Treibholz entfacht hatten. Im Dunkeln brachen die Wellen sanft auf den Strand. Antoine spielte auf seiner Ukulele, die Palmen schienen sich im flackernden Licht zur Musik zu wiegen. Ethan spaltete Holzstücke, Richard erzählte Geschichten

Tag 0
Mit meiner Freundin, kurz davor, unser jeweiliges Studium zu beenden.

Tag 1
In meinem Kinderzimmer mit gepackten Sachen, bereit für das Abenteuer.

Tag 44
Auf der Fähre über den Bosporus, auf dem Weg von Europa nach Asien.

Tag 60
In Kappadokien, Türkei,
auf dem Weg
in den Irak.

Tag 63
In Lalisch im Irak, wo
ich herzlich zum Essen
eingeladen wurde und
die Gastfreundschaft
der Einheimischen
erleben durfte.

Tag 80
Etwas außerhalb
von Dubai, mit der
beeindruckenden
Skyline im Hintergrund.

Tag 83
Bei den Kamelzüchtern in der Wüste, wo ich auch übernachtete. Das Kamel, welches man auf dem Bild sieht, ist 1,5 Millionen Euro wert, weil es das letzte Kamelrennen gewonnen hat.

Tag 87
An Weihnachten allein an einer Klippe, kurz bevor ich hinuntersprang.

Tag 92
Ein weiterer Reisender und ich auf dem Boot von Maskat, Oman, nach Mumbai, Indien.

Tag 118
Hängend aus einem Zug in Indien, auf dem Weg zu den verschiedenen Hafenstädten.

Tag 163
Beim Holi-Festival in Indien, inmitten einer riesigen Menschenmasse vor einem Tempel, mit farbverschmiertem Gesicht.

Tag 173
Harry und ich bei unserem ersten Bier im Nationalpark Chitwan.

Tag 180
In den Bergdörfern von Nepal, bei einer der Schulen, die wir mit unseren Spenden unterstützten.

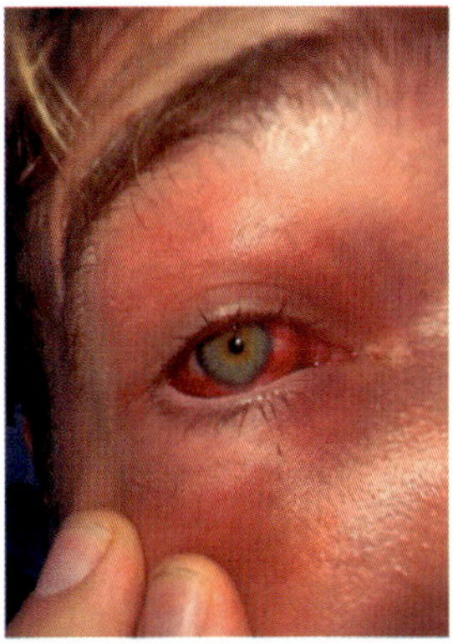

Tag 197
Mein Auge, nachdem ich es zum ersten Mal wieder richtig öffnen konnte.

Tag 199
Ich auf über 5000 Metern, auf dem Weg zum Mount Everest.

Tag 205
Angekommen am
Mount Everest,
vollkommen am Ende.

Tag 250
Das Bild vom Tiger
in Nepal, aufgenommen
mit einem
Zoom-Objektiv.

Tag 294
Ich mit ein paar Indern
beim Baden im Fluss
Ganges während der
heiligen Zeremonie.

Tag 343
Ich mit den pakistanischen Minenarbeitern um vier Uhr nachts, nachdem wir die Explosion überlebt haben. Aus dieser Mine stammt der Kristall für den Ring für meine Verlobte.

Tag 347
Eine Militärstraßen-kontrolle mitten in der Wüste von Pakistan.

Tag 372
Beim Versuch, in China als Tramper mitgenommen zu werden, nachdem ich bereits mehrere Male von der Polizei abgeführt wurde.

Tag 404
Der Mekong River, der Laos und Thailand voneinander trennt.

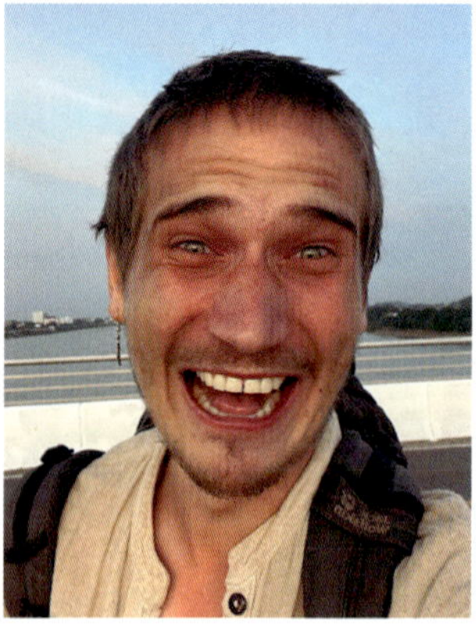

Tag 405
Auf der Thailändisch-Laotischen Freundschaftsbrücke, überwältigt von Emotionen.

Das Ende
Meine Verlobte und ich kurz nach der Verlobung – sie hat Ja gesagt.

von seinen Abenteuern. Die anderen lauschten ihm und ließen dabei einen Joint rumgehen. Ich fühlte mich wahnsinnig wohl in dieser Runde. Es war toll, so schnell neue Freunde gefunden zu haben. Obwohl wir so unterschiedlich waren, entstand in der Fremde eine magische Beziehung untereinander. Es fühlte sich so an, als würden wir uns schon Jahre kennen. Diese Erfahrung hatte ich auf meiner Reise schon oft gemacht: Menschen, die man gerade erst kennengelernt hat, wurden plötzlich zu besten Freunden. Was uns trotz aller Unterschiede miteinander verband, war der Traum vom Reisen. In dieser Episode waren wir Schicksalsgefährten auf unserem Weg ins Unbekannte. Es war vollkommen egal, woher man kam und was man tat. All das zählte hier nicht. Frei von zivilisatorischen Zwängen konnte man am Lagerfeuer einfach sein, wer man im tiefsten Inneren war.

* * *

In den folgenden Tagen verbrachte ich viel Zeit mit meinen neuen Freunden in Goa. Auch meine Freundin freute sich für mich, dass ich Freunde gefunden hatte, weil sie wusste, dass mir Freundschaften schon immer viel bedeutet hatten. Sie hatte sich ohnehin schon gefragt, wie ich so lange überleben konnte, wenn ich immer so alleine war. Aber eigentlich hatte ich bis zu diesem Zeitpunkt nie das Gefühl gehabt, alleine zu sein, weil ich immer mit neuen Leuten unterwegs war und ständig neue Menschen kennengelernt hatte.

In dieser einen Woche sammelten wir unglaublich viele Erinnerungen zusammen. Wir erkundeten verschiedene Strände, besuchten Wasserfälle und genossen sorglose Tage. Nach einer Woche voller Abenteuer und neuer Freundschaften musste ich mich jedoch wieder auf den Weg machen. Es fiel mir schwer, die Gruppe zu verlassen, aber meine Reise zu Benita wollte ich nicht unnötig verzögern. In Goa stieg ich in einen anderen Zug in Richtung Kochi. Ich hatte mir einen Liegeplatz mit Ventilator gebucht. Noch einmal zwölf Stunden würde die Fahrt dauern. In Indien konnte man nicht per Anhalter reisen. Diese Fortbewegungsart war hier vollkommen unbekannt. Entweder wollten die Leute Geld oder chauffierten einen nur zum nächsten Bahnhof.

Als der Zug losfuhr, wirbelten meine Gedanken. Mein Plan, in Kochi ein Containerschiff nach Thailand zu nehmen, stand auf wackligen Beinen. Ich hatte keinerlei Garantien, dass das funktionieren würde. Aber nach allem, was ich wusste, war das nach wie vor die für mich einzige Möglichkeit, zu Benita zu gelangen. Ich hielt meine Prinzessin immer über meine nächsten Schritte und Reisepläne auf dem Laufenden. Doch jetzt war es das erste Mal, dass ich nicht sicher war, ob die Weiterreise klappen würde. Während der Fahrt rief ich sie an und erklärte ihr meinen wackeligen Plan. Ich war ganz ehrlich und gestand ihr, dass ich keine Ahnung hatte, wie lange es dauern würde, bis ich ein Boot finde und ob ich überhaupt eins finden würde. Benita antwortete mit Zuversicht in ihrer Stimme, dass sie fest daran glaube, dass ich einen Weg finden würde, früher oder später. Sie versprach, so lange in Thailand auf mich zu warten und mir mein Zimmer einzurichten. Ich musste lächeln. Es faszinierte mich, dass diese Frau mehr an meine Fähigkeiten glaubte als ich selbst. Die Zuversicht in ihren Worten spornte mich in solchen Momenten an, ihre Erwartungen zu erfüllen. Mit ihrer Unterstützung im Rücken fühlte ich mich immer etwas stärker, als ich in der Realität wirklich war. In Kochi angekommen, sah ich von Weitem schon die blauen Kräne der Containerterminals. Von einem Bus ließ ich mich vom Bahnhof direkt in Richtung des Hafens bringen. Der Frachthafen lag auf einer kleinen künstlichen Insel, Willingdon Island. Zu Fuß überquerte ich die Venduruthy-Brücke und ging am Kreuzfahrthafen vorbei, bis ich an eine riesige Mauer kam. Sie war mindestens fünf Meter hoch und an der Oberseite mit rasiermesserscharfem Stacheldraht gesichert. Ich lief eine Weile an ihr entlang und gelangte schließlich zu einem großen Eingang. Zwei Wachmänner in Militäruniformen, bewaffnet mit Maschinengewehren, standen vor der Zufahrtsstraße, die zusätzlich mit Schranken und Wachhütten gesichert war. Vielleicht würden sie mich durchlassen, wenn ich ganz selbstverständlich pfeifend an ihnen vorbeispazierte? Mit etwas Glück würden sie meine Hautfarbe und mein Auftreten übersehen und mich für einen Arbeiter halten, der von seiner Pause zurückkehrte. Dreistigkeit hatte mich schon oft weit gebracht. Doch diesmal versagte mein Glück: Die Wachleute hielten mich auf. Ich fragte, ob es einen anderen Weg für mich hinein gebe. Doch sie schüttelten den Kopf. Ich war unsicher, ob sie überhaupt nachvollziehen konnten, was ich meinte.

Hier kam ich nicht weiter. Also setzte ich mich ein paar Hundert Meter weiter an den Straßenrand in den Schatten einer Palme und dachte nach. Um auf ein Frachtschiff zu kommen, musste ich unbedingt mit dem Schiffspersonal sprechen, am besten mit dem Kapitän. Die befanden sich aber wiederum hinter der unüberwindbaren Betonmauer. Während ich mir den Kopf darüber zerbrach, wie ich doch noch in den Frachthafen kommen könnte, fiel mir eine Gruppe Männer auf, die aus dem Hafeneingang schlenderten. Sie trugen weite Overalls in Signalfarben, Helme und Handschuhe. Allem Anschein nach waren es Hafenarbeiter, die gerade Feierabend hatten. Ein paar Meter hinter den Wachhütten fing ich sie ab und sprach sie an. Ich schilderte ihnen mein Problem und was ich vorhatte, die Männer hörten aufmerksam zu, auch wenn man ihnen ansah, dass sie sich über mich wunderten. Irgendwann sagte einer von ihnen: »Du bist hier falsch. Die Schiffe, die von Kochi aus abfahren, fahren nach Europa. Wenn du nach Thailand willst, musst du auf die andere Seite von Indien. Am besten gehst du nach Chennai, da findest du am ehesten ein Schiff nach Thailand. Aber ob dich jemand mitnimmt oder sie dich überhaupt in den Hafen lassen, kann ich dir nicht sagen.« Ich schluckte. Nach Chennai waren es wieder fast 700 Kilometer. Na wunderbar! Aber weil mir nichts anderes übrigblieb, machte ich mich schweren Herzens per Zug und Reisebus auf den Weg nach dorthin.

Eine Woche später war ich dort, 14 Tage bevor mein Visum ablief.

Ich befand mich nun nicht mehr am Arabischen Meer, sondern in Ostindien am Golf von Bengalen. Indien überraschte mich immer wieder mit seiner Vielseitigkeit. Kerala, der Staat, in dem Kochi lag, war hauptsächlich muslimisch geprägt. Die Menschen dort sprachen Malayalam, eine Sprache, die für mich vollkommen fremd klang. Chennai hingegen, wo ich mich jetzt befand, war eine hauptsächlich hinduistische Stadt. Hier dominierte Tamil, eine weitere völlig fremd klingende Sprache. Während in Chennai Kühe angebetet wurden, landeten sie in Kerala auf dem Burger. Indien war ein Land der Extreme und Kontraste. Im Norden ragten die schneebedeckten Gipfel des Himalajas in den Himmel, während im Süden traumhafte Palmenstrände die Küsten säumten. Der Osten des Landes war von üppigem Dschungel und exotischer Tierwelt geprägt, die Region strotzte nur so vor Leben und Farben. Im Westen erstreckten sich die weiten Savannen und Wüstenlandschaften, die eine beeindruckende karge Schönheit ausstrahlten. Es passierte häufig, dass man nach wenigen

Stunden Fahrt in einer völlig anderen Welt ankam. Ein paar Hundert Kilometer konnten den Unterschied zwischen muslimischen, hinduistischen und christlichen Gemeinschaften ausmachen. Die Menschen sahen anders aus, kleideten sich anders, sprachen anders und lebten nach anderen Bräuchen. Auch der Frachthafen von Chennai unterschied sich stark von dem von Kochi. Er gehört zu den größten des Landes und liegt unweit des Bahnhofs, nahe dem Stadtzentrum. War schon der Frachthafen in Kochi sehr gut abgesichert gewesen, erhob sich der in Chennai nun vor mir wie eine uneinnehmbare Festung, bedrohlich und einschüchternd. Die Mauern waren doppelt so hoch wie die in Kochi, der Stacheldraht war zweimal so dick und wirkte furchteinflößend wie aus einer dystopischen Zukunft. Die Eingänge wurden von je zwei Wachmännern in Militäruniformen bewacht, deren Maschinengewehre die Waffen der Wachposten in Kochi wie Wasserpistolen aussehen ließen. Alles schrie: »Lebendig kommst du hier nicht rein.« Ich lief trotzdem eine Weile an der Mauer entlang, mein Herz schwer vor Unsicherheit und Zweifel.

In dieser Jahreszeit stiegen die Temperaturen im Süden Indiens gerne über 50 Grad. Die Hitze war unerträglich, drückend und erdrückend zugleich. Jede Bewegung fühlte sich an, als würde ich durch einen unsichtbaren Vorhang aus Feuer waten. Mein Körper kämpfte darum, die Temperaturen zu regulieren, doch das Wasser, das ich trank, verdunstete schneller, als ich es aufnehmen konnte. Der Schweiß perlte von meiner Stirn, lief in Strömen meinen Rücken hinunter und tränkte meine Kleidung. »Wie soll ich da bloß reinkommen?«, grübelte ich, fand aber keine Antwort. In mir kämpften Frustration und Entschlossenheit gegeneinander. Um aus der Luft herauszufinden, wie viele Eingänge der Hafen hatte, ließ ich meine Kameradrohne steigen. Dank ihr entdeckte ich, dass es insgesamt sieben Eingänge gab. Meine erste offensichtliche Strategie war, jeden einzelnen dieser Eingänge abzulaufen und Einlass zu erbitten.

Am ersten Eingang, den ich erreichte, standen Soldaten mit grimmigen Gesichtern und Gewehren im Anschlag. Ihre Minen blieben eiskalt und hart, während ich mich langsam auf sie zubewegte. Mit jedem weiteren Schritt wurde mir klar, dass nicht die geringste Chance bestand, dass diese Männer mich passieren lassen würden. »Gibt es einen anderen offiziellen Weg für mich hineinzukommen?«, fragte ich die Männer? Doch ihre ablehnenden Blicke und das Kopfschütteln machten auch das letzte Fünkchen Hoffnung zunichte. Diesmal war ich mir sicher, dass sie verstanden hatten, was ich wollte. Trotzdem versuchte ich es noch einmal und erklärte ihnen meine Situation, doch ihre abweisenden Mienen zeigten mir, dass sie ihre Aufgabe sehr ernst nahmen. »Es ist unser Job, hier niemanden reinzulassen«, blaffte einer der Soldaten. Damit war das Gespräch beendet. Resigniert ging ich weiter zum nächsten Eingang, immer an der endlosen Mauer entlang. Lkws brausten hupend vorbei, wirbelten Staub auf, der in der Hitze flimmerte. Ich setzte mich, wie schon in Kochi, an den Straßenrand, in den Schatten einer Palme, und ließ meine Gedanken kreisen. Es schien aussichtslos, doch ich wusste, dass ich nicht aufgeben durfte. Mein Ziel war klar: Ich musste auf ein Frachtschiff nach Thailand. Wäre diese Reise ein Puzzle, wäre das hier ein Teilchen, dass ich partout nicht finden kann. Doch ich wusste, dass es existierte. Dass es einen Weg gab, den ich finden musste – komme, was wolle. Also marschierte ich weiter. Tropfnass vor Schweiß erreichte ich den nächsten Hafeneingang. Doch hier war alles verriegelt, keine Menschenseele in Sichtweite. Der Zugang war versperrt. Und langsam wurde es dunkel. Nachdem ich eine Nacht nahe der

Mauer im Zelt geschlafen hatte, brannte die Sonne am nächsten Morgen wieder gnadenlos auf mich herab. Mein Körper glühte förmlich wie ein Ofen. Ich klapperte weiter die Eingänge ab. Doch auch beim dritten, vierten, fünften und sechsten hatte ich kein Glück. An jedem standen bewaffnete Wachleute, die keinen Zweifel daran ließen, dass für mich dieser Hafen unzugänglich bleiben würde. Die Sonne stach unerbittlich auf mich herunter und irgendwann wurde mir schwindelig. Im Schatten einer heruntergekommenen Hütte setzte ich mich hin, um mich kurz zu erholen. Ein letzter Hafeneingang blieb mir noch, aber mein Körper war völlig erschöpft. Mir blieb nichts anderes übrig, als eine Pause zu machen. Ich schleppte mich in ein nahe gelegenes Hostel und fiel in einen tiefen, unruhigen Schlaf. In der Nacht quälten mich heftige Albträume, in denen immer wieder kilometerhohe Mauern vorkamen, an denen ich stundenlang emporkletterte, ohne jedoch jemals das Ende zu erreichen. Ich wachte schweißgebadet auf, mein Herz raste, und die Bilder in meinem Kopf waren so real, dass sie mir selbst nach dem Aufwachen noch Gänsehaut bereiteten. Der nächste Morgen fühlte sich an, als hätte mich ein Lkw überrollt. Jede Bewegung war eine Qual. Ein Arzt bestätigte mir später, dass ich Tropenfieber hatte. Er verordnete mir eine unüberschaubare Menge an Tabletten und ein paar Tage Bettruhe. Also lag ich im Hostelbett unter einem halb kaputten Deckenventilator, der mühsam gegen die stickige Hitze ankämpfte. Der Lärm der Straße draußen und das gelegentliche Summen einer Fliege waren meine einzige Ablenkung, während ich versuchte, meine Energie wiederzuerlangen. Jede Stunde zog sich wie Kaugummi, aber langsam begann sich mein Körper zu erholen.

Nach drei Tagen im Hostelbett, gequält von Hitze und Albträumen, fühlte ich mich schließlich endlich wieder stark genug, um den letzten Versuch zu wagen. Der letzte Hafeneingang war meine einzige Chance, und wie so oft in solch scheinbar aussichtslosen Situationen wandte ich mich dem Glauben zu. Ich betete inständig für ein Wunder, für das Glück, das ich so dringend brauchte. Meine Mutter hatte mich als Kind immer mit in die Kirche genommen, und obwohl ich als Jugendlicher angefangen hatte, alles zu hinterfragen, kehrte in Momenten der Verzweiflung dieser alte Glaube immer wieder zurück. Der Gedanke, dass jemand über mich wachte und das Beste für mich wollte, gab mir Trost und Hoffnung. Nach meinem Gebet machte ich mich auf den Weg zum letzten Hafeneingang. Mein Herz hämmerte in meiner Brust, jeder Schritt fühlte sich wie ein Akt des Widerstands gegen die schier unendliche Hitze und die Erschöpfung an. Noch acht Tage war mein Visum gültig, und wenn dieser Versuch scheiterte, wusste ich nicht, wie ich weiterkommen sollte. Das Wiedersehen mit meiner Prinzessin würde in weite Ferne rücken. Als ich am letzten Eingang ankam, traute ich meinen Augen nicht. Das Tor stand sperrangelweit offen, keine Wachleute weit und breit. Konnte das wirklich sein? Machten die gerade Mittagspause? Mein Herz setzte einen Schlag aus, dann begann es wie verrückt zu rasen. Ich wollte mein Glück nicht auf die Probe stellen und zögerte keine Sekunde. Wie ein Wahnsinniger rannte ich los, meine Schritte hallten auf dem heißen Asphalt wider, während ich durch das offene Tor stürmte. Ich hatte es geschafft! Nach all den Rückschlägen und vergeblichen Versuchen war ich endlich auf dem Hafengelände. Doch was jetzt? Etwas ratlos stand ich zwischen den riesigen gestapelten Containern und ließ meinen Blick schweifen. Wo sollte ich hin? Wie fand ich heraus, wo die Schiffe in Richtung Thailand abfuhren? Die letzten Tage hatte ich mir unaufhörlich den Kopf darüber zerbrochen, wie ich auf das Hafengelände gelangen könnte. Doch keine Sekunde hatte ich darüber nachgedacht, was ich tun sollte, wenn ich es tatsächlich schaffte. Eine Weile irrte ich auf dem weitläufigen Areal umher, immer auf der Hut vor den patrouillierenden Soldaten. Meine Gedanken immer noch benebelt von dem Medikamentencocktail, den der Arzt mir verschrieben hatte, zwang ich meinen Körper, sich unauffällig zu bewegen und den wachsamen Blicken der Patrouillen zu entgehen. Jedes Mal, wenn ich einen Hafenarbeiter ansprach und nach den Schiffen nach Thailand fragte, erntete ich nur Schulterzucken und hilflose Blicke. Es schien, als wüsste niemand etwas. Irgendwann erwischte ich einen, der vage in eine Richtung deutete. Zunächst war ich erleichtert über die Hilfe, doch schnell stellte sich heraus, dass sie kaum von Nutzen war. Das Gelände war riesig, ein endloses Meer aus Containern und Kränen, das sich bis zum Horizont erstreckte. Alles sah gleich aus und die rätselhaften fremdsprachigen Schilder, die überall angebracht waren, halfen mir auch nicht weiter. Mein Mund war staubtrocken, die Sonne brannte gnadenlos auf mich herab. Natürlich gab es auf dem Hafengelände keine Möglichkeit, an Wasser zu kommen. Die Hitze und der Durst setzten mir immer mehr zu, während ich verzweifelt nach irgendetwas oder irgendjemand suchte, der mir weiterhelfen könnte.

Nach vielen Stunden, es begann bereits zu dämmern, erreichte ich ein kleines Gebäude. Es musste sich um eine Art Koordinationsbüro handeln. Obwohl ich am Ende meiner Kräfte war, gab mir die Hoffnung, diesem endlosen Labyrinth zu entkommen und eine Überfahrt Richtung Thailand zu ergattern, noch einmal einen Energieschub. Vor dem Gebäude saßen ein paar Hafenarbeiter auf Plastikstühlen und tranken Tee. Das Innere des Büros war schwach beleuchtet. Hinter einem Tisch entdeckte ich einen kleinen Mann in einer Warnweste.

Sein skeptischer Blick verriet mir, dass er sofort begriff, dass ich nicht hierher gehörte. »Was machst du hier? Du solltest doch eigentlich gar nicht hier sein«, schnauzte er mich mit scharfer Stimme auf Englisch an. Ein weiteres Mal erzählte ich die Geschichte meiner Reise und berichtete von meinem Plan, mit einem Frachtschiff nach Thailand zu kommen. Er hörte aufmerksam zu, seine Augen folgten jeder meiner Gesten. Als ich geendet hatte, nickte er und bot mir sogar einen Tee an. »Die Schiffe nach Thailand fahren hier gleich um die Ecke ab. Da nimmt dich auf jeden Fall eins mit«, gab er sich zuversichtlich. Ich konnte es kaum glauben. Sollte das wirklich der Wendepunkt meiner Odyssee sein? Zum ersten Mal sprach ich mit jemandem, der die Abläufe im Hafen zu kennen schien. »Das ist kein Problem«, fuhr er fort. »Ich weiß auch, wen du fragen musst. Das Einzige, was du brauchst, ist ein Ausreisestempel in deinem Reisepass.« Er bot mir sogleich an, mir bei dem Termin bei den indischen Behörden zu helfen. Ein riesiger Felsbrocken fiel mir vom Herzen – ich hatte genau den Richtigen gefunden. Der Mann machte einen Anruf und nannte mir eine Adresse, bei der ich am nächsten Morgen vorstellig werden sollte. Ich bedankte mich überschwänglich, meine Erleichterung war kaum zu beschreiben. Mit neuem Mut und einem Hoffnungsschimmer im Herzen machte ich mich auf den Weg zurück zu meinem Hostel. Endlich schien sich das Blatt zu wenden.

Am nächsten Tag zog ich mir die saubersten Klamotten an, die ich noch hatte. Ich wollte bei der indischen Behörde einen guten Eindruck machen. Die Sonne schien durch das Fenster und ich war voller Zuversicht. Heute würde meine Reise endlich weitergehen! Pünktlich um neun Uhr klopfte ich an der Tür eines Büros und wurde hineingebeten. Lächelnd vor lauter Vorfreude trat ich ein. Hinter einem Schreibtisch saß eine Frau von ungefähr 40 Jahren, die ein paar Dokumente in ihren

Händen hielt. Sie begrüßte mich freundlich und ich erklärte ihr nochmals kurz mein Anliegen. Doch anstatt eines Ausreisestempels bekam ich einen Schlag ins Gesicht. Sie legte den Kopf zur Seite und erklärte, dass eine Ausreise per Frachtschiff nicht so einfach möglich sei. Meine Gedanken überschlugen sich, während sie weiterredete. Dafür sei ein CDC-Zertifikat nötig, das ein sechsmonatiges Training in Mumbai erfordere. Ich konnte kaum glauben, was ich da hörte. Die Enttäuschung traf mich wie ein Hieb in die Magengrube. Meine Stimme versagte und ich brachte nur ein paar stotternde Silben heraus, bevor ich mich verabschiedete und das Büro verließ. Draußen brach ich zusammen. Alles war umsonst gewesen! Die vielen Kilometer in rappelvollen Zügen, das Abklappern der Häfen, das Ansprechen der Leute, die vielen vergossenen Liter Schweiß. Die Idee, mit einem Frachtschiff nach Thailand zu reisen, war von Anfang an zum Scheitern verurteilt gewesen. Es war zum Haareraufen! Noch sieben Tage war mein Visum gültig, dann musste ich dieses Land auf jeden Fall verlassen. Verzweifelt saß ich auf dem Bordstein und wusste nicht weiter. Ich rief meine Prinzessin an und zu meiner großen Überraschung hob sie sofort ab. »Hallo?« Ihre Stimme klang erwartungsvoll, was die Situation noch hoffnungsloser erscheinen ließ. »Benita, ich weiß wirklich nicht, wie ich es dir sagen soll …« Meine Stimme zitterte und ich kämpfte, um die Worte herauszubringen. »Die Frau bei der Behörde hat mir gesagt, dass ich keinen Ausreisestempel bekomme. Eine Ausreise per Frachtschiff ist nicht möglich.« Stille. Nur ein leises, schweres Ausatmen zischte durch die Lautsprecher meines Handys. Ich wusste, dass sie versuchte, für mich stark zu sein, aber ich konnte spüren, wie die Entfernung an ihr nagte, wie die Situation sie belastete. »Was machen wir jetzt?« Ihre Stimme war leise, voller Verzweiflung. Ich konnte hören, wie ihr die Tränen in die Augen schossen. »Hast du noch irgendeine Idee?«, fragte sie erschöpft. Hilflos gestand ich: »Ich habe keine Ahnung, Benita. Ich habe wirklich keine Ahnung.« Wir beide wussten, ohne es auszusprechen, dass ich zu stur war, um den Rest der Reise einfach mit dem Flieger zu machen. Schon lange hatte ich mir in den Kopf gesetzt, das Abenteuer so zu beenden, wie es geplant war. Egal was es mich kosten würde. »Ich könnte es über Nepal versuchen«, sagte ich schließlich. Es war ein verzweifelter Versuch, meiner Freundin einen kleinen Hoffnungsschimmer zu geben und sie zu trösten, wohl wissend, dass die Grenze zu China immer noch zu war. »Nepal? Meinst du wirklich, das ist eine gute Idee?« Ihre Stimme zitterte. »Ich weiß nicht, Josua. Das klingt alles so unsicher ...« – »Ich weiß, aber vielleicht ergibt sich vor Ort etwas. Es gibt immer einen Weg, irgendwie. Das war doch immer so.« Ein weiteres schweres Ausatmen von ihrer Seite. »Okay, dann mach das so ...« Ihre Stimme war kaum mehr als ein Flüstern. »Ich muss jetzt weiterarbeiten.« – »Benita, ich verspreche dir, ich werde einen Weg finden ...« Bevor ich den Satz beenden konnte, hörte ich an der Stille, dass sie nicht mehr in der Leitung war. Ich saß noch eine Weile da und dachte nach. Wie weit würde ich gehen, um mein Ziel zu erreichen? War es das wert, meine Liebe aufs Spiel zu setzen? Schließlich hatte ich mich nicht trotz, sondern wegen meiner Liebe zu Benita auf diese Reise begeben. Wie viel länger würde sie auf mich warten können? Ich stand auf und schaute in die Ferne. Die Hitze des Tages hatte nachgelassen, aber die Fragen in meinem Kopf brannten weiter. Um sie zum Schweigen zu bringen, um irgendwas zu tun, packte ich meine Sachen und schwang mich in den Zug Richtung Nepal.

***

Gleich bei meinen ersten Schritten in Varanasi spürte ich den spirituellen Geist, der diesen Ort durchdrang. Es war die letzte größere indische Stadt vor der nepalesischen Grenze und lag majestätisch am Ganges, dem heiligen Fluss der Hindus. Im Hinduismus spielt dieser Fluss eine zentrale Rolle. Der Glaube besagt, dass die Seele nach dem Tod im Ganges bis zum Meer gespült wird, bevor sie wiedergeboren wird. Deswegen reisen viele Hindus, die sich todkrank fühlen, nach Varanasi. Sie hoffen, durch den Tod in dieser heiligen Stadt Moksha zu erlangen – die Befreiung aus dem Kreislauf von Geburt, Tod und Wiedergeburt. Hier verschmolzen Leben und Tod auf einzigartige Weise. Die Stadt war ein Ort des Übergangs und der Hoffnung auf ewigen Frieden. Ironischerweise spiegelte die Atmosphäre der Stadt meine eigene Gefühlslage gut wider – eine Mischung aus Verzweiflung und dem ständigen Ringen um Sinn und Erlösung. Erlösung von der Unsicherheit, wie ich weiterkommen sollte. Ich tauchte ein in das Labyrinth der engen Gassen von Varanasi, wo knatternde Mopeds durch die Menge huschten. Die Hausfassaden waren in ein Kaleidoskop aus bunten Farben getaucht, oft verziert mit kunstvollen Malereien von heiligen Kühen, Pflanzen und Gottheiten, die mich mit ihren Augen zu verfolgen schienen. Immer wieder sah ich Schilder, die darauf hinwiesen, dass das Tragen von Waffen verboten war. Die einzigen Kämpfe, denen hier Platz eingeräumt wurde, schienen spiritueller Natur zu sein. Während ich weiterging, öffnete sich die Stadt vor mir wie ein lebendiges Mosaik aus Farben und Klängen. Heilige Männer mit aschebedeckten Körpern und tief in den Höhlen liegenden Augen rezitierten Mantras. Frauen in leuchtenden Saris bewegten sich anmutig durch die Gassen. Der Klang von Tempelglocken und das Murmeln von Gebeten füllten die Luft, der Duft von Räucherstäbchen vermischte sich mit dem Rauch der brennenden Scheiterhaufen. Um etwas Luft zu schnappen, spazierte ich am Ufer des Ganges entlang. Die Mittagshitze lag schwer über dem Fluss, der einen üblen Gestank verbreitete. Plastikmüll schwamm im trüben gelben Wasser und an manchen Stellen bildeten sich kleine Schauminseln. Die Häuser und Hütten drängten sich dicht am Ufer, als wollten sie sich in den Fluss stürzen. Priester hielten Lichter hoch und verdrehten die Augen, während Gläubige bis zu den Hüften im heiligen Wasser standen und sich gegenseitig mit hohlen Händen Wasser über die Köpfe schöpften. Frauen wuschen ihr Haar oder wrangen bunte Tücher aus, ein weißhaariger Mann kippte sich das Wasser in den Mund und spuckte es dann auf seine nackte Brust. Die Menschen standen auf den Ghats, den Treppen, die vom Ufer ins Wasser führten, und absolvierten rituelle Reinigungen. Dichter Rauch quoll über das Wasser und kratzte in meiner Lunge, sodass ich einen Hustenanfall bekam. Ich sah, dass der Rauch aus mehreren kleinen Feuern am Flussufer stammte, wo die Toten verbrannt wurden. Von hier aus begannen nach hinduistischem Glauben die Seelen ihre Reise zur Wiedergeburt. Ein Hindu sammelte die Asche der Verstorbenen auf und füllte sie in kleine, durchsichtige Plastikbeutel. Keine hundert Meter weiter ruderte ein junger Mann in einem grünen Einmannboot über den Fluss und verkaufte Souvenirs an die vorbeikommenden Touristen.

Ich blieb am Ufer stehen und ließ meinen Blick über die trübe Wasseroberfläche schweifen. Die Hindus glauben daran, dass ein Bad in diesem Fluss von Sünden reinige und die Gedanken von schlechten Einflüssen befreie. Die Hoffnungslosigkeit meiner aktuellen Situation, die extrem geringe Chance, doch noch über China nach Thailand zu gelangen, verfolgte mich jeden Tag und hielt meine Gedanken gefangen. Obwohl das Wasser übel stank, dachte ich mir: »Was soll's!«, und zog mich bis auf die Unterhose aus. Jedes Jahr badeten Hunderttausende Inder im Ganges und lebten weiter. Was also könnte schlimmstenfalls schon passieren? Zögernd trat ich auf die Ghat und sprang schließlich mit einem beherzten Satz in den Fluss. Das Wasser fühlte sich seltsam schwer und dickflüssig an, fast ölig. Als ich wieder auftauchte, klebte ein dünner, schmieriger Film auf meiner Haut. Um mich herum stiegen unzählige kleine Luftblasen auf, die widerlich nach fauligem Müll, abgestandenem Weihrauch und etwas undefinierbar Metallischem stanken. Es war, als wären die Geister der Vergangenheit in diesen Blasen gefangen und erzählten ihre Geschichten von Verwesung und Zerfall. Mein erster Gedanke war: »Wie kann etwas Heiliges so ekelhaft sein?« Ein paar ältere Inder wateten mir entgegen. Sie lächelten, offensichtlich erfreut über meinen mutigen Sprung in ihren heiligen Fluss, und gossen mir mit ihren Händen Wasser über den Kopf. Doch die Wahrheit war, dass ich mich nach dem Bad im Ganges schmutziger und befangener als zuvor fühlte. Aber der klebrige Film auf meiner Haut und der beißende Geruch, der an mir haftete, erinnerten mich auch daran, dass man manchmal tief in den Dreck greifen muss, um etwas Reines zu finden.

Nach dem Bad im Ganges zückte ich mein Handy und suchte nach einem günstigen Hostelzimmer. Eine Dusche wäre nicht schlecht. Zu meiner großen Überraschung war alles ausgebucht. Kein einziges Zimmer war in ganz Varanasi verfügbar, egal welches Buchungsportal ich aufrief, immer die gleiche Auskunft: »Keine Unterkunft in dieser Region verfügbar.« Wie konnte das sein? Nach ein paar Anrufen fand ich schließlich doch noch ein Hostel am anderen Ende der Stadt, in dem gerade spontan ein Zimmer frei geworden war. Nachdem ich meine Taschen dort abgelegt hatte, schob ich mich auf den staubigen Straßen an Motorrollern, Rikschas und Kühen vorbei in Richtung Stadtzentrum. Das Hupen des Verkehrs und das Brummen der Motoren waren ohrenbetäubend. Mir kam eine Gruppe junger Männer entgegen, die leuchtend bunte Farbe im Gesicht und auf der Kleidung hatten. Zuerst dachte ich mir nichts dabei, in Indien sah man schließlich häufiger seltsame Dinge. Dann aber klatschte plötzlich eine Farbbombe vor meine Füße und verspritzte ihr giftiges Grün explosionsartig auf dem Boden. Ich schaute hoch und suchte nach dem Verursacher. Gerade so konnte ich noch eine kleine Gestalt auf einem Dach hinter einem Schornstein verschwinden sehen. Kinderlachen hallte durch die Gasse. Je weiter ich ins Stadtzentrum kam, desto mehr Menschen mit immer wilderen Farbflecken kamen mir entgegen. Manche tanzten zu indischer Popmusik, die aus einem kleinen Lautsprecher plärrte. Ich spürte das dumpfe Wummern von Bässen in meinem Bauch vibrieren und als ich um eine Ecke bog, fand ich mich plötzlich in einem gigantischen Menschenmeer wieder. Es dauerte keine fünf Minuten, dann war auch ich komplett in Farbe eingekleistert. In der Menge wurden unzählige Farbbeutel geworfen, über den Köpfen verpufften immer wieder farbige Puderwolken. Die indische Tanzmusik war so laut, dass es im Trommelfell schmerzte. Die Menge trommelte im Takt, sodass die Schläge meinen Hosenboden vibrieren ließen. Die Leute tanzten mit fliegenden Armen und Beinen. Ihre Gesichter waren mit leuchtendem Grün, Orange, Rot bekleckst. Ich sah eine Gruppe älterer Hindus mit grauen Dreadlocks ekstatisch um ein Feuer tanzen. Ein paar steinalte und spindeldürre Hindus hatten weiße Farbe im Gesicht und trugen Ketten aus Totenköpfen um den Hals. Waren das echte menschliche Schädel? Da war ein Mann, der auf dem Rücken eine Art Brett trug, an dem vier Holzmasken augenloser Gesichter nebeneinander befestigt waren und links und rechts von seinem Nacken hervorlugten. Sie schnitten grässliche Fratzen. An beiden Seiten schauten auf Höhe seines Rückens jeweils vier Holzarme hervor, sodass er aussah wie eine fünfköpfige Riesenkellerassel. Um seinen Hals trug auch dieser Mann eine Kette menschlicher Totenschädel, die rot angemalt waren. Diesmal war ich mir ganz sicher, dass sie echt waren. Sein Gesicht war kreideweiß, auf seiner Stirn prangte ein blutroter Streifen. Der Mann lachte ins Feuer. Beim Tanzen machten seine Glieder unmenschliche Verrenkungen, seine Augen hatte er nach hinten gedreht, sodass das Weiße hervortrat. Bei seinem Anblick lief mir ein kalter Schauer über den Rücken. Um ihn herum tobte eine wilde Menge bunt bemalter Inder, die sich auf die Knie warfen oder sich in vollkommene Ekstase tanzten. Für einen kurzen Moment hatte ich das Gefühl, mich inmitten eines fiebrigen Totenkultes zu befinden, der Wahnsinn grinste mich von allen Seiten an. Die fünfköpfige Assel holte ein kleines Plastikbeutelchen hervor, in dem graues Pulver war. Der Mann schüttete das Pulver auf die Handfläche, holte tief Luft – und plötzlich erkannte ich den Plastikbeutel von meinem Spaziergang am Ganges wieder. Noch bevor mir der Mann die Asche eines Toten über meinen Körper pusten konnte, duckte ich mich weg und floh in den Schutz der Menge. Mit pochendem Herzen pflügte ich mir meinen Weg durch die tanzenden Menschen und kam irgendwann an einem kleinen Tempel vorbei. Als ich reinging, dröhnten meine Ohren von unzähligen Trommelschlägen, die von den engen Wänden zurückprallten. Die Menschen im Tempel reichten einen Becher herum, an dem alle nippten. Auf meine Nachfrage hin sagte man mir, das Getränk im Becher heiße Bhang Lassi. Mehr fand ich erst mal nicht darüber heraus. Zunächst dachte ich mir nicht viel dabei, als der Becher auch mir gereicht wurde. In hinduistischen Tempeln war es schließlich nicht ungewöhnlich, kostenloses Essen und Getränke zu bekommen. Also nahm ich drei kräftige Schlucke. Es schmeckte süß, aber auch sehr würzig, mit einer erdigen Note. Ich fragte einen älteren Inder, was denn in dem Getränk drin sei. Außer das Wort »Drug« verstand ich von seiner Antwort kein Wort. Die Wirkung des Bhang Lassi setzte schnell ein. Zuerst wurden die Farben intensiver. Dann fühlte es sich so an, als würden die Trommelschläge direkt auf meiner Bauchdecke geschlagen werden. Die Konturen verwischten, die Gesichter der ekstatischen Inder verzerrten sich zu grässlichen Fratzen. Ich bekam Angst und fühlte mich so verloren in diesem psychedelischen Traum, dass ich aus dem Tempel floh. Erst als die Sonne schon tief am Horizont stand, fuhr ich wieder stadtauswärts zu meinem Hostel. Völlig ermattet schlief ich ein, den Kopf voll farbiger Eindrücke.

Erst später wurde mir bewusst, dass ich unwissentlich am berühmten Holi-Festival teilgenommen hatte. Holi, auch bekannt als das Fest der Farben, ist ein hinduistisches Frühlingsfest, bei dem Menschen zusammenkommen, um das Ende des Winters und den Sieg des Guten über das Böse zu feiern. Während des Festes werden bunte Pulver geworfen, es wird getanzt und gesungen. Die Männer mit Totenschädeln und diejenigen, die sich mit Asche bewerfen, sind häufig Anhänger von Shiva, einem der Hauptgötter im Hinduismus, der als der Zerstörer und Erneuerer gilt. Das Tragen von Totenköpfen und das Verwenden von Asche symbolisieren die Vergänglichkeit des Lebens und die Abhängigkeit von der spirituellen Erneuerung. Die Asche, oft aus heiligen Feuern oder Kremationsstätten, repräsentiert die Hingabe an Shiva und das Streben nach Moksha.

***

Als ich am nächsten Morgen aufwachte, bemerkte ich ein Jucken in meinem linken Auge. Vielleicht hatte ich gestern etwas von der Farbe reinbekommen. Ich dachte mir nicht viel dabei und machte mich auf den Weg zum Bahnhof, um einen Zug zum Grenzort Raxaul zu nehmen. Von dort aus wollte ich nach Nepal reisen, um meine Gedanken zu ordnen, wie es mit mir und dieser chaotischen Reise weitergehen sollte.

Ausnahmsweise hatte ich mich im Vorfeld über die Einreisebedingungen informiert. Im Internet hatte ich gelesen, dass die nepalesischen Behörden bei der Einreise 50 Dollar verlangten. Und zwar in bar. Das Besondere: Diese Dollarnote durfte nicht den geringsten Makel aufweisen. Kein Knick, kein Kugelschreiberstrich, kein Riss. Ich hatte Berichte von Reisenden gelesen, denen wegen eines Eselsohres die Einreise verweigert worden war. Daher suchte ich auf dem Weg zum Bahnhof nach einer Wechselstube. In Varanasi waren das kleine Holzstände, nicht mal einen Meter breit. Man fand sie überall in der Stadt. Zwar hatte ich ernste Zweifel, dass ich an diesen Ständen einen makellosen Schein bekommen würde. Aber zu meiner großen Überraschung gab mir der Geldwechsler eine praktisch druckfrische 50-Dollar-Note. Ich nahm sie so vorsichtig entgegen, als könnte sie bei der Berührung mit meinen Fingerspitzen zu Staub zerfallen, und legte sie vorsichtig in eine kleine Mappe, in der ich all meine wichtigen Dokumente aufbewahrte. Diese steckte ich an die Rückenseite meines Rucksacks und hoffte inständig, dass der Schein die Reise nach Raxaul überstehen würde.

Am Bahnhof buchte ich wieder einen Liegeplatz mit Ventilator. Der Zug war – wie alle Züge in Indien – brechend voll. Zum Glück wurde es langsam dunkel und die Luft dadurch etwas kühler. Ich schlief schnell auf meiner Pritsche ein. Bald schon aber riss mich ein stechender Schmerz in meinem linken Auge aus dem Schlaf. Ich setzte mich auf, tastete nach dem geschlossenen Lid. Ich konnte das Auge nicht öffnen, wenn ich es berührte, zuckte ein scharfer Schmerz hindurch. Halbblind tastete ich mich zur Toilette. Ich öffnete die Tür und sofort blies mir ein ohrenbetäubendes Rauschen ins Gesicht. Die Toilette bestand nur aus einem Loch im Boden, durch das man direkt auf die vorbeirauschenden Schienen sehen konnte. Als ich in den Spiegel blickte, erschrak ich: Mein linkes Auge war ein blutender, nässender Fleischklops, auf die doppelte Größe angeschwollen und komplett mit einer Eiterkruste bedeckt. Mit zwei Fingern versuchte ich vorsichtig, die Kruste aufzubrechen, aber der Schmerz war so unbeschreiblich, dass ich es nicht schaffte. Ich bekam Panik. Dicke Tränen mischten sich in die klebrige Eiterflüssigkeit. Der Zug machte immer wieder ruckartige Bewegungen, sodass ich hin und her geworfen wurde. Verzweifelt suchte ich nach Halt und versuchte, nicht in das Toilettenloch zu treten. Durch das Rütteln stieß ich mit meinem Auge an etwas und die Eiterkruste brach auf. Vor Schmerz schrie ich laut auf, so laut, dass man es wahrscheinlich drei Waggons weiter noch gehört hat. Ein wahrer Bach aus Eiter, Blut und Tränenflüssigkeit ergoss sich aus der neu entstandenen Öffnung. Bei meinem kleinen Bad im Ganges musste ich mir eine Augeninfektion geholt haben. Eigentlich hätte ich mein Auge gern ausgespült, aber dem Wasser aus den Hähnen dieser Zugtoilette traute ich keinen Millimeter über den Weg. Also setzte ich mich wieder auf meinen Platz und versuchte, mich mit Taschentüchern und Wasser aus Plastikflaschen zu behelfen. Dabei wurde ich von mehreren Indern beobachtet. Ihr stummes Starren brachte mein ohnehin schon strapaziertes Nervenkostüm zum Reißen. »Verdammt, könnt ihr nicht woanders hingucken?«, fauchte ich wütend, während ich versuchte, das Taschentuch vorsichtig an mein schmerzendes Auge zu drücken. Doch sie starrten weiter, als wäre ich eine Attraktion in einem Wanderzirkus. Mein linkes Auge mit einem Taschentuch bedeckend lief ich durch den Zug, als mir ein Inder sein Handy unter die Nase hielt und nach einem Selfie fragte. Normalerweise machte ich gerne Selfies und hatte bisher diese Bitte niemandem abgeschlagen. Aber in diesem Moment, in dieser erbärmlichen Situation mit einem geschwollenen, schmerzenden Auge, brachte mich diese Bitte an meine Grenzen. Zum ersten Mal in meiner Zeit in Indien sagte ich: »Ne Bruder, ich will kein Selfie mit dir machen.« Der Mann schien kurz irritiert, zuckte dann die Schultern und ging weiter. In mir brodelte es.

Ich beschloss, nicht bis Raxaul zu fahren, sondern vorher auszusteigen und mich erst mal um mein Auge zu kümmern. Beim nächsten Halt verließ ich den Zug und lief sofort zu einem Tuktuk-Fahrer, den ich bat, mich ins nächste Krankenhaus zu bringen. Wie üblich verhandelten wir vor der Fahrt den Preis. »8 Euro«, verlangte der Fahrer. Ich war perplex. »8 Euro? Das ist viel zu viel. So eine Fahrt kostet doch allerhöchstens 2 Euro!« Aber der Fahrer blieb hart: »8 Euro kostet die Fahrt für dich!« Innerlich fluchend setzte ich mich in sein Tuktuk. »Scheiß Abzocke«, murmelte ich vor mich hin und wäre am liebsten aus meiner Haut gefahren. In diesem Moment wurde mir endgültig klar, dass ich genug von Indien hatte. Ich hatte keine Lust mehr, ständig auf der Hut vor Halsabschneidern zu sein, angestarrt zu werden oder andauernd Selfies zu machen. Ich hatte genug von Hostel-Nachbarn, die um drei Uhr morgens lautstark telefonierten, während andere noch schliefen. Genervt von der ständigen Hitze, dem Lärm und den Menschenmassen, die mir keine Ruhe ließen, sehnte ich mich nur noch nach einem Ort, an dem ich endlich durchatmen konnte.

Im Krankenhaus angekommen sagte man mir, dass ich mir eine sogenannte *Conjunctivitis epidemica* zugezogen hatte. Das ist eine virale Infektion der Bindehaut des Auges. Ich erhielt die notwendigen Medikamente und beschloss, mir eine Sonnenbrille zu kaufen, um mein Auge zu bedecken und nicht noch mehr Blicke als ohnehin schon auf mich zu ziehen. Bevor ich weiterreiste, schickte ich meiner Freundin ein Selfie von meinem entzündeten Auge. Sofort kam eine besorgte Nachricht zurück: »Was machst du da? Was hast du mit deinem Auge gemacht? Das sieht ja schrecklich aus!« Ein Lächeln huschte über mein Gesicht, obwohl ich mich miserabel fühlte. Anstatt die Situation ernsthaft zu erklären, entschied ich mich, die Sache scherzhaft anzugehen: »Würdest du mich immer noch lieben, wenn ich mit diesem Auge bei dir ankomme?« Die Antwort ließ nicht lange auf sich warten, und als ich ihre Nachricht las, hörte ich förmlich die Wärme in ihrer Stimme: »Schatz, ich würde dich sogar lieben, wenn du niemals bei mir ankommen würdest.« Diese Worte berührten mich sehr. Ich konnte mir keine andere Frau vorstellen, die nach allem, was ich ihr zugemutet hatte – die langen Monate der Trennung, die ständige Ungewissheit und jetzt auch noch dieses schockierende Bild –, überhaupt noch etwas von mir hätte wissen wollen. Es war erstaunlich, fast schon verrückt, dass sie mir immer noch mit so viel Liebe und Humor begegnete. Ihre Worte hallten noch eine ganze Weile in meinem Kopf wider und munterten mich auf. So sehr, dass ich, als später ein kleiner Junge auf mich zukam und fragte, ob er ein Selfie mit mir machen könne, die Brille abnahm und mit ihm dieses beschissene Selfie knipste.

Kapitel 6

Nepal

Raxaul war ein kleines Dorf, das wirkte, als sei die Zeit dort stehen geblieben. Es bestand vor allem aus einer asphaltierten Hauptstraße, die direkt in das angrenzende Dorf Birganj in Nepal führte. Darauf fuhren nicht nur Motorroller, Rikschas und Pick-ups, sondern auch viele Pferdekarren. Die Händler hatten Tomaten, Kohl oder Fleisch geladen und standen barfuß auf ihrer Ware, während ein Pferd den Karren mit aller Kraft zog. Man sah den armen Tieren an, dass es ihnen schlecht ging. An den Stellen, an denen der Karren befestigt war, hatten sie offene Wunden. Sie warfen ihre Köpfe herum, um die Fliegen zu verjagen, die dort hineinkrabbelten. Am Straßenrand waren Pferde inmitten von Plastikmüll und Essensresten angebunden. Ihnen allen gemein war ein stoisch leerer Blick, der irgendwo in der Ferne zu verharren schien. Ich hatte Mitleid mit den Tieren. Wie konnte man nur so mit diesen unschuldigen Geschöpfen umgehen? Gleich neben den Tieren kam ein Mann aus einer kümmerlichen Hütte heraus, die kaum Schutz vor den Elementen bot. Diese einfache Behausung erinnerte mich an die Hütten, die ich als Kind im Wald gebaut hatte, während mein Vater seinen Geschäften nachging. Damals hatte ich Holz auf Holz gestapelt und mit Zweigen abgedeckt. Manchmal legte ich eine Plane darüber. Hier war löchriges Wellblech über das Hüttengerippe genagelt, das kaum Schutz bot. Meine Waldbauten waren undicht gewesen und schon der kleinste Windstoß blies ungehindert durch und ließ alles erzittern. Hier war es dasselbe – jeder Windstoß drang ungehindert durch die Blechhaut und verwandelte die Hütte in einen zugigen Albtraum. Vermutlich hatten die Menschen hier andere Dinge, um die sie sich sorgten, als um ihre Tiere. Mir wurde klar, dass Tierwohl vermutlich ein Privileg ist, ein Luxusthema, das wir in Europa haben, weil wir es uns leisten können. Weil wir nicht jeden Tag darüber nachdenken, wie wir selbst überleben. Aber nicht der ganzen Welt ist das vergönnt. Mir wurde bewusst, dass ich darauf achten musste, meine westliche Sichtweise nicht auf den Lebensstil der Menschen hier zu projizieren.

Überall auf den Straßen, in den Rinnsteinen und am Bürgersteig lag Müll, den Hunde, Ziegen und Kühe nach etwas Fressbarem absuchten. Kinder mit Dreck im Gesicht saßen barfüßig auf dem Bürgersteig und teilten sich eine Tüte Kekse.

Am Ende der Hauptstraße entdeckte ich ein goldenes Tor. Es war bestimmt 30 Meter hoch und bestand aus zwei Türmen, die durch einen überdachten Bogen miteinander verbunden waren. Vor dem Tor befand sich eine kleine Holzhütte. Erst bei genauerem Hinsehen bemerkte ich das kleine Schild, das verkündete, dass dieser Verschlag das indische Ausreisebüro war. In der kargen Hütte saßen zwei junge Männer in T-Shirts hinter einem kleinen Tisch. Ohne weiteres Nachfragen drückten sie mir den Ausreisestempel in den Pass. Nach einem kurzen Fußmarsch um den Kreisverkehr, der das goldene Tor umgab, stand ich vor dem nepalesischen Einreisebüro. Bevor ich eintrat, zog ich die Mappe aus meinem Rucksack, in die ich die 50-Dollar-Note gelegt hatte. Vorsichtig nahm ich den Schein heraus und prüfte ihn sorgfältig. Alles glatt, bis auf einen winzigen Knick in der linken oberen Ecke. Mist. Aber ich dachte mir: »Wird schon passen.« Schließlich war der Knick kaum zu sehen. Im Einreisebüro legte ich den Schein auf den Tisch und schob ihn dem Grenzbeamten, der auf der anderen Seite saß, hin. Der starrte ihn prüfend an, ohne ihn in die Hand zu nehmen. Dann sagte er: »Entschuldigung, den können wir leider nicht akzeptieren«, und deutete mit seinem Zeigefinger auf den Knick. Ich protestierte: »Was? Wegen diesem kleinen Eselsohr?« Der Beamte nickte. Ich versuchte zu diskutieren, doch er blieb eisern. Frustriert verließ ich das Büro. Es war nicht zu fassen! Schon wieder hing ich zwischen zwei Grenzen fest. Dabei hatte ich mich doch dieses Mal extra vorher informiert, damit genau so was nicht passierte. Frustriert trat ich gegen einen Stein, was sollte ich jetzt machen? Irgendwie fand ich die Situation aber auch so absurd, dass ich unvermittelt lachen musste. Als wäre das Ganze nicht schon bescheuert genug, floss nun auch noch eine Eiterträne, die meine Lachmuskeln aus dem entzündeten Auge gedrückt hatten, langsam unter meiner Sonnenbrille hervor. Grenzen problemlos zu überqueren, wie andere Leute das jeden Tag tausendfach machten, schien mir einfach nicht gegeben zu sein.

Zwischen den beiden Ländern zu bleiben war aber keine Option. Zumal die Sonne langsam unterging und kaum noch Leute kamen, um die Grenze zu überqueren. Ich musste schnell eine Lösung finden, hechtete durch den Ort und fragte bei verschiedenen Wechselstuben, ob sie meinen Schein gegen einen frischen umtauschen könnten. Doch niemand wollte diese verfluchte Banknote mit diesem winzigen Eselsohr nehmen. Es war zum Verzweifeln. Meine letzte Chance war es, einen Geldautomaten ausfindig zu machen. Zwei Stunden irrte ich herum, mit der Ausbeute, gerade mal einen einzigen Automaten entdeckt zu haben – und der war defekt. Immerhin fand ich einen Geldwechsler, der zwar meine

Note nicht eintauschen wollte, aber anbot, mich ins nepalesische Birganj zu bringen. Dort gebe es Geldautomaten. Um legal nach Nepal einreisen zu können, würde ich zuerst illegal einreisen müssen. Aber gut, das passte zu diesem sonderbaren Tag. Wir verließen zusammen Raxaul und folgten einem schmalen Trampelpfad nach Birganj. Als ich dort an einem Automaten Geld abhob, kam mir kurz der Gedanke, dass ich ja schon in Nepal war. Was, wenn ich einfach ohne Einreisestempel weiterreiste und dem pingeligen Grenzbeamten überhaupt kein Geld gab, mit oder ohne Eselsohr? So reizvoll sich das für mich anhörte, wusste ich doch, dass ich spätestens bei der Ausreise ohne Einreisestempel richtig Probleme bekommen würde. Das wollte ich mir lieber ersparen. Damit, mir die Chance auf einen reibungslosen Grenzübertritt – oder überhaupt einen – absichtlich zu verbauen, würde ich mein Glück dann doch zu sehr herausfordern. So vorsichtig, wie ich den glatten Dollarschein vom Ausspucken aus dem Automaten bis zur zweiten Runde im nepalesischen Einreisebüro behandelte, ging ich nicht mal mit meiner Lieblingsdrohne um. Aber es lohnte sich. Als ich dem Grenzbeamten den Schein mit klopfendem Herzen so sorgsam hinlegte, als handele es sich um mein Neugeborenes, musterte er ihn sorgfältig, drehte ihn einmal um und steckte ihn dann in eine Schublade. Statt einem Stempel machte er einen kleinen Aufkleber in meinen Reisepass. Geschafft! Erleichtert überquerte ich eine Brücke, die über einen kleinen Fluss führte, und befand mich zum ersten Mal legal in Nepal.

Von Birganj aus wollte ich in die nepalesische Hauptstadt Kathmandu trampen und hielt den Daumen raus. Es stoppte auch sofort ein qualmender, alter Traktor, der einen Anhänger zog. Als ich meine Tasche auf die Ladefläche des Anhängers werfen wollte, sah ich, dass sie schon voll war mit Männern.

Nur ganz hinten war noch ein kleiner Streifen, auf dem ich meine Tasche unterbringen konnte. Ich stellte meine Füße rechts und links davon und hielt mich am eisernen Geländer fest, das den Anhänger einfasste. Der Traktor fuhr los, bergauf die löchrige Straße hinauf. Es rumpelte ordentlich, obwohl der Traktor allerhöchstens Schrittgeschwindigkeit fuhr. Das Per-Anhalter-Fahren hatte mir gefehlt. Es war ein tolles Gefühl, wie der Anhänger langsam den Berg hochgezogen wurde und wir dem majestätischen Himalaja-Gebirge immer näher kamen. Die Berge erhoben sich vor uns, imposant und ehrfurchtgebietend, als würden sie den Himmel stützen. Jede Kurve bot eine neue atemberaubende Aussicht – grüne Reisfelder, die sich wie ein Teppich über die Landschaft ausbreiteten, kleine Dörfer mit Steinhäusern und einfachen Wellblechdächern, die von der Zeit gezeichnet waren. Nach einer Weile endete die Asphaltstraße und ein eingefahrener Schlammpfad begann. Immer, wenn die Reifen in ein Loch hineinfuhren, wackelte die Ladefläche des Anhängers so stark, dass ich mich mit aller Kraft ans Geländer klammern musste. Neben mir stand ein alter Mann. Er muss mindestens 70 gewesen sein und hielt sich, genau wie ich, im Stehen am Geländer fest. Seine Nackenmuskeln reichten nicht aus, um den kahlen Schädel bei dem Gerumpel in einer fixen Position zu halten, sein Kopf baumelte willenlos herum. Seine Hände waren voller Altersflecken und von hellblauen Adern durchzogen. Ich fragte mich, warum niemand diesem gebrechlichen Mann einen Sitzplatz vorn im Traktor angeboten hatte. Ich holte meinen Schlafsack hervor, setzte den Rucksack auf den Rücken und legte den Schlafsack eingerollt auf die Ladefläche. Mein Angebot, sich da draufzusetzen, nahm der alte Mann sofort dankend an. Der Schlafsack wirkte wie ein Dämpfer und milderte das Rütteln des Anhängers. Die Straße schlängelte sich immer steiler nach oben, der Traktor kämpfte sich mühsam hinauf. Die Luft wurde klarer und frischer und die Geräusche des Alltags verblassten, wurden ersetzt durch das Zwitschern der Vögel und das Rauschen des Windes durch die Bäume. Ein vollkommener Kontrast zum hektischen Leben in Indien.

Während ich zusah, wie die dichten Wälder in steile felsige Landschaften übergingen, fiel mein Blick auf eine klare Flüssigkeit, die sich im Anhänger sammelte. Hatte es geregnet? Ich kniete mich hin und tauchte zwei Finger in die Flüssigkeit. Ich roch daran und der beißende Gestank von Urin stieg mir in die Nase. Ich schaute zu dem alten Mann, der auf dem Anhängerboden kauerte und mit offenem Mund schlief. Erst jetzt merkte ich, dass er betrunken war und sich selbst und meinen Schlafsack im Schlaf eingenässt hatte. Als die anderen bemerkten, was geschehen war, bedeuteten sie dem Traktorfahrer anzuhalten und reichten mir Tücher. Notdürftig versuchte ich, damit alles trocken zu kriegen. Der alte Mann war dadurch aufgewacht und schaute sich verwirrt um. Er hatte Schürfwunden und in seiner nassen Hose bot er einen würdelosen Anblick. Es fiel mir schwer, sauer auf ihn zu sein. Er tat mir im tiefsten Innern leid. Jetzt wusste ich, warum er alleine ganz hinten gestanden hatte.

***

Als der Traktor in Richtung eines Dorfes abbog, ließ ich mich an der Hauptstraße absetzen, um von dort weiterzutrampen. Nach einer Viertelstunde hielt ein silberner Pick-up mit einem älteren Mann am Steuer an. »Steig ein!«, lud er mich auf Deutsch ein. Ich war erstaunt, meine Muttersprache hier zu hören. »Ich bin Harry«, sagte er strahlend und reichte mir die Hand. »Was führt dich nach Nepal?« Ich stellte mich vor und erzählte ihm von meiner Reise. Harry war Ende 60, hatte graues Haar und seine enorme Körpergröße war sogar im Sitzen erkennbar. Sein Gesicht war sonnengebräunt und faltig, doch seine hellblauen Augen strahlten geradezu. »Früher habe ich in Deutschland als Geografielehrer gearbeitet«, erzählte er, nachdem ich meinen Bericht beendet hatte. »Aber meine eigentliche Leidenschaft war schon immer das Reisen. Als Lehrer hat man ja zum Glück recht lange Sommerferien. Dadurch konnte ich neben meinem Beruf die Welt erkunden. Seit meiner Rente bin ich vor allem in Nepal unterwegs. 2015 gab es hier ein schreckliches Erdbeben, bei dem viele Menschen ihre Häuser verloren haben. Damals war ich zufällig hier und habe beim Wiederaufbau geholfen. Mit der Hilfe von Freunden und Familie habe ich in Deutschland Spenden gesammelt. Seitdem komme ich jedes Jahr zurück, um soziale Projekte zu unterstützen.« Ich war beeindruckt von der Energie, die er in seinem Alter noch hatte. »Welche Projekte setzt du um?«, fragte ich neugierig. »Verschiedenes«, sagte er. »Dieses Jahr war ich mit einem Ärzteteam in abgelegenen Dörfern unterwegs. Dort haben wir die Bewohner behandelt und mit Medikamenten versorgt.«

Als es langsam dunkel wurde, bot er mir an, in seiner Unterkunft zu übernachten. »Ich bin froh, mal wieder etwas Deutsch sprechen zu können«, sagte er. Da ich ohnehin noch keinen Plan hatte, wie ich weiterreisen wollte, willigte ich ein und beschloss, die nächsten Tage mit Harry zu verbringen.

Seine Unterkunft lag im Chitwan-Nationalpark. In den nächsten Tagen unternahmen wir lange Wanderungen und genossen die überquellende Natur. Dabei erzählten wir uns Geschichten und lachten viel. Wir hatten so viel Spaß, dass mir beinahe entgangen wäre, dass ich in ein paar Tagen Geburtstag hatte. Während einer Wanderung kam mir ein Gedanke. Genau wie ich mir für mein einsames Weihnachtsfest im Oman eine sündhaft teure Flasche Bier gegönnt hatte, wollte ich auch an meinem Geburtstag etwas Besonderes machen. Sicherlich könnte ich nach Kathmandu fahren und mir im Hostel eine Gruppe suchen, um uns gemeinsam die Nacht um die Ohren zu schlagen. Aber nach all der Gastfreundschaft, Offenheit und Herzlichkeit, die ich auf meiner Reise erfahren hatte, hatte ich das Bedürfnis, den Menschen etwas zurückzugeben. Mit Harry schien mir das Schicksal genau den Richtigen für dieses Vorhaben an die Seite gestellt zu haben. Als ich ihm von meinem Vorhaben erzählte, war er sofort begeistert. »Das ist eine wunderbare Idee, Josu! Ich kenne da jemanden, der uns dabei sicher helfen kann.« Wir fuhren ins etwa fünfeinhalb Autostunden entfernte Kathmandu und tauschten uns auf der Fahrt darüber aus, welches Projekt wir auf die Schnelle umsetzen könnten.

Kathmandu war eine rustikale Stadt im Schatten des Himalajas, dessen Bergspitzen sich grau am Horizont abzeichneten. Zwischen den Häusern waren Stromkabel gespannt und wir fuhren an roten Tempeln mit mehrfach geschichteten Dächern vorbei. Ich sah kleine Äffchen über Mülltonnen hüpfen. Der Geruch von Räucherstäbchen und Gewürzen lag in der Luft. Einheimische und Touristen schlenderten durch die engen Gassen. In einem Café stellte Harry mir schließlich Jagat vor. Er war in meinem Alter, doch seine lebhaften Augen ließen ihn wie einen kleinen Jungen wirken. Trotz seines schlanken Körpers hatte er ein pummeliges Gesicht, sein Kinn war unregelmäßig mit Bartstoppeln gesprenkelt. Er erzählte, dass er, wie viele in seinem Heimatdorf, mit dem Traum von Arbeit und einem besseren Leben in die Stadt gezogen war. »In Kathmandu finde ich ab und zu einen Gelegenheitsjob. Harry habe ich kennengelernt, als ich in einem Hotel gearbeitet habe«, erklärte er mir und erzählte auch von seinem Heimatdorf: »Viele Kinder können nicht zur Schule gehen, weil sie ihren Eltern bei der Arbeit auf den Feldern helfen müssen. Andere Kinder kommen nur zweimal die Woche zum Unterricht und müssen dafür mehrere Stunden zu Fuß laufen. An den Schulen fehlen Tafeln, Hefte und Stifte. Elektrizität, sauberes Wasser, medizinische Versorgung – all das gibt es nur rudimentär. Spielsachen sind für die Kinder absoluter Luxus. Sie sind für alles dankbar, was wir ihnen geben können.«

Harry und ich einigten uns darauf, dass jeder 500 Euro in den Topf geben und wir von dem Geld Spielsachen und Schulmaterialien kaufen würden. Dann kam mir die Idee, dass es cool wäre, einen kleinen Spendenaufruf auf meinen Social-Media-Kanälen zu starten. Vielleicht würden ein paar Leute ja 1 oder 2 Euro dazugeben. Harry war einverstanden und so drehte ich ein kurzes Video, das ich sogleich hochlud. Anschließend richtete ich noch ein Spendenkonto mit einem Ziel von 2000 Euro ein.

Harry und ich gingen eine Kleinigkeit essen. Kaum hatte ich mich hingesetzt, kam eine Benachrichtigung auf mein Handy: Jemand hatte 2 Euro gespendet. Obwohl das noch keine Reichtümer waren, war ich in heller Aufregung. Stolz zeigte ich Harry unseren ersten Spendeneingang. Bis das Essen kam, waren bereits 20 Euro eingegangen. Ungläubig las ich die Benachrichtigung noch einmal. Bevor ich Harry davon erzählen konnte, gingen weitere 100 Euro ein. Ich war völlig aus dem Häuschen, sagte Harry aber erst mal nichts davon. So gut es ging, versuchte ich das Essen herunterzubekommen. Wo kam diese große Spendenbereitschaft her? Das hatte ich nicht erwartet. Nachdem ich aufgegessen hatte und wieder auf mein Handy linste, war das Spendenziel um ein Vielfaches überschritten: 23 000 Euro wurden mir angezeigt. Mir wich alle Farbe aus dem Gesicht und ich nahm den Spendenaufruf umgehend offline. Das war mehr als genug. So viel Geld! Ich wusste nicht, ob ich jubeln oder schreien sollte. Nie im Leben hätte ich damit gerechnet, so viele Spenden zu bekommen. Wahnsinn! Doch in meine Euphorie schob sich plötzlich die Erkenntnis, dass eine solche Summe auch eine ganze Menge Verantwortung bedeutete. Mir wurde ganz schwindelig. Harry, der nichts ahnend mit einem Brot die Soße von seinem Teller aufwischte, musste Bescheid wissen. In Nepal waren 23 000 Euro eine riesige Summe. Der durchschnittliche Monatslohn für harte Arbeit liegt hier bei ungefähr 130 Euro. Ich stellte mir den Berg an Spielzeug vor, den wir mit 23 000 Euro kaufen könnten. Aber wer würde das organisieren? Harry hatte mir erzählt, dass er in etwa einer Woche nach Deutschland zurückkehren wollte, um sein wohlverdientes, ruhiges Rentenleben zu genießen. Wie würde er reagieren, wenn ich jetzt mit der frohen Kunde um die Ecke kam, dass wir genug Spenden hatten, um ihn noch eine Weile in Nepal zu beschäftigen? Erst nachdem wir zurück in unserem Hotel waren, fand ich den Mut Harry mit zittriger Stimme zu beichten, was mein Spendenaufruf bewirkt hatte. Er konnte es nicht glauben. Seine Augen leuchteten, er war außer sich vor Freude. Auch Jagat jubelte, als er das hörte. »Aber Josu«, wiegelte Harry mit gerunzelter Stirn ab. »Von dem ganzen Geld können wir nicht nur Spielzeug kaufen. So viel, wie das wäre, so viele Kinder gibt es in Nepal gar nicht. Da müssen wir uns noch ein paar andere Sachen überlegen.« Zum Glück hatte ich Harry an meiner Seite, dachte ich dankbar. Er wusste, was mit dem vielen Geld zu tun war. Die Verantwortung für diese riesige Summe verteilte sich auf unseren Schultern. Jagat rief in seinem Dorf an und fragte, was gerade benötigt wurde.

Zuerst mussten wir jedoch an das Geld rankommen. Das war gar nicht so einfach, denn die meisten Geldautomaten hatten ein Auszahlungslimit von 20 000 NPR, umgerechnet 200 Euro, pro Tag. Es dauerte Stunden, bis wir alle Automaten abgeklappert und umgerechnet ein paar Tausend Euro abgehoben hatten, mit denen wir drei zuerst einmal zu einem Spielzeugladen fuhren. Ich ging hinein, direkt auf den Verkäufer zu und sagte: »Einmal alles, bitte!« Mein inneres Kind machte bei diesem Satz einen Freudensprung! Wasserpistolen, Fußbälle, Puppen, Plastikschaufeln und kleine Rennautos luden wir auf die Ladefläche von Harrys Auto. Anschließend fielen wir noch in einem Schreibwarengeschäft ein und kauften unter dem verdutzten Blick des Verkäufers auch diesen Laden leer. Jagat war die ganze Zeit dabei und stellte sicher, dass die Verkäufer uns nicht über den Tisch zogen. Unzählige Stifte, Hefte, Kreideboxen, Schwämme und sonstiges Schreibzeug trugen wir kistenweise aus dem Laden. In einem anderen Geschäft holten wir noch Unmengen an Schuhen, weil Jagat erzählt hatte, dass fast alle Kinder barfuß herumliefen. Am Ende war der Pick-up so vollgepackt, dass kein einziger Bleistift mehr auf die Ladefläche passte. Für Benita machte ich ein Foto von mir auf dem Berg von Sachen. So groß, dass wir damit mehr als eine ganze Schule ausstatten konnten. Ich holte die Kassenzettel aus meinen Hosentaschen und rechnete nach, wie viel Geld wir wohl ausgegeben hatten. Ich ging von einer gewaltigen Summe aus. Doch es waren nur etwas weniger als umgerechnet 600 Euro, die wir ausgegeben hatten. Ich schluckte. Für gerade einmal 600 Euro hatten wir drei Läden komplett leer gekauft. Als ich das Harry mitteilte, überlegte er: »Von dem ganzen Geld können wir nicht nur Konsumgüter kaufen. Wir sollten auch langfristig denken, an die Infrastruktur oder Sanitäranlagen. Aber bei so was ist es immer wichtig, die Menschen vor Ort zu fragen, was sie brauchen. Wir fahren die Sachen also am besten erst mal hoch und sprechen mit den Dorfbewohnern.«

Wir rumpelten mit einem voll bepackten Pick-up aus Kathmandu. Von der asphaltierten Hauptstraße bogen wir ab auf schlammige Pfade und Schotterpisten. Die Wolken hingen so dicht und so tief, dass wir zum Teil keinen Meter weit gucken konnten. Auf den unbefestigten Straßen kam der Pick-up wegen der schweren Ladung ins Wanken, wir wurden auf den Vordersitzen hin- und hergeworfen. Stunde um Stunde verging und langsam begann ich mich zu wundern, wie abgelegen das Dorf war. Es beeindruckte mich, dass es Leute wie Jagat gab, die dort fernab jeglicher Zivilisation lebten. Nach fünf Stunden erreichten wir endlich unser Ziel und parkten vor Jagats ehemaligem Zuhause. Dort begrüßte uns seine Familie, sein Vater, seine Mutter, seine Schwester und deren Kind lebten zusammen in der kleinen Holzhütte. Im Erdgeschoss war der Stall, wo eine Kuh mit Kalb, acht Ziegen und frei laufende Hühner untergebracht waren. Die Betten der Familie befanden sich in einem Zimmer direkt darüber. Diese Aufteilung war typisch für Nepal, die Bewohner heizten mit der Stallwärme ihre Wohnbereiche. Aber sie hatte auch Nachteile, wie ich gleich nach Betreten der Hütte feststellte: Der beißende Geruch von Tierexkrementen bohrte sich in meine Nase. Aber da musste ich jetzt wohl durch.

Am nächsten Morgen brachen wir zur ersten Schule auf. Es war mein Geburtstag, doch in dieser abgelegenen Gegend war kein Handyempfang, sodass mich weder Benita noch meine Familie für Glückwünsche hätten erreichen können. Aber das, was heute anstand, war besser als jedes Geburtstagsständchen und jedes Geschenk: Heute würden wir die Spenden überreichen, und als ich den enormen Stapel auf dem Pick-up sah, war ich erneut überwältigt von den unerwarteten Ausmaßen, die meine Geburtstagsidee angenommen hatte. Unterwegs hielten wir immer wieder bei Familien mit schrecklich traurigen Schicksalen und ließen ein paar Spielsachen, Schuhe oder Klamotten da. Da war ein altes Ehepaar, dessen Kinder alle gestorben waren und die nun ohne Altersvorsorge kaum mehr in der Lage waren, sich selbst zu ernähren. Ein Mann, der während der Arbeit auf dem Feld vom Baum gefallen und nun gelähmt und nicht mehr imstande war, für seine drei Kinder zu sorgen. Unser Pick-up schob sich immer weiter, entlang steiler Klippen und verschütteter Straßen, durch die Schicksale und die Armut dieser Menschen, bis wir schließlich die erste Schule erreichten. Das Gebäude war erschreckend heruntergekommen und kaum als Schule zu erkennen – der gelbe Anstrich in den Klassenzimmern blätterte ab, es gab weder Tische noch Stühle, nur eine uralte Tafel. Ein rostiger Stacheldrahtzaun kennzeichnete das Ende dieser Bruchbude. Harry zeigte auf die tiefen Risse in der Fassade. »Die Schäden stammen noch von dem verheerenden Erdbeben 2015. Fast 9000 Menschen sind damals gestorben. Viele Gebäude sind seitdem einsturzgefährdet.« Die Lehrerin kam aus dem Gebäude gestürmt und legte uns große, handgemachte Blumenkränze um den Hals, als Zeichen tiefer Dankbarkeit. Die Kinder stellten sich im Hintergrund in Reih und Glied. Einige trugen nur zerfetzte Lumpen, die gerade noch ihre Körper bedeckten, während andere frisch gebügelte Schuluniformen anhatten. Viele Gesichter waren verkrustet und dreckig, die Kinderfüße zerschunden und blutig von den langen Wegen, die die Kinder täglich zur Schule zurücklegten. Für mich war es schwer zu begreifen, dass Kinder auf dieser Welt so aussehen mussten.

Wir verteilten an jeden Schüler ein kleines Päckchen mit Schuhen, ein paar Heften und Stiften sowie anderen nützlichen Dingen. Am Ende durfte sich jedes Kind eine Sache aus den riesigen Spielzeugkisten aussuchen. Als ihre kleinen Hände nach dem Spielzeug griffen, sah ich den Dreck unter ihren Fingernägeln und die Hornhaut an ihren Fingerknöcheln von der Arbeit auf den Feldern. Es musste ein hartes Leben sein, doch die Augen der Kinder strahlten vor Freude, als ihre kleinen Hände gierig nach dem Spielzeug griffen. Mir brach fast das Herz. Ein kleines Mädchen, das sich einen Fußball aussuchte, grinste so breit, als gebe es nichts Besseres als einen simplen Lederball. Diese pure Freude und Dankbarkeit der Kinder bewegte mich zutiefst. Ich erinnerte mich daran, wie ich als Kind oft gemurrt hatte, wenn ich zur Schule musste, und manchmal sogar vorgetäuscht hatte, krank zu sein, um zu Hause bleiben zu können. Hier hingegen waren sie so dankbar für diese Möglichkeit. Die Kinder liefen lachend umher, teilten aufgeregt ihre neuen Schätze miteinander und verwandelten den staubigen Schulhof in einen fröhlich trubeligen Spielplatz. Diese einfachen Geschenke hatten auf magische Weise Glück in ihr Leben gebracht.

Unsere Reise führte uns weiter zu zwei weiteren Schulen, die noch abgelegener waren. Der Empfang dort war noch herzlicher, die Blumenkränze fielen noch prächtiger aus. Auch dort verteilten wir Schuhe, Hefte, Stifte und Spielzeug und fragten, was sie darüber hinaus am dringendsten benötigten. Je nachdem, von welchen Problemen die Lehrer oder Bürgermeister der Dörfer uns berichteten, schoben wir die verschiedensten Projekte an: den Bau von Toiletten, die Installation von Wasseranschlüssen, das Errichten von Schulküchen und das Ersetzen der Stacheldrahtzäune durch wunderschöne bunte Holzzäune – und das alles in nur einer Woche.

Diese Erlebnisse waren für mich schwer zu verarbeiten, da sie so weit von meiner eigenen Realität entfernt waren.

Ich konnte kaum glauben, dass Menschen unter solchen Bedingungen leben müssen. Diese Einblicke in eine vollkommen andere Welt werden mich für immer begleiten. In dieser Phase meiner Reise habe ich mir vorgenommen, nie wieder über Kleinigkeiten in meinem Leben zu jammern, sondern mich immer wieder daran zu erinnern, wie viel Glück ich doch hatte, in Deutschland geboren zu sein. Zwei Wochen später packte Harry seine Taschen für den Rückflug nach Deutschland. »Wird langsam Zeit, dass ich Urlaub mache«, sagte er lachend. Zum Abschied umarmten wir uns und versprachen uns, den Kontakt zu halten, was wir bis heute tun.

***

Ich kehrte nach Kathmandu zurück und dachte erstmals seit meiner Ankunft in Nepal vor zweieinhalb Wochen wieder darüber nach, wie ich weiterreisen wollte. Chinas Grenzen waren wegen der Coronapandemie noch immer geschlossen. Mehrere Tage grübelte ich über Karten, durchforstete alle möglichen Webseiten und hoffte, dass sich an meiner Situation etwas ändern würde. Aber ich war in Nepal gefangen, es gab keinen Weg Richtung Thailand, der nicht entweder gefährlich oder mit einer Flugstrecke verbunden war. Ich schrieb Benita, dass meine Reise zu ihr sich noch weiter verzögern würde, setzte mich auf den Bordstein und überlegte, was ich mit meiner Zeit in Nepal anstellen sollte. In den Hostels hatte ich immer wieder Leute getroffen, die auf große Hymalaja-Wanderungen von bis zu 40 Tagen gegangen waren. Die Leute, die von diesen Wahnsinnstouren wiederkamen, hatten aufgesprungene Lippen, die Haut auf ihren Nasen schälte sich und ihre Rucksäcke stanken erbärmlich. Man sah ihnen an, welche Herausforderungen sie in den Bergen durchlebt hatten. Wenn sie von ihren Abenteuern erzählten, hing ich neidisch an ihren Lippen. Nepal war berüchtigt für seine atemberaubenden, fast unwirklichen Wanderwege. Ich beschloss also, ebenfalls auf eine Wanderung zu gehen. Mir war allerdings sofort klar, dass ich, wenn ich schon wandern gehen würde, gleich nach den Sternen greifen wollte. Die Spitze des Mount Everest kam mir in den Sinn. Mal sehen, wie weit ich es schaffen würde.

Zuerst informierte ich mich etwas allgemeiner über die Besteigung dieses legendären Berges. Schnell fand ich heraus, dass man sich normalerweise monatelang auf die Besteigung vorbereitete. Selbst für erfahrene Bergsteiger war der Mount Everest keine leichte Angelegenheit. Diese Zeit hatte ich nicht. Ich recherchierte außerdem, dass ich eine ganze Menge Ausrüstung brauchte: Fleecepullover, Regenhose, Wanderhose, Daunenjacke und so weiter. Da Kathmandu aber das Mekka der Bergsteigenden war, gab es hierfür entsprechend viele Fachgeschäfte. Ich klapperte ein paar ab und schaute mir an, was ich für eine lebensgefährliche Wanderung im höchsten Gebirge der Welt gut gebrauchen könnte. Ich überschlug, wie viel mich die Daunenjacken, Wanderschuhe, Spikes und Thermo-T-Shirts, die ich durchstöberte, kosten würden. Doch obwohl wir in Nepal waren, wo alles deutlich günstiger ist als in Deutschland, würde ich bei einer vollständigen Ausrüstung auf einen Gesamtbetrag von 350 Euro kommen. Für einen schwäbischen Geizhals wie mich eine viel zu hohe Summe. Das war es dann wohl mit meiner Mount-Everest-Tour. Ich musste mir etwas anderes überlegen, um meine freie Zeit zu füllen.

Als ich in eine kleine Nebenstraße abbog, erkannte ich am anderen Ende eine vertraute Gestalt wieder. Es war Ethan, der sportliche Amerikaner, mit dem ich nach Goa gereist war! Wir fielen uns in die Arme, was für ein glücklicher Zufall! Wäre ich nur in eine Straße früher oder später abgebogen, hätten wir uns verpasst. Ich freute mich riesig darüber, ihn wiederzusehen. Um uns auf den aktuellen Stand zu bringen, gingen wir in ein Café in der Nähe und erzählten uns, was die letzten Monate passiert war. Ethan berichtete, dass unsere Gruppe in Goa bestohlen worden war. »Erinnerst du dich noch an den alten Richard mit dem Bart?«, fragte er. »Der hatte sich von fast jedem aus der Gruppe Geld geliehen – und eines Tages war er plötzlich verschwunden. Der Kerl hat das ganz schön raffiniert angestellt. Niemand wusste, bei wem er alles Schulden hatte. Das kam erst raus, nachdem er sich aus dem Staub gemacht hatte. Es waren zwar keine hohen Einzelschulden, in der Summe war da aber ordentlich was zusammengekommen. Zum Glück habe ich ihm nur 100 Dollar geliehen.« Ich stutzte. Richard war mir immer ganz nett vorgekommen. Er hatte mich nicht nach Geld gefragt. Ich dachte an unseren Abend am Feuer und an das Gefühl tiefer Verbundenheit, das ich gespürt hatte. Anscheinend war doch nicht alles so wunderbar und magisch gewesen, wie ich geglaubt hatte. Später im Gespräch erwähnte ich, dass ich vorhatte, den Mount Everest zu besteigen – dass ich das Projekt, kurz bevor wir uns getroffen hatten, eigentlich abgeblasen hatte, musste er ja nicht wissen. »Die Tour ist ganz schön heftig«, staunte Ethan. »Bist du sicher, dass du dir das antun willst?« Ich lachte nervös. Immerhin: Ethan war gerade erst von einer anderen Tour zurückgekehrt und hatte ebenfalls nicht dafür trainiert. Unmöglich könnte mein Vorhaben also doch nicht sein. Allerdings musste ich zugeben, dass Ethan seinen Körper deutlich fitter hielt als ich meinen. Da wir schon beim Thema Bergsteigen waren, fragte ich Ethan auch gleich noch, ob er wüsste, wie ich günstig an Ausrüstung kommen könnte. »Du kannst meine haben«, bot er großzügig an. »Ich brauche sie ja nicht mehr.« Ich war begeistert und sobald wir unseren Kaffee ausgetrunken hatten, liefen wir zu seinem Hostel. Auf seinem Bett breitete er alles aus, was er im Himalaja dabeigehabt hatte. Schicht für Schicht zog ich mich bergtauglich an, probierte unterschiedliche Kombinationen: Thermo-Unterwäsche, drei verschiedene Arten von Hosen, eine Fleecejacke, Wanderschuhe und eine riesige Daunenjacke. Wundersamerweise passte mir alles wie angegossen. Allerdings fühlte ich mich unter den dicken Stoffschichten wie eine unbewegliche Wurst. »Wie kannst du in diesem Klamottenberg wandern?«, fragte ich Ethan, doch der meinte nur: »Glaub mir, du wirst das noch brauchen.«

Um den Mount Everest zu besteigen, nahm man üblicherweise von Kathmandu ein Flugzeug nach Lukla. Da ich auf meiner Reise aber auf das Fliegen verzichtete, entschied ich mich, per Anhalter mit einer Gruppe Nepalis zu reisen. Der Wagen war so voll bepackt mit Haushaltsgeräten, Gemüse und Werkzeug, dass ich gerade so auf der Rückbank noch Platz fand. Je weiter wir Kathmandu hinter uns ließen, desto schlechter wurden die Straßen. Es fühlte sich an, als würden wir durch eine Mondlandschaft brettern. Bald bestand die »Straße« nur noch aus zwei tief eingefahrenen Spuren im Schlamm, die sich gefährlich nah an steilen Hängen entlangwanden, vorbei an tödlichen Abgründen. Die Anwesenheit der Berge war immer deutlicher zu spüren. Mit jedem Höhenmeter, den wir zurücklegten, wurde die Luft kälter, die Landschaft unbarmherziger. Ich hatte den Mount Everest noch nicht einmal gesehen, aber er flößte mir bereits ein unbehagliches Respektgefühl ein. Was für eine Wahnsinnstour hatte ich mir da ausgesucht? Was würde mich auf dem höchsten Berg der Erde erwarten? Ich zog mir Ethans Fleecejacke an, kurz bevor wir mitten durch eine Wolke fuhren. Für einen Moment war alles vernebelt, ich sah keinen Meter weit, bis ich wieder in die Vegetation eintauchte. Drei Tagesreisen vor Lukla endete die Straße abrupt.

Von hier aus ging es für mich zu Fuß weiter, allein durch die wilde Natur. Diese Wanderung war meine Gelegenheit, Nepal hautnah zu erleben. Ich sah die Einheimischen auf den Reisfeldern arbeiten. Häufig wurde ich von ihnen zum Essen eingeladen. Nachts saßen wir um ein Feuer, während ich ihren Geschichten lauschte. Sie erzählten von den Bergen und ihren Göttern. Überall wurde ich mit einer Herzlichkeit empfangen, die ich noch nie zuvor erlebt hatte. Die spektakuläre Natur, die überschwängliche Gastfreundschaft – all das versetzte mich in eine Art Schwebezustand. Doch je näher ich Lukla kam, desto mehr Touristen kreuzten meinen Weg. In der rohen Natur stachen sie wegen ihrer bunten Kleidung schon von Weitem aus der Landschaft heraus. Lukla selbst, wo ich nach drei Tagen ankam, war voller Backpacker und Souvenirläden. Ich nahm mir erst mal ein Hostelzimmer und ruhte mich eine Nacht lang aus. Am nächsten Tag ging es weiter nach Namche Bazar, der letzten Station vor der eigentlichen Wanderung.

Ich wanderte auf befestigten Steinstraßen die nebelverhangenen Berghänge hinauf. Immer wieder kreuzten Wandergruppen meinen Weg und ständig begegnete ich Nepalesen mit ihren vollbepackten Maultieren. Immer mal wieder stand eines der kleinen Tiere herrenlos auf dem Pfad und blockierte ihn. Über Hängebrücken überquerte ich reißende Bergflüsse, durchwanderte tief eingeschnittene Täler und stieg unzählige Treppen hinauf. Der Anblick der Natur war traumhaft. Ich machte viele Fotos, die ich Benita zukommen lassen wollte, um sie an der schönen Natur teilhaben zu lassen. Doch es waren auch genau diese majestätischen Berge, die mich von meiner Prinzessin trennten.

Immer wieder begegnete ich dünnen Nepalesen, die riesige Pakete auf ihren Rücken trugen. Obwohl ich nicht einmal ein Viertel von ihrem Gepäck geschultert hatte, überholten sie mich mühelos. Ich erhöhte mein Tempo und versuchte, mit ihnen Schritt zu halten. Keine Chance. Egal wie sehr ich mich anstrengte, ich konnte nicht mithalten. Da die Dörfer um den Mount Everest nur zu Fuß zu erreichen sind, basierte die gesamte Versorgung des Ortes auf Menschen, die Gemüse, Elektrogeräte und Kaffee den Berg hinaufschleppten. Häufig lief ich an Stupas vorbei, buddhistischen Bauwerken mit kugelrunden Dächern und Spitzen. Sie dienen als spirituelle Denkmäler und sind Orte der Meditation, an denen Gebete und Opfergaben gebracht werden. Immer wenn ich an ihnen vorbeilief, drehte ich an den Gebetsmühlen und betete, dass mich meine Füße noch etwas weitertragen würden. Namche Bazar war voller Wanderurlauber und Nepalesen, es war von Touristen überschwemmt. Der Ort bestand aus kleinen Holzhütten mit bunten Wellblechdächern, aber es gab auch unzählige Hotels, Restaurants und Cafés. Von hier aus gab es zwei Wege zum Mount-Everest-Basislager: den kürzeren, den die meisten Touristen nahmen, und den längeren, die sogenannte Drei-Pässe-Tour. Bei Letzterer überschritt man die Himalaja-Kette von West nach Ost und überquerte dabei drei namensgebende Bergpässe: den Renjo-La-Pass, den Cho-La-Pass und den Kongma-La-Pass, die alle über 5000 Meter hoch waren. Auf meiner Reise von Lukla nach Namche Bazar war ich der Touristengruppen in bunten Daunenjacken überdrüssig geworden, daher entschied ich mich für die Drei-Pässe-Tour. In den Hostels hatte ich gehört, dass die Landschaft auf dieser Wanderung spektakulär sei. Eigentlich hätte ich mich vor meiner Wanderung akklimatisieren müssen, um mich vor der Höhenkrankheit zu schützen, denn ab Höhen von 2500 Metern hat die Luft weniger Sauerstoff. Der Körper muss sich daran erst einmal gewöhnen, sonst reagiert er mit Schwindel, Kopfschmerzen, Müdigkeit und Übelkeit. Je höher, desto schwerer und gefährlicher werden die Symptome. Unerfahren, wie ich war, wollte ich die Wanderung aber möglichst schnell durchziehen und entschied mich gegen eine Akklimatisierung. Ich kaufte mir gegen die Übelkeit Tabletten und aß in einem Restaurant noch Dal Bath, ein traditionelles nepalesisches Gericht aus Linsensuppe, Reis und Gemüse. Da es am günstigsten war, war es während meiner Tour mehr oder weniger mein Hauptnahrungsmittel. Gegen neun Uhr morgens wanderte ich weiter auf meinem Weg, immer Richtung Himmel.

Mein erstes Ziel war das Dorf Thame, etwa drei Stunden von Namche Bazar entfernt. Kaum hatte ich die Holzhütten von Namche Bazar hinter mir gelassen, begegnete ich nur noch vereinzelt Wanderern. Ich lief an steilen Hängen entlang auf die schneebedeckten Bergketten am Horizont zu. Anfangs säumten noch dichte Nadelbäume meinen Weg, doch je weiter ich hinaufstieg, desto spärlicher wurde die Vegetation. An den Berghängen wuchs ausgedörrtes Gestrüpp auf braunen Felsformationen. An manchen Stellen erinnerte mich diese Etappe an Wanderungen, die ich in meiner Kindheit mit meinen Eltern durch die Alpen gemacht hatte. Mit einem Unterschied: Immer wieder brach das Knattern eines Rettungshubschraubers durch die Täler. Die Gefahr zog Kreise über meinem Kopf im höchsten Gebirge der Welt. Beim Anblick der ewigen Weite der Berglandschaften wurde ich nachdenklich. Es war, als würde die kalte Luft meinen Blick schärfen. Noch immer hatte ich keine Ahnung, wie ich weiterreisen würde. In den letzten Wochen hatte ich immer genug Ablenkung gehabt, um dieser Tatsache aus dem Weg zu gehen. Doch hier, als mir der frische Wind ins Gesicht blies, wo es nichts zu tun gab, als zu gehen und seinen Gedanken nachzuhängen, drängte sich die Frage nach dem nächsten Abschnitt meiner Reise deutlich auf. Wann würde ich Benita endlich wiedersehen? Im Angesicht dieser surrealen Landschaft fühlte es sich an, als befände ich mich auf einem fremden Planeten, weit entfernt von meiner Prinzessin. Je länger ich so vor mich hin stapfte, desto mehr schob sich noch eine weitere Frage in mein Bewusstsein, die ich bisher erfolgreich verdrängt hatte: Was würde passieren, wenn ich in Chiang Mai ankam und meiner Liebsten in die Arme fiel? Welches Leben würde ich danach führen? Mein Blick folgte einem großen Vogel, der in der Ferne auf eine majestätische Felswand zuschwebte. Egal, wohin mich meine Füße in meinem Leben noch tragen würden, auf eine Art war Benita immer bei mir. Und in diesem Moment spürte ich, dass ich wollte, dass das für immer so bleibt. Zum ersten Mal in meinem Leben dachte ich darüber nach, mich zu verloben.

Nach etwa einer halben Stunde traf ich auf eine Gruppe aus drei Männern. Zwei von ihnen waren Mitte 30 und Italiener, der dritte war ein Franzose Ende 50. Wir machten gemeinsam Pause und sie schenkten mir Tee in den Deckel einer Thermoskanne ein. Ich sagte, dass die Tour anstrengender sei als gedacht. Der Franzose pflichtete mir bei: »Ein ganzes Jahr haben wir in den Alpen für diese Tour trainiert.« Dieser Satz verunsicherte mich. War es vielleicht übermütig gewesen, diese Tour zu machen? Das Ganze war schließlich ein sehr spontaner Entschluss gewesen. Aber jetzt, wo ich mittendrin war, wollte ich auch nicht zurück.

Um Viertel nach eins erreichte ich das Sherpa-Dorf Thame. Völlig durchgeschwitzt und aus der Puste ließ ich mich auf einen Stein sinken. Eine halbe Stunde gönnte ich mir, um wieder zu Atem zu kommen, dann setzte ich meinen Weg fort zum nächsten Dorf, Lungden. Der Pfad führte steil bergauf, die Vegetation wurde zunehmend karger. Meine Lunge ließ mich deutlich spüren, dass die Luft dünner wurde. Mein Atem ging schwer und mein Herz pumpte auf Hochtouren. Der Druck auf meine Schädeldecke nahm zu und ich schluckte zwei Tabletten gegen eine mögliche Höhenkrankheit. Die ersten Schneeflecken tauchten im Geröll auf und es wurde spürbar kälter. Trotzdem schwitzte ich vor Anstrengung unter meiner dicken Kleidung. Am frühen Abend erreichte ich schließlich Lungden und verbrachte dort die Nacht. Trotz der Höhe schlief ich wie ein Stein.

Am nächsten Morgen brach ich bereits um sechs Uhr auf, um den ersten von drei Pässen zu erklimmen: den Renjo-Pass. Von Lungden, das auf etwa 4380 Höhenmetern liegt, bis zur Passspitze waren es fast 1000 Meter Höhenunterschied. Ein ordentlicher Aufstieg lag vor mir – und meine Kräfte waren von den Strapazen der letzten Tage bereits erschöpft. Mühsam kämpfte ich mich durch die überwältigende Landschaft: Scharfe Bergspitzen schnitten in das tiefe Blau des Himmels. Im Schatten dieser Riesen fühlte ich mich winzig. Wolken kollidierten in Zeitlupe mit den Bergen und wurden in bizarre Muster zerrissen. Der Wind pfiff scharf über mein Gesicht, die Schweißperlen gefroren auf meiner Stirn. Schritt für Schritt kämpfte ich mich mit dem kiloschweren Equipment auf dem Rücken die Anstiege hoch. Wie mächtig die Natur war, führte sie mir hier eindrücklich vor Augen. Schließlich erreichte ich den Fuß des Renjo-Passes: eine zerfurchte Steinmauer voller Schnee, die beinahe senkrecht in den Himmel ragte. Meine Oberschenkel brannten vor Anstrengung. Der Pass schien endlos groß und unüberwindbar für ein winziges Menschlein wie mich. Aber was hätte ich tun sollen? Zurückgehen? Sitzen bleiben? Also wanderte ich in der hellen Sonne zwischen Gesteinsbrocken und vereistem Schnee den Pass hoch, immer an der steilen Wand entlang. Rechts von mir Felsen, links von mir die Tiefe und, würde ich nur einen Schritt falsch setzen, der Tod. Langsam kam ich an meine körperliche Belastungsgrenze. Mein Herz pochte wild, ich atmete schwer, der mittlerweile vollkommen zugschneite Boden glitzerte. Die eisige Kälte biss in meinen Lungen. Mir wurde schwindelig, mein Sichtfeld begann an den Rändern zu verschwimmen. Mein Kopf dröhnte und ich spürte, dass irgendwas in meinem Körper nicht mehr ganz sauber lief. Mit Tunnelblick sah ich meinen Füßen dabei zu, wie sie mich eigenständig vorwärtsbewegten. Jeder Schritt war ein Kampf, es fühlte sich an, als würde ich durch Treibsand waten. Ich hörte nichts außer dem knirschenden Schnee und dem pochenden Blut in meinen Ohren. Mein Körper bewegte sich auf Autopilot, es fühlte sich an, als hätte meine Seele ihn verlassen, als wäre ich in einem Videospiel und würde meinen Körper aus der Ferne steuern. Zu diesem Zeitpunkt spülte ich die Höhenkrankheitstabletten wie Tic Tacs meine Kehle hinunter. Dass ich mit meinem Leben spielte – auf solchen Höhen können ohne Akklimatisierung unter anderem tödliche Gehirnödeme entstehen –, war mir zu diesem Zeitpunkt nicht klar. Die Stille der Berge war erdrückend, nur das Heulen des Windes durchbrach sie. Meine Gedanken drifteten ab, eine bleierne Müdigkeit erfasste mich und es kostete mich alle Kraft, meine Augen aufzuhalten. Der Schnee, über den der Wind Böen von Eisstaub fegte, dämmte meine Schritte, als würde ich auf Kissen laufen. Er sah verlockend weich aus. Man könnte sich doch mal kurz hinlegen, nur fünf Minuten die Augen zumachen und dann weiter. Ich setzte mich auf den Boden und lehnte mich mit dem Rücken an einen Stein. Die Sehnsucht nach Schlaf wurde überwältigend, ein süßer, gefährlicher Lockruf. Gegen den Himmel betrachtet sah der wirbelnde Schnee aus wie Staubflocken, die langsam auf mich herabrieselten, ich schloss meine Augen, alles war hell. Meine Glieder fühlten sich schwer wie Blei an.

Plötzlich riss mich eine Welle der Panik aus meiner Trance. Verzweifelt schlug ich mir rechts und links ins Gesicht, um die Müdigkeit zu vertreiben. Was war mit mir los? Wenn ich mich hier zum Schlafen hinlegte, würde ich nie wieder aufwachen. Ich würde mich in den Tod träumen. Der Gedanke, dass ich mich beinahe zum Sterben hingelegt hätte, jagte mir einen Schauer über den Rücken. Weit und breit war ich der einzige Mensch in dieser lebensfeindlichen Welt aus Eis und Stein. Niemand würde mich hier finden. Ich nahm alle Kraft zusammen und erklomm den Pass, es war nicht mehr weit. Jeder Schritt war eine Qual, doch mein Überlebensinstinkt trieb mich durch den Schnee. Endlich sah ich die bunten Gebetsfähnchen im Wind flattern. Ich hatte es geschafft! Ich hatte den Renjo-Pass erklommen! Ein warmes Gefühl der Erleichterung durchströmte meinen Körper. Vor mir breitete sich ein Tal aus, die Bergspitzen dahinter waren im Schneewind kaum zu erkennen. Der Anblick war so überwältigend, dass ich für einen Moment meine Erschöpfung vergaß. Ein letztes Mal brachte ich alle Kräfte auf und schleppte mich vorwärts. Nach einer Dreiviertelstunde erreichte ich eine kleine Siedlung, die direkt an einem der sechs Gokyo-Seen lag. Ein mystisches Gewässer, eisblau und kristallklar. Ich ließ mich auf eine Bank fallen und schmiss die Taschen auf den Boden. Plötzlich explodierten krachende Kopfschmerzen in meinem Schädel, mein Herz hämmerte wie wild und mir wurde schwindelig. Beinahe wäre ich den Bergen zum Opfer gefallen. Die Erfahrung, dem Tod nur knapp entronnen zu sein, erschütterte mich bis ins Mark. Ich musste mir eingestehen, dass ich mich auf dieser Reise übernommen hatte. Vollkommen am Ende schlief ich in einem sogenannten Teehaus, das sind einfache, fast ungedämmte Steinhäuschen mit einem Feuer in der Mitte, das die Gäste wärmen soll. Allein der Gedanke daran, dass ich noch einen Rückweg zu bewältigen hatte, ließ mich erschaudern. Ich entschied mich dazu, am nächsten Tag erst mal eine Akklimatisierungswanderung zu machen.

Als ich gerade aufbrechen wollte, traf ich auf der Straße die beiden Italiener. »Wo ist euer Freund aus Frankreich?«, fragte ich sie. Sie sagten, dass er auf der Wanderung eine Pause gemacht hatte und nachkommen würde. Vermutlich war er über Nacht in einer Hütte untergekommen. Ich wanderte anschließend auf eine kleine Bergspitze in der Nähe und verbrachte dort zwei Stunden. Während dieser Zeit war mein Kopf vollkommen leer, ich dachte an nichts. Da waren nur der Wind, die kalte Bergluft und ich. Unvermittelt vibrierte mein Handy. Unglaublich, hier oben hatte ich tatsächlich ein wenig Empfang! Eine Nachricht von Benita kam durch, die sie mir schon vor zwei Tagen geschickt hatte. Mit zitternden Händen öffnete ich die Nachricht. Es war ein Artikel, der verkündete, dass die chinesische Regierung nach zwei Jahren die Grenzen wieder geöffnet hatte! Ich konnte es kaum fassen. Die Reise zu meiner Prinzessin konnte endlich weitergehen. Erleichterung und Freude überwältigten mich. Nach all den Strapazen, nach all der Ungewissheit war dies der Moment der Befreiung. Mit neuer Energie trat ich meinen Weg nach unten an, entschlossen, die Wanderung schnell zu beenden und endlich die nächste Etappe meiner Reise zu starten. Als ich die Siedlung erreichte, fühlte ich mich zwar nicht gerade großartig, aber ich beschloss, die Wanderung bis zum Mount-Everest-Basislager fortzusetzen. Dort würde Schluss sein. Der Gedanke, als Nächstes den Cho-La-Pass besteigen zu müssen, machte mir Angst. Schließlich war ich am letzten Pass beinahe gestorben. Immer wieder dachte ich darüber nach, die Tour einfach abzubrechen und mich auf den Rückweg zu machen. Aber ein Teil von mir wollte es unbedingt durchziehen. Ich war hin-

und hergerissen. Schließlich gewann aber doch die Seite von mir, die weitermachen wollte. Als ich den Ngozumpa-Gletscher erreichte, der auf dem Weg zum Cho-La-Pass lag, war es bereits Mittag. Normalerweise musste man ihn in den frühen Morgenstunden durchwandern, wenn das Gletschereis noch festgefroren war. Aber weil ich so lange gezögert hatte, war es bereits wärmer. Die Sonne stand hoch über dem Eis und erwärmte es. Ich sah einen großen Gesteinsbrocken aus dem Eis brechen und einen Abhang hinunterrollen. Mit äußerster Wachsamkeit stakste ich über das Schneefeld und versuchte, den herabfallenden Eis- und Steinbrocken auszuweichen. Jeder Schritt war ein Balanceakt auf dem sich ständig bewegenden Eis. Die Brocken krachten um mich herum auf den Boden, während ich mich vorsichtig weiterkämpfte, in der ständigen Hoffnung, nicht von einem herabstürzenden Felsen erschlagen zu werden. Nach einer Nacht in Thangnak erklomm ich am nächsten Morgen den Cho-La-Pass. Er war weniger anspruchsvoll als der erste Pass. Zu meiner Verwunderung musste ich mich vor Überanstrengung trotzdem auf dem Gipfel übergeben. Ein scharfer gelber Schwall aus Dhal Bat, Magenflüssigkeit und halb verdauten Tabletten schoss auf den Boden. Die Höhe und die körperliche Belastung forderten ihren Tribut. Als ich fertig war und mir die Mundwinkel abwischen wollte, sah ich ihn: den Mount Everest. Selbst aus der Ferne wirkte er gigantisch. Die Wolken hingen dicht über seinen schneebedeckten Hängen. Die Sonne ließ eine Seite in hellem Licht erstrahlen, während die andere Seite lila-bläulich im Schatten lag. Es war ein unbeschreibliches Gefühl. Noch nie in meinem Leben hatte ich mich an einem majestätischeren Ort übergeben. Wie verrückt es doch eigentlich war: Vor ein paar Monaten noch war ich in meinem Heimatdorf bei Ulm losgefahren. Jetzt stand ich hier und blickte auf den größten Berg der Welt. Hätte ich damals eine andere Entscheidung getroffen, säße ich jetzt vermutlich frustriert vor irgendeinem Projekt. Es war Freitag – und statt mich nach einer bierseeligen Nacht mit den Jungs vom Bauwagen im heimischen Vorgarten zu übergeben, hatte ich das mit Blick auf den Mount Everest getan. Einen kurzen Moment konnte ich nicht glauben, dass das alles wirklich war. Aber das war es. Mir stiegen vor Rührung die Tränen in die Augen ... bevor die nächste Ladung Dhal Bat aus meinem Magen hochstieg.

Kurz vor dem Mount-Everest-Basislager gab es noch ein kleines Camp, wo ich eine letzte Nacht vor dem Ziel meiner Wanderung verbrachte. Als ich noch vor Sonnenaufgang wach wurde, schmerzten meine Augen. Vermutlich nur eine Nachwirkung der Augeninfektion, die ich mir im Ganges eingefangen hatte, wischte ich die Symptome beiseite und machte mich auf den Weg. Das Mount-Everest-Basislager bestand aus einigen hoch modernen Zelten, zwischen denen bunte Gebetsflaggen im Wind flatterten. Als ich ankam, war ich vollkommen erschöpft. Kaum hatte ich mich gesetzt, liefen mir die beiden Italiener über den Weg, denen ich bereits zweimal begegnet war. Ihre Blicke waren starr, ihre Minen finster. Der Franzose war immer noch nicht da, also fragte ich erneut, wo er sei. »Er ist tot«, antwortete einer der beiden knapp. Ich schluckte schwer. »Was?«, hakte ich ungläubig nach. »Sie haben ihn ein paar Kilometer abseits des Wanderwegs im Schnee gefunden. Keiner weiß, wie er dahin gekommen ist.« Ich stand unter Schock. Als wir uns das letzte Mal gesehen hatten, dachten wir noch, alles sei in Ordnung. Wir waren uns sicher gewesen, dass er die Nacht in einer Hütte verbracht habe. Die Gewissheit, dass der Mann in den Bergen gestorben war, traf mich wie ein Schlag. Ich musste an meine eigene Situation am ersten Pass denken, als ich mich beinahe im Schnee schlafen gelegt hätte. Auch ich wäre beinahe gestorben, auf dem gleichen Weg. Für den Franzosen hatte es kein »Beinahe« gegeben, ihn hatte es wirklich erwischt. Erst jetzt traf mich mit voller Wucht die Erkenntnis, worauf ich mich da eingelassen hatte. Das war keine harmlose Wandertour, die man mit Freunden unternahm. Es war tödlicher Wahnsinn und reines Glück, dass es mich noch gab. Lange noch dachte ich über den Mann nach, den die Berge zu sich geholt hatten. Keinen einzigen Meter würde ich mehr zurücklegen. Völlig fertig saß ich auf einer Bank und blickte in den Himmel, als mich eine Frau Mitte 40 ansprach, eine Deutsche namens Rebecca. Sie hatte blondes Haar und ein sonnengebräuntes Gesicht mit eisblauen Augen. »Du siehst nicht aus, als würdest du es noch hoch schaffen, oder?«, sagte sie. »Auf gar keinen Fall«, antwortete ich ihr. »Ich sterbe, wenn ich versuche, diesen Höllenberg zu besteigen.« Sie lachte und zeigte dabei ihre strahlend weißen Zähne. Ich wollte wissen, ob sie den Mount Everest noch besteigen würde. »Auf jeden Fall«, erklärte sie mit fester Stimme, »dafür habe ich drei Jahre trainiert.« – »Drei Jahre?«, sagte ich ehrfürchtig. »Na ja, eigentlich trainiere ich dafür schon mein ganzes Leben«, korrigierte sie sich. Sie erzählte, dass sie in Oberbayern aufgewachsen sei und schon seit ihrer frühesten Kindheit in den Alpen wanderte. Schon immer war es ihr größter Traum gewesen, den höchsten Berg der Welt zu besteigen. Ich war fasziniert davon, dass sie sich schon in so einem jungen Alter einen Traum in den Kopf gesetzt hatte und ihn anschließend mehrere Jahrzehnte lang verfolgt hatte. »Was wirst du tun, wenn du die Besteigung hinter dich gebracht hast?«, fragte ich sie. Sie lächelte. »Na ja, dann habe ich eben den höchsten Berg der Welt erklommen. Gibt ja noch genug andere Gipfel auf diesem großen Planeten.« Diese Antwort machte etwas mit mir. Sollte das auch auf mich zutreffen? Dass ich mit dieser Reise meinen höchsten Berg erklomm, danach aber in Chiang Mai mit Benita noch genug andere Gipfel warteten, die kleiner, aber ebenso schön wären?

Am nächsten Tag stieg ich ab und machte mich auf einen Drei-Tages-Rückweg in Richtung Namche Bazar. Unterwegs merkte ich, dass meine Augen immer mehr schmerzten. Eines Morgens bekam ich meine Augenlider nicht mehr auf. Ich tastete nach ihnen und spürte, dass sie geschwollen waren und Tränenflüssigkeit wie Bäche herauslief. Es fühlte sich an, als würden Tausende Ameisen auf meinen Augäpfeln krabbeln. Ich tastete in meinem Rucksack nach einem Spiegel, zog ihn hervor und hielt ein Auge vorsichtig auf. Der Augapfel war feuerrot. Ich hatte ganz offensichtlich einen verflixten Sonnenbrand auf den Augen! Etwas, das besonders unerfahrenen Wanderern passieren kann. Den Rest des Abstiegs machte ich halb blind und schaute nur auf meine Füße. Wieso holte ich mir andauernd irgendeine Seuche in den Augen und warum geschah das immer an denkbar ungünstigen Orten?

Als ich Namche Bazar erreichte, war ich vollkommen am Ende. Es reichte, wenn ich nur 100 weitere Meter zu Fuß würde gehen müssen, könnte man meine Überreste aus dem Himalaja kratzen. Ich kaufte mir eine sehr dunkle Sonnenbrille und setzte mich in ein Café. Ich war verzweifelt. Der Grund: meine Recherche zur Weiterreise. So sehr ich mich gefreut hatte, dass die chinesischen Landesgrenzen wieder offen waren, so schwierig war es, dort überhaupt erst hinzukommen. Selbst wenn ich ein Flugzeug nach Kathmandu nahm, müsste ich zuerst immer noch eine Zwei-Tages-Wanderung nach Lukla machen, wo es einen Flughafen gab. Unmöglich!

Mitten in diesen tristen Überlegungen setzte sich eine junge Frau zu mir an den Tisch und bestellte einen Espresso. Am Akzent merkte ich sofort, dass sie Französin war. »Bonjour«, sagte ich, »bist du auch hier zum Wandern?« Sie lächelte und schüttelte den Kopf. »Nicht mehr. Ich arbeite hier seit ein paar Jahren als Masseurin. Ich heiße Claire.« Ich erzählte ihr davon, wie fertig ich war und dass ich die Fünf-Tages-Reise nach Kathmandu unmöglich schaffen könnte. Sie blickte mich für einen Moment an. Dann meinte sie: »Musst du auch nicht. Ich denke, ich habe eine Lösung für dich. Wir bestellen einen Arzt hierher, der dich untersuchen wird. Nach der Untersuchung wird er entscheiden, ob du krank genug bist für einen Rücktransport mit dem Helikopter nach Kathmandu.«

Ein Teil von mir zweifelte daran, dass der Arzt meine Situation als ernst genug beurteilen würde, um einen Helikopterflug zu rechtfertigen. Andererseits hatte ich einen wirklich üblen Sonnenbrand auf den Augen und fühlte mich so erschöpft wie nie zuvor. Die starken Kopfschmerzen waren wie ein ständiger Schatten, der mich bei jedem Schritt begleitete – ein typisches Merkmal der Höhenkrankheit. Aber reichte das aus? Letztlich entschied ich, die Untersuchung des Arztes abzuwarten, da er wohl am besten wusste, was in meiner Situation das Richtige war.

Als der besagte Arzt schließlich kam, untersuchte er mich, füllte ein Formular aus und verschwand wieder. Seine Bescheinigung bestätigte eindeutig meine Höhenkrankheit. Ich würde noch heute mit dem Helikopter nach Kathmandu gebracht werden. Zwei Stunden später hörte ich das donnernde Geräusch eines Hubschraubers, der sich näherte. Wir gingen vor die Tür und sahen den neonfarbenen Rettungshubschrauber auf einer Freifläche landen. Dabei wirbelte er so viel Wind auf, dass alles um uns herum flatterte. Ich bedankte mich bei Claire und setzte mich neben den Piloten ins Cockpit. Dann hoben wir ab. Von oben sah der Himalaja noch einmal anders aus. Er verlor aus der Höhe betrachtet zwar nichts von seiner wilden Erscheinung, doch wenn man leicht zwischen den Bergspitzen hindurchfliegt, wirken sie weniger todbringend. Ich war so berauscht von diesem spektakulären Naturschauspiel, dass ich innerlich bebte. In Lukla landeten wir, um ein paar andere Wanderer mitzunehmen. Wie ich an ihren grünen Gesichtern sofort erkannte, waren sie tatsächlich in einem noch schlechteren Zustand als ich. Wir flogen mit dem Helikopter weiter nach Kathmandu. Durch meine Sonnenbrille und die schmerzhaft geröteten Augen, die vom Sonnenbrand geplagt waren, erschien die Welt vor mir wie ein surrealer Traum. Die mächtigen Berge erhoben sich wie uneinnehmbare Festungen aus Eis und Stein. In den tiefer gelegenen Regionen konnte ich winzige Gestalten auf den üppig grünen Reisfeldern erkennen. Die Menschen wirkten aus dieser Höhe wie kleine Ameisen, während die Dörfer, über die wir flogen, wie sorgfältig gestaltete Miniaturwelten wirkten, die harmonisch in die Landschaft eingebettet waren. Ich ließ mich von der atemberaubenden Natur und der ganzen Erfahrung mitreißen. Alles sah unglaublich aus, es war wie ein Traum. Die Erfahrung ließ mich meine Krankheiten beinahe vergessen und es fühlte sich an, als würde sie sie heilen.

Als wir in Kathmandu landeten, schien es, als hätten die Symptome der Höhenkrankheit sich beinahe in Luft aufgelöst. Die Kopfschmerzen und die Erschöpfung, die mich zuvor gequält hatten, waren stark gemildert. Nur die schmerzenden Augen erinnerten mich noch an die Strapazen. Als ich die Krankenwagen mit Blaulicht auf das Rollfeld fahren sah, wurde ich aus meinen Gedanken gerissen. Mit Hauruck wurden wir in die Wagen verfrachtet und schossen mit Vollgas durch den chaotischen Straßenverkehr von Kathmandu. Mir blieb fast das Herz stehen!

Im Krankenhaus musste ich meinen Reisepass abgeben und die Ärzte führten die verschiedensten Tests bei mir durch. Man nahm mir Blut ab, führte einen Sehtest durch, maß mein Lungenvolumen und machte eine ganze Reihe weiterer Untersuchungen, von denen ich noch nie zuvor gehört hatte. Schließlich wurde ich in ein kleines Mehrbettzimmer gerollt, und der Arzt informierte mich, dass ich die Nacht dort verbringen müsse. Am nächsten Morgen kam er zurück und erklärte mir, dass sich mein Zustand mit ausgiebiger Bettruhe bald bessern würde und keine weiteren medizinischen Eingriffe erforderlich seien. Allerdings gebe es Probleme mit meiner Krankenversicherung, die erst geklärt werden müssten, bevor ich meinen Reisepass zurückbekäme und das Krankenhaus verlassen könne.

Ich lag im Bett und konnte kein Auge zutun. Während ich über meine Situation nachdachte, wurden meine Gedanken immer düsterer. Die Unsicherheit nagte an mir. Meine Symptome waren fast verschwunden, was mich zweifeln ließ, ob ich vielleicht zu voreilig gehandelt hatte. Ich malte mir aus, was passieren würde, wenn die Versicherung meine Höhenkrankheit nicht anerkennen würde. Würde ich auf den rund 8500 Euro für den Rücktransport sitzen bleiben? Die Vorstellung ließ mich nicht los und verstärkte meine Ängste, die sich wie ein dunkler Schatten über meine Gedanken legten.

Ich musste unbedingt aus diesem Krankenhaus verschwinden. Die ganze Nacht hindurch wälzte ich mich in meinem Bett und zermarterte mir den Kopf darüber, wie ich aus dieser misslichen Lage wieder herauskommen könnte. Um vier Uhr morgens unternahm ich einen verzweifelten Versuch. Im Krankenhausnachthemd schlich ich die Treppen hinunter zum Empfang. Eine andere Schwester als die, die ich zuvor gesehen hatte, blickte mich mit einem müden, fast gelangweilten

Blick an. Mit einem freundlichen Lächeln versuchte ich, meine Nervosität zu verbergen, und fragte: »Entschuldigen Sie, mir wurde gesagt, ich könnte meinen Reisepass am Abend zurückbekommen.« Sie sah mich einen Moment lang nachdenklich an, dann antwortete sie überraschend entspannt: »Ah, kein Problem.« Mit einem Kopfnicken überreichte sie mir den Pass. Ich konnte es kaum fassen. In Windeseile packte ich meine Sachen zusammen und verdrückte mich Richtung Ausgang. Dort versuchte mich zwar noch ein Security-Mitarbeiter zurückzuhalten, doch ich war zu schnell, er hatte keine Chance. Per App organisierte ich mir ein Hostelbett. In das fiel ich todmüde und schlief drei Tage durch.

***

Nachdem ich wieder Kraft gesammelt hatte, suchte ich das chinesische Einreisebüro auf. Endlich, nach all den zähen Wochen des Grübelns, hatte sich ein Weg für die Weiterreise aufgetan! Vor Ort teilte man mir die Bedingungen für die Einreise mit. Um von hier aus nach China zu kommen, musste man durch Tibet. Das ist, ähnlich wie Kurdistan im Irak, eine autonome Region in China. 1950 wurde es von China annektiert, was zu jahrzehntelangen Spannungen und einem Kampf um die kulturelle Autonomie der Tibeter führte, der bis heute anhält. Grundsätzlich sind Reisen nach oder durch Tibet möglich, allerdings kann man nicht einfach reinspazieren und seinen Pass vorzeigen. Für die Einreise nach Tibet brauchte man folgende Dinge: ein chinesisches Visum, eine tibetische Bescheinigung, einen Guide und eine Reisegruppe bestehend aus mindestens vier Personen. Genau diese vier Personen mussten aus China später auch wieder zusammen ausreisen. Sonst gab es Probleme. Ich musste also zuerst eine Gruppe finden, die mit mir ins Reich der Mitte ein- und wieder ausreisen würde. Zum Glück war ich nicht der Einzige, der in Kathmandu darauf gewartet hatte, dass China seine Grenzen wieder öffnete. Außer mir waren noch viele andere Rucksackreisende in der Stadt, die sich in den Cafés und vor den Behörden sammelten. Schnell lernte ich drei Jungs kennen: Arthur aus den Niederlanden, Henri aus Österreich und Phillip aus Deutschland. Ich erzählte ihnen, dass ich ebenfalls nach China wollte, und schloss mich ihnen an. Nun konnten wir einen Einreiseantrag stellen und mussten auf Rückmeldung warten. Über eine Reiseagentur heuerten wir einen Guide an, der alles Weitere mit den Visa, Reiseerlaubnissen und so weiter für uns regelte. In den Hostels hörte man, dass einige wenige Gruppen ihr Visum nach drei Tagen bekommen hätten. Beim Großteil wurden die Pässe aber für eine eingehendere Untersuchung nach Peking geschickt. Man wusste nicht genau warum, aber es betraf vor allem Gruppen, die türkische und pakistanische Einreisestempel in ihren Pässen hatten. Aus unserer Gruppe hatte ausnahmslos jeder diese Stempel – und es kam, wie es kommen musste. Drei Tage, nachdem wir in der Botschaft unsere Visa beantragt hatten, teilte man uns mit, dass unsere Reisepässe zur weiteren Prüfung auf dem Weg nach Peking waren. Ich fragte den Beamten, wie lange das dauern würde. Ein paar Tage? Wochen? Monate? Er zeigte lediglich auf ein Schild, auf dem stand: »Wir können Ihnen keine Informationen über Vorgänge geben, die in Peking geschehen.« Nach dem, was man in den Hostels hörte, hingen wir erst mal für ein paar Wochen in Nepal fest. Ohne unsere Pässe konnten wir uns nicht fortbewegen. Um mir die Wartezeit zu vertreiben, schlenderte ich durch die Straßen von Kathmandu und dachte darüber nach, was ich machen sollte, bis unsere Pässe wieder da waren.

Ich hatte gehört, dass es in Nepal einen Nationalpark gab, in dem wilde Tiger lebten. Tiger waren schon immer meine Lieblingstiere gewesen, mit meinem Vater hatte ich mir früher abends häufig Tierdokus im Fernsehen angesehen, am liebsten hatte ich die mit den großen Raubkatzen. Auch im Zoo hatte ich schon Tiger gesehen. Aber der Anblick der eingesperrten Tiere, die faul auf einem künstlich beleuchteten Felsen hinter einer Glasscheibe lagen, hatte nichts mit dem zu tun, was ich aus dem Fernsehen kannte. Hier, im Nationalpark, würde ich vielleicht die einmalige Gelegenheit bekommen, diese majestätischen Tiere in ihrer vollen Pracht und ihrem natürlichen Lebensraum zu erleben. Als Zwischenziel, bis ich weiter zu meiner Prinzessin reisen konnte, setzte ich mir deshalb, ihr ein Selfie von mir und einem frei lebenden Tiger zu senden. Das hätte meinen Vater vor Neid erblassen lassen … und wahrscheinlich auch ein bisschen stolz gemacht.

***

Um mein Tiger-Ziel umzusetzen, fuhr ich mit einem gemieteten Motorrad zum Bardia-Nationalpark. Am Eingang sagte man mir, dass man ihn nicht allein betreten durfte, da es immer wieder vorkam, dass Menschen von wilden Tigern attackiert würden. Allein im Nationalparkgebiet waren in den letzten fünf Jahren 29 Menschen von Tigern getötet worden. Man musste also von einem Guide begleitet werden. Außerdem durfte man praktisch nichts außer der Kleidung am Leib mit in den Park nehmen. Mein Guide war ein junger Nepalese namens Arjun. Ich erzählte ihm von meinem Anliegen, ein Selfie mit einem Tiger zu machen. »Schwierig«, sagte er. »Tiger haben gigantische Reviere und leben sehr zurückgezogen. Es kann Tage, wenn nicht Wochen, dauern, bis wir einen zu Gesicht bekommen.« Da ich aber stur auf meinem Plan beharrte, willigte er schließlich ein, es zu versuchen.

Arjun führte mich in den dichten Bergdschungel. Wir kämpften uns durch üppige Rhododendren, die mich mit ihren leuchtend roten und rosafarbenen Blüten verzauberten, die wie leuchtende Feuerwerke in der Landschaft aussahen. Wir bahnten uns unseren Weg an Himalaya-Eichen vorbei, deren Stämme so mächtig waren, dass selbst ein Dutzend Männer sie nicht hätten umfassen können. Ich sah Bambus, dessen schlanke Halme im Wind raschelten und die in dunklen, undurchdringlichen Gruppen wuchsen. Zwischen den Bäumen hingen Orchideen, deren exotische Blüten wie Juwelen in allen Farben des Regenbogens schimmerten. Während wir uns den Weg durch dieses üppige Leben schlugen, hielt Arjun ständig Ausschau nach Spuren eines Tigers. Er trug nichts als einen großen Stock bei sich. »Was machen wir eigentlich, wenn wir wirklich auf einen Tiger treffen und er direkt vor uns ist?«, fragte ich ihn irgendwann. Beim Blick auf den Stock wurde mir nun doch etwas mulmig. Arjun lachte nur und zuckte mit den Schultern.

Nach zwei Tagen fanden wir die erste Spur. Arjun stocherte in einem verdächtig großen Kothaufen mit kleinen Fellbüscheln darin herum, steckte seinen Finger hinein und roch daran. »Der Tiger kann nicht weit sein«, mutmaßte er. Ich wusste nicht, ob ich diesen Trick bewundern oder ekelhaft finden sollte. Wir wanderten noch eine halbe Stunde durch das Dickicht, kletterten dann auf einen Baum. »Hier warten wir. Du darfst keinen Laut von dir geben, sonst verscheuchst du ihn«, beschied mir Arjun. Gemeinsam hockten wir schweigend in dem Baum. Mehrmals kamen Rehe vorbei. Ab und zu auch Pfauen, deren Schwanzfedern prächtig im Sonnenlicht glänzten. Aber weit und breit war kein Tiger in Sicht. Ständig musste ich an meine Prinzessin denken und wie schön es wäre, mit ihr hier zu sitzen und all das zu bewundern. Schweigend, aber gemeinsam. Aus tiefstem Herzen wünschte ich mir ihre Anwesenheit herbei, auf die ich schon so lange verzichtet hatte. Nach zwei Stunden gaben wir auf und kletterten den Baum herunter. Ich war etwas enttäuscht, wollte die Hoffnung auf eine Begegnung mit einem echten Tiger aber noch nicht aufgeben.

Am nächsten Tag kamen wir an einem Dorf vorbei. Ein kleiner Junge erzählte uns, dass in der letzten Nacht ein Tiger da gewesen sei und eine Kuh gerissen habe. Aufgeregt ließen wir uns von dem Jungen zu dem toten Tier bringen. Die Kuh war komplett ausgeschlachtet worden. Die Gedärme quollen aus der Bauchdecke, auf der Haut waren deutliche Spuren von riesigen Krallen zu erkennen. »Normalerweise kehren die Tiger zur Beute zurück. Wir werden hier warten«, beschloss Arjun. Beim Anblick der entstellten Kuh begann ich kurz zu zweifeln, ob ich wirklich einem frei lebenden Tiger begegnen wollte. Aber die Frage erledigte sich von allein. Obwohl wir den gesamten Tag auf einem Baum saßen und den Fliegen dabei zusahen, wie sie um den Kadaver schwirrten, ließ sich der Tiger nicht blicken. Als es dunkel wurde, stiegen wir aus dem Geäst herab ... und am nächsten Morgen war die Kuh verschwunden. »Mist, wir haben ihn verpasst«, ärgerte sich Arjun.

Die nächsten paar Tage blieben ebenfalls tigerlos. Den aufkommenden Frust milderte jedoch eine Nachricht meiner Reisegruppe: Unsere Pässe waren untersucht worden und wieder auf dem Rückweg nach Kathmandu. Vor Freude machte ich einen Luftsprung. Weil nun der Countdown für mein Tigerselfie lief, beschloss ich, mit ein paar anderen Leuten einen Jeep zu mieten. Mit einem Auto war es möglich, innerhalb eines Tages mehrere Tigerterritorien zu durchqueren. Arjun bestätigte, dass das unsere Chancen, einen Tiger zu sehen, erhöhen würde. Zwei weitere Tage ruckelten wir durch tiefsten Dschungel, fanden auch immer wieder Tigerkot. Aber keine Raubkatze.

Weil ich langsam zurück nach Kathmandu wollte, das immerhin fast 600 Kilometer entfernt lag, setzte ich mir ein Ultimatum: Einen Tag würde ich mir noch geben, dann würde ich den Tiger Tiger sein lassen. Ich vermisste meine Freundin sehr, das hatte ich in den stillen Stunden auf irgendwelchen Bäumen sehr deutlich gemerkt. Auch wenn wir jeden Tag schrieben und ich ihr Bilder von wilden Tieren zukommen ließ, nagte die Zeit an uns. Es war nicht einfach, so weit voneinander entfernt zu sein und so unterschiedliche Leben zu führen. Unsere Beziehung fühlte sich für mich seit Beginn meiner Reise so an, als hätten wir auf den Pauseknopf gedrückt. Was ich gerade am meisten wollte, mehr noch als ein Tiger-Selfie, war, die Beziehung fortzusetzen. Miteinander. Am gleichen Ort. Und gerade als ich im Auto, auf einem schlammigen Dschungelpfad, Abschied von meinem Tiger-Zwischenziel nahm, legte Arjun plötzlich eine Vollbremsung hin. Um Haaresbreite wäre mein Schädel auf das Armaturenbrett gedonnert. Arjun zeigte auf etwas im Dickicht. Ungefähr 300 Meter von uns entfernt war ein reißender Fluss und genau da, auf der anderen Seite, auf einem Felsen, lag ein Tiger und sonnte sich. Mein Herz setzte für einen Moment aus, als ich ihn sah. Der Anblick war schlichtweg atemberaubend. Selbst aus der Ferne war die Präsenz des Tieres überwältigend, seine majestätische Erscheinung strahlte eine unbezwingbare Kraft aus. Sein Fell, ein prächtiges Muster aus Gold und Schwarz, verschmolz mit den Sonnenstrahlen, die durch das dichte Blätterdach fielen. Jeder Muskel war definiert, jede Bewegung war eine Demonstration von Stärke und Eleganz.

Der Tiger wirkte wie ein König in seinem Reich, vollkommen unberührt und unendlich gefährlich. Sein Blick wanderte träge über die Landschaft, als wäre er sich seiner unanfechtbaren Dominanz bewusst. Ehrfurcht und Faszination stiegen in mir hoch, als ich realisierte, dass ich diesem unglaublichen Raubtier so nah war.

»Wir haben Glück«, flüsterte Arjun. »Der Wind weht in unsere Richtung. Wir können also näher ran, ohne dass er uns riecht.« Wir stiegen aus dem Auto und krochen vorsichtig auf dem Boden in Richtung des Tigers. Jeder Schritt war ein Nervenkrieg zwischen Spannung und Vorsicht. Der Dschungel schien für einen Moment stillzustehen, während wir uns weiter vortasteten. Jeder Atemzug, jeder Herzschlag dröhnte laut in meinen Ohren. Wir waren mucksmäuschenstill, unsere Bewegungen langsam und bedacht, um die Aufmerksamkeit des Tigers nicht zu erregen. Als wir kurz vor dem Flussufer waren, bedeutete mir Arjun zu stoppen. Weiter konnten wir nicht, ohne dass der Tiger uns bemerkte. Mein Puls raste vor Aufregung. Langsam und vorsichtig holte ich mein Handy heraus und richtete es auf uns beide. Ich machte ein Selfie, das meine ungläubige Freude und den Tiger im Hintergrund festhalten sollte. Man musste zwar sehr weit ranzoomen, um den Tiger zu erkennen – er war nur als kleiner verpixelter Fleck zu sehen –, aber dieser Augenblick war für mich von unschätzbarem Wert. Als ich mich umdrehte, um den Tiger nochmals direkt zu betrachten, war er verschwunden. Die majestätische Raubkatze hatte sich so lautlos in die Dschungeltiefe zurückgezogen, wie sie gekommen war. Aber sie hatte mir eine Erinnerung geschenkt, die für immer in meinem Herzen verankert sein würde. Die Aufnahme mochte pixelig sein. Aber ich war mir sicher, dass mein Vater von oben zuschaute und sich mit mir freute. In diesem Augenblick fühlte ich eine tiefe

Verbindung zu ihm und eine unerwartete Zufriedenheit. Es war, als hätte ich nicht nur mir einen Traum erfüllt, sondern auch ihm.

***

Vom Nationalpark aus fuhr ich mit meinem Motorrad zurück nach Kathmandu. Heute sollte es endlich weitergehen - der Tag meiner Einreise nach China war gekommen! Ich hätte platzen können vor Vorfreude. Unsere Reisegruppe war bester Stimmung und wir sprachen begeistert darüber, was wir in China sehen wollten und welche Wege wir gemeinsam gehen könnten, um am Ende wieder zusammen auszureisen. Später trafen wir uns mit unserem Guide vor dem Einreisebüro. Er erklärte uns, dass er am nächsten Morgen unsere Pässe abholen würde. Dann müsse alles schnell gehen. Um acht Uhr würde er mit einem Jeep vor dem Einreisebüro bereitstehen, um uns durch Tibet bis an die chinesische Grenze zu bringen.

Am nächsten Morgen stand ich mit den drei anderen wie vereinbart vor dem Einreisebüro und wartete auf unseren Guide. Doch er kam nicht. Jede Minute, die verstrich, machte uns nervöser. Ich versuchte ihn anzurufen, aber er antwortete nicht. Schließlich, um halb eins, erschien er endlich und sagte, dass es ein Problem mit unseren Pässen gegeben habe. Die Visa seien noch nicht ausgestellt. Unsere Pläne: geplatzt wie ein Luftballon. Wir waren stinksauer, hatten wir doch fest damit gerechnet, Nepal endlich verlassen zu können. Entschlossen gingen wir zur Einreisebehörde, um richtig Druck zu machen. Aber der Beamte am Schalter erklärte nur, dass wir unsere Pässe zwar zurückbekommen könnten, das Visum aber aus unbekannten Gründen noch nicht bewilligt werden konnte. Wir protestierten lautstark, doch er zeigte nur auf das »Keine

Informationen«-Schild. Henri, der Österreicher, voll in Rage, begann ungehalten zu diskutieren und brüllte, dass er lieber nach Taiwan reisen würde. Ein Fehler: Zwischen China und Taiwan gibt es seit vielen Jahren einen politischen Konflikt. Der Blick der Beamtin sprach Bände. Sie notierte sich unsere Namen und Passnummern und uns war klar, dass wir einen Punkt erreicht hatten, an dem es nicht mehr weiterging. Nun würden wir erst recht keine Visa mehr bekommen. Vor dem Einreisebüro erklärten Arthur, der Niederländer, und Henri, dass sie nicht noch länger warten wollten und einen Flieger nehmen würden. Damit war unsere Reisegruppe aufgelöst und unser Plan, gemeinsam nach China zu reisen, löste sich in Luft auf. Wieder einmal musste ich Benita beichten, dass sich unser Wiedersehen auf unbestimmte Zeit verzögern würde.

Frustriert lief durch die belebten Straßen von Kathmandu und grübelte darüber, was ich nun tun würde. China war mein einziger Weg, und ich wollte nicht aufgeben. Seit drei Monaten saß ich nun schon in der nepalesischen Hauptstadt fest. Meine Gedanken rasten, erstellten Listen mit mehr oder weniger realistischen Möglichkeiten, wie ich doch noch an ein chinesisches Visum kommen könnte: Visum fälschen, illegal einreisen, gefälschter Pass ohne türkischen Stempel … Meine Gedanken kreisten gefährlich lange um die dritte Option, bis ich plötzlich eine Idee hatte. Ich erinnerte mich ganz vage daran, gehört zu haben, dass Deutschland seinen Bürgern unter bestimmten Umständen einen zweiten Pass ausstellt. Das war mein letzter Strohhalm, an den ich mich klammern würde. Mit einem neuen Pass ohne türkischen Stempel hätte ich vielleicht noch eine Chance auf ein Visum.

Mit neuem Elan schwebte ich förmlich zur Deutschen Botschaft in Kathmandu. Dort erklärte ich einem Beamten ausführlich meine verzwickte Lage, die Probleme mit den chinesischen Behörden und das Problem mit den türkischen Stempeln in meinem Pass. Der Beamte hörte aufmerksam zu und nickte gelegentlich. Als ich meine Geschichte beendet hatte, sagte er, dass er das erst mal mit seinem Vorgesetzten abklären müsse. Mit klopfendem Herzen sah ich ihm nach, wie er hinter einer schweren Metalltür verschwand. Meine Nervosität ließ die Minuten, bis er zurückkam, wie Stunden erscheinen. »Wir haben Ihre Situation geprüft und sind bereit, Ihnen einen zweiten Pass auszustellen«, verkündete er und ließ damit eine warme Welle der Erleichterung durch meinen Körper schwappen. Es gab wieder einen Hoffnungsschimmer für mich, einen Weg, weiterzureisen und meiner Prinzessin näher zu kommen. Allerdings würde es vier Wochen dauern, bis ich meinen Zweitpass in Empfang nehmen konnte. Eine gefühlte Ewigkeit.

An manchen Tagen tat ich nichts anderes, als auf einer Bank zu sitzen und dem Verkehr zuzuschauen. Die Autos und Menschen flossen wie ein endloser Strom an mir vorbei, während meine Gedanken in einem düsteren Strudel gefangen waren. Immer, wenn sie zu finster wurden, telefonierte ich mit Benita. Sie war mein Anker in dieser ungewissen Zeit. »Durchhalten«, motivierte sie mich immer wieder. »Nicht mehr lange, dann geht es weiter.« Kurz ging es mir dann besser, aber es dauerte nie lange, bis ich wieder in meine düstere Realität zurückrutschte: warten, nichts tun können, feststecken. Nach vier langen Wochen hielt ich endlich meinen komplett druckfrischen, ungestempelten Reisepass in Händen – er roch nach frischer Tinte und Papier. Voller Freude umarmte ich den Beamten, der mir den Pass überreichte. Er lachte nur und sagte: »Ich bin froh, wenn ich helfen kann.«

Während der wochenlangen Wartezeit hatte ich mir akribisch einen Plan zurechtgelegt, wie es weitergehen sollte.

Glücklicherweise bestand das Visum in Nepal nur aus einem Klebesticker. Ich hatte mir zuvor einen Föhn gekauft, erwärmte den Aufkleber, löste ihn vorsichtig aus meinem alten Pass und klebte ihn sorgfältig in meinen neuen. Einen Pass ohne Nepal-Visum hätte ich bei der chinesischen Einreisebehörde in Kathmandu schließlich nicht abgeben können. Es sah fast perfekt aus. Jetzt durfte mich bei der erneuten Beantragung nur niemand mehr wiedererkennen. Zu groß wäre die Gefahr gewesen, dass sich jemand anhand meines Passfotos an den blonden Deutschen erinnern würde, der schon einmal ein Visum beantragt hatte – mit einem Pass mit türkischen Stempeln.

In meiner Angst entschied ich mich, mein Aussehen maximal zu verändern. Ich hatte mir in den vergangenen Wochen einen Bart stehen lassen und rasierte mir den Schädel kahl zu einer Glatze. Diesmal bewarb ich mich für ein China-Visum für Einzelpersonen. Damit durfte ich zwar nicht in Tibet einreisen, aber ich würde auch keine Zeit verlieren, um eine neue Gruppe zu finden. Mit zitternden Händen füllte ich das Antragsformular aus und versuchte dabei, so unauffällig wie möglich auszusehen. Als ich dem Beamten das Papier und meinen Pass über den Schalter zuschob, schenkte ich ihm ein extrabreites Lächeln.

Es klappte! Drei Tage später erhielt ich die Nachricht: Mein Visum war bewilligt worden. Niemand hatte mich erkannt. Ich konnte es nicht glauben, hielt das Visum sogar ins Licht, um wirklich sicherzugehen, dass es echt war. Die monatelange Unsicherheit und das endlose Warten hatten endlich ein Ende. Mit zitternden Händen griff ich zu meinem Handy. Ich wählte Benitas Nummer, mein Herz klopfte heftig in meiner Brust. Als sie abhob, brachte ich kaum ein Wort heraus. »Benita, wir haben es geschafft«, stammelte ich, meine Stimme erstickt von den Tränen, die mir in die Augen schossen. »Wirklich?!!«, rief sie, und ich konnte die Erleichterung in ihrer Stimme hören. Die Monate der Trennung, der Sehnsucht und des Schmerzes schienen plötzlich bedeutungslos. Wir weinten beide vor Freude und Erleichterung, es war fast so, als würden unsere Seelen in diesem Moment wieder zueinanderfinden.

Nun hatte ich nur noch ein Problem: Mit dem chinesischen Einreisestempel konnte ich nicht über Tibet reisen. Dafür brauchte ich nach wie vor eine Reisegruppe und meine war bereits weitergezogen. Direkt über Indien in China einzureisen war keine Option, da sich diese beiden Länder in einem Konflikt befanden. Die einzige Möglichkeit, von Kathmandu aus nach China zu kommen, war über Pakistan.

Kapitel 7

Pakistan, China, Laos

Um über den Landweg nach Pakistan zu kommen, musste ich noch einmal durch Indien. Ich fuhr also mit dem Zug in Richtung der indisch-pakistanischen Grenzstadt Amritsar. Hatte ich bei meiner Ausreise die Nase ordentlich voll gehabt von diesem Land, gefiel mir jetzt, in dem Wissen, dass meine Reise endlich weiter Richtung Thailand gehen würde, wieder alles an Indien. Die Farben, die Gerüche, die Lebendigkeit der Straßen – alles erschien mir neu und aufregend. Das Essen schmeckte köstlich und die kulinarischen Entdeckungen waren endlos. Ich plauderte mit den Menschen und nie zuvor hatte ich so viele Selfies gemacht.

Amritsar überwältigte mich. Ein weiteres Mal zeigte sich Indien mir von einer völlig neuen Seite: Die Männer trugen Turbane, einige hatten ein langes Schwert an den Hüften baumeln. Es war, als würde ich in längst vergangene Zeiten eintauchen. Ein bisschen beneidete ich die Männer um ihre Schwerter. Als Kind hatte ich mit Holzschwert und -schild, die mein Vater mir schnitzte, imaginäre Städte vor gefährlichen Feinden beschützt. Auch die Grenze zwischen Indien und Pakistan, die eine lange, konfliktreiche Geschichte teilen, war ungewöhnlich. Dort, an der Attari-Wagah-Grenze, findet der Kaschmirkonflikt, der seit der Unabhängigkeit beider Länder 1947 viele Menschenleben gekostet hat, seinen symbolischen Ausdruck.

Hier führen die Armeen beider Länder täglich eine Parade auf, die die anhaltende Rivalität und den Stolz beider Nationen zur Schau stellt und Hunderte von Zuschauern anzieht. Es ist die einzige offene Grenze zwischen Indien und Pakistan.

Ich mischte mich mit nervösem Magengrummeln unter die indischen Zuschauer, die dicht gedrängt auf die Parade warteten. Die Soldaten der indischen Armeen marschierten auf. Sie trugen olivgrüne Uniformen mit einer roten Schärpe drüber und rote Hauben, auf denen mittig ein goldener Kamm thronte. Ein bisschen sahen sie aus wie Hähne - auch ihre übertriebenen Bewegungen erinnerten mich an das Federvieh. Der Hauptmann holte beim Marschieren mit Armen und Beinen so weit aus, dass es fast albern aussah. Ich musste schmunzeln, doch die um mich herum jubelnden Inder nahmen die Vorführung sehr ernst. Die Spannung erreichte ihren Höhepunkt, als sich die Soldaten beider Nationen die Hand gaben. Die Menge auf beiden Seiten jubelte frenetisch, dann drehten sich die Soldaten zackig um und marschierten wieder schnurstracks in entgegengesetzte Richtungen.

Der Grenzübertritt verlief überraschend reibungslos. Ich freute mich riesig darüber, wieder in einem neuen Land zu sein. In Pakistan wollte ich sofort ausprobieren, ob man hier per Anhalter fahren konnte. Ich stellte mich an eine große Straße, hielt den Daumen raus und wurde zu meiner großen Überraschung nach nicht mal fünf Minuten mitgenommen. Wir fuhren auf der Straße geradeaus, am Grenzdorf Wahga vorbei, durch Dial hindurch. Es war brütend heiß, mein T-Shirt klebte schweißnass an meinem Körper. Draußen breiteten sich Felder unter dem glühend heißen Himmel aus, deren Erde trocken und rissig war. Je näher wir der Stadt Lahore kamen, desto mehr wandelte sich die Szenerie. Zuerst tauchten einfache Häuser und kleine Geschäfte am Straßenrand auf, die bald von mehrstöckigen Bauten und lebhaften Märkten abgelöst wurden.

Der Verkehr nahm spürbar zu, eine chaotische Mischung aus Autos, Motorrädern und Rikschas drängte sich durch die engen Straßen. Staub und Abgase hingen schwer in der Luft, die Mittagshitze verwandelte alles in ein flimmerndes Inferno. Schließlich erreichten wir die Innenstadt, wo große Einkaufszentren neben historischen Gebäuden und enge, belebte Straßen das Bild prägten. Meine Mitfahrgelegenheit ließ mich aussteigen und da ich inzwischen richtig hungrig war, suchte ich mir in der Innenstadt erst mal einen Streetfood-Stand. Meine Wahl fiel auf einen, der ein Gericht namens Nihari anbot, ein gulaschähnlicher Eintopf, der köstlich duftete. Der Verkäufer erklärte mir, dass das Gericht seinen besonderen Geschmack dadurch erhält, dass es stundenlang gekocht wird. Ich reichte ihm ein paar Münzen für eine Portion und stutzte kurz, als ich sah, wie er mit derselben Hand, mit der er die schmutzigen Münzen angefasst hatte, Koriander über mein Nihari streuselte. Trotzdem löffelte ich beherzt das dampfende Gericht. Es schmeckte intensiv und nach exotischen Gewürzen, das Fleisch war butterzart. Doch irgendetwas stimmte nicht. Ein seltsamer Beigeschmack, der nicht recht zu den restlichen Aromen passen wollte. Ich schob es auf meinen europäischen Gaumen – nicht ahnend, dass mich diese kulinarische Erfahrung noch ganz schön auf Trab würde.

***

Zwar funktionierte das Trampen in Pakistan im Unterschied zu Indien sehr gut, aber mittlerweile war ich die immergleichen Gespräche leid. Da die meisten Menschen in Südasien kaum Englisch sprachen, bewegten sich unsere Unterhaltungen auf einem sehr grundlegenden Niveau. Außer Name, Herkunft und Beruf konnte man sich kaum etwas erzählen. Das wurde auf Dauer eintönig. Also beschloss ich, ein Motorrad zu mieten. Obwohl ich keinen Motorradführerschein hatte, war ich auf meiner Reise schon häufiger damit unterwegs gewesen. In vielen Ländern, die ich bereist hatte, gab es ohnehin keinen Unterschied zwischen einem Pkw- und einem Motorradführerschein. Ich war richtig auf den Geschmack gekommen. Ohne den blechernen Käfig einer Autokarosserie um sich herum bekam man die Landschaften und Kulturen, denen man begegnete, viel direkter mit.

In Lahore fand ich schnell ein kleines Motorradgeschäft. Der Besitzer erzählte mir, dass er auch eine Zweigstelle in Gilgit hatte, etwa 850 Kilometer weiter im Norden, in unmittelbarer Nähe zur chinesischen Grenze. Ich könnte mir hier ein Motorrad ausleihen und es in Gilgit wieder zurückgeben. Perfekt! Ich mietete mir eine Suzuki GS150R. Ein schickes Gefährt, dessen einzige Macke ein loser Tankdeckel war. Doch wenn man ihn auf das Gewinde legte und eine Vierteldrehung nach links schraubte, hielt er einigermaßen. Ich bereute es keine Sekunde, mir ein Motorrad gemietet zu haben. Es war ein unbeschreibliches Gefühl, wie mir der Wind ins Gesicht blies, während ich in Schlangenlinien durch die majestätischen 7000er-Berge rauschte. Im Gegensatz zu den löchrigen Pisten in Nepal waren die Straßen in Pakistan in unerwartet gutem Zustand. Das lag am chinesischen Ausbau der Neuen Seidenstraße. Dabei handelte es sich um ein gigantisches Infrastrukturprojekt, im Zuge dessen historische Routen zwischen China und dem Westen erweitert oder umgelegt werden. Im Austausch für die Nutzung als strategische Durchgangsroute hatte China das Straßennetz in Pakistan großzügig ausgebaut. Über frisch gegossenen Asphalt raste ich durch eine karge, faszinierende Landschaft. Endlose Steppenlandschaften erstreckten sich bis zum Horizont, an dem Berge emporragten. Es war eine Welt, in der Bäume kaum vorkamen, ihre grünen Kronen nur vereinzelt zwischen den kargen Hügeln auftauchten und einen Hauch von Leben in diese sonst so trostlose Umgebung brachten. Immer wieder passierte ich einfache Dörfer, die abseits jeglicher urbanen Hektik in der Einöde verstreut lagen. Wie hingewürfelt. Die Häuser waren fest im Boden verankert, um sich gegen die Unbarmherzigkeit der Natur, gegen den Wind und die Elemente zu stemmen.

Genauso schnell, wie ich eben noch durch die Gegend gerast war, schossen mir unfassbare Schmerzen in die Magengegend. Es fühlte sich an, als würde mein Mageninneres brodeln und kochen. Hastig stellte ich das Motorrad ab und hüpfte hinter einen Busch, der sich zum Glück gegen die umliegende Kargheit behauptet hatte. Fast zwei Stunden saß ich hilflos im Gebüsch, mit schlimmstem Durchfall und unfähig weiterzufahren. Ein zaghafter Versuch weiterzufahren, als die Krämpfe einen Moment Pause machten, scheiterte nach wenigen Metern und endete erneut hinter dem Busch. Mein Stuhlgang wechselte von mittelfest zu einer Konsistenz, bei der ich nicht mehr wusste, aus welcher der zwei Öffnungen er überhaupt rauslief. Ganz klar, heute würde ich nirgendwo mehr hinfahren, ich würde irgendwo hier mit meinem Zelt campen müssen. Ich bemühte mich wirklich, den restlichen Darminhalt drinzubehalten. Aber mein Körper schien andere Pläne zu haben. Die ganze Nacht verbrachte ich damit, meinen Darm zu entleeren. Und jedes Mal, wenn ich dachte, es kann doch jetzt nichts mehr drin sein, kam wieder ein riesiger Schwall. Normalerweise wäre ich wegen so etwas nicht ins Krankenhaus gegangen, aber ich fühlte mich so elend nach dieser Nacht, dass ich mich schließlich doch dazu entschloss, eines aufzusuchen. Fahrtüchtig war ich zwar nicht - Schweiß strömte mir in Bächen den Körper hinunter und immer wieder musste ich kurze Boxenstopps einlegen -, aber ich schaffte es in die nächste Stadt mit einem Krankenhaus. Dort stellte man nach einer kurzen Untersuchung fest, dass ich mir einen Parasiten eingefangen hatte. Man erklärte mir, dass der Wurm vor allem durch Fäkalien übertragen werde und hier ein gängiges Phänomen sei. In diesem Land benutzten die Menschen oft kein Toilettenpapier und aßen mit bloßen Händen. Wenn ein Infizierter sich nach dem Essen nicht gründlich die Hände wusch, verbreitete er den Wurm weiter. Fluchend dachte ich an den Street-Food-Händler an meinem ersten Tag in Pakistan. Ich schluckte eine riesige Menge Medikamente, packte den Rest in meine Tasche und kaufte mir zusätzlich Elektrolyte, um die mit dem Durchfall verloren gegangenen Mineralsalze auszugleichen. Am nächsten Morgen schwang ich mich wieder auf mein Bike. Vielleicht war das nicht sehr schlau, aber nichts würde mich mehr aufhalten! Prinzessin, ich komme! Fünf Tage später spürte ich, wie der Wurm meinen Darm schmerzhaft verließ. Auf Details verzichte ich an dieser Stelle bewusst. Nur so viel: Ich war verdammt froh, das Biest endgültig loszuwerden!

Auf meinem Weg Richtung chinesischer Grenze stoppte ich kurze Zeit später an einer kleinen, verlassen wirkenden Tankstelle am Rande einer winzigen Siedlung. Außer mir war dort nur ein weiterer Mann, Mitte 50, der sein Auto tankte. Er stellte sich als Abdullah vor. Er war Pakistani, sah aber aus wie ein Südeuropäer: groß gewachsen, dürr und lange, dunkle Locken. Er erzählte mir, dass er während der Sommermonate in Italien als Barista in Cafés arbeite und die Wintermonate bei seiner Familie in Pakistan verbringe. Er lud mich ein, bei ihm zu übernachten. Da ich neugierig war, wie die Menschen auf dem pakistanischen Land leben, nahm ich sein Angebot an und folgte ihm auf dem Motorrad eine halbe Stunde lang, bis wir in ein kleines Dorf kamen. Es war ein einfaches Dorf in den Bergen Pakistans, versteckt in einem Tal, zu dem nur ein Schotterweg führte, der sich sanft durch die mittlerweile grünen Hügel schlängelte. Immer wieder wurde Abdullah von Dorfbewohnern gegrüßt, die Karren schoben oder neben ihren Pferden liefen. Die Häuser waren klein und bescheiden, die Atmosphäre im Ort ruhig und entspannt. Abdullah parkte sein Auto auf der Hauptstraße und ich stellte mein Motorrad dahinter ab. Wir liefen durch ein paar Gärten, vorbei an Bauern, die damit beschäftigt waren, Baumäste zu kürzen, und gelangten schließlich zu seinem Haus. Es lag auf einer Klippe, von der man eine atemberaubende Aussicht auf den Fluss und die Berge hatte. Das Haus war im Vergleich zu den anderen im Dorf riesig. Beinahe wirkte es so, als sei Abdullah der König dieses kleinen Tals. »In Italien kommt man mit dem Gehalt eines Baristas nicht weit. Aber hier in Pakistan führt man damit ein Leben wie im Traum«, erklärte er lachend, als er mich ins Haus führte. Der Flur war vollständig mit einem roten Teppich mit eingewebten Elefanten, Tigern und floralen Mustern ausgelegt.

Als hätte jemand eine geheime Blitzeinladung durchs Dorf geschickt, füllte sich das Haus mit Menschen und Abdullahs Familie begrüßte mich herzlich. Abdullah führte mich in einen Raum, der ebenfalls reich verziert und mit einem großen Teppich ausgelegt war. Auf dem Boden saßen die Männer im Kreis und unterhielten sich ausgelassen. Ihre Gesichter wurden nur von Kerzen beleuchtet und sie sprachen mit gedämpfter Stimme. Ich setzte mich dazu und war erstaunt, wie bequem der Teppich doch war. Aus der Küche dampfte es aus den Töpfen herüber, ein würziger Duft hing in der Luft. Nach dem Essen lagen wir eine Weile schweigend auf dem Rücken und hielten unsere Bäuche. Die Kommunikation gestaltete sich mal wieder etwas schwierig, weil außer Abdullah niemand Englisch sprach, sondern Urdu, die Nationalsprache Pakistans, ich glaubte aber zu verstehen, dass jemand mehrmals das Wort »Haschisch« sagte. Der Mann holte auch prompt eine kleine Pfeife aus der Tasche und reichte sie herum. Während ich die Pfeife in der Hand hielt, drifteten meine Gedanken zurück in meine Jugendzeit. In der Schule hatte ich mich mit den falschen Freunden eingelassen, die damals schon Cannabis konsumierten, und um dazuzugehören, machte ich mit – und es wurde immer mehr. Es war eine unruhige Zeit, in der ich nach Akzeptanz suchte, mich selbst aber zunehmend verlor. Mit 17 erreichte das Ganze seinen Höhepunkt. Wir probierten Magic Mushrooms – Pilze, die uns in eine andere Welt katapultieren sollten. Was als Abenteuer begann, verwandelte sich schnell in einen Albtraum. Während des Trips fühlte ich mich zunehmend schlechter. Dieses Erlebnis war so traumatisch, dass ich mir schwor, nie wieder irgendeine Droge außer Alkohol anzurühren. Doch hier, in den Bergen Pakistans, auf dem kunstvoll verzierten Teppich mit den Elefantenmotiven, umgeben von einer Gruppe freundlicher Pakistanis, war die Stimmung eine ganz andere. Der Moment fühlte sich besonders und fast magisch an. Diese Reise war nicht nur eine physische, sondern auch eine innere, eine Suche nach einem neuen Traum, die Suche nach dem, wie ich mein Leben ausrichten möchte. Diese Atmosphäre brachte mich dazu, meine eigenen Regeln zu brechen. Ich machte einen kräftigen Zug. Der kratzige Rauch erfüllte meine Lunge in Millisekunden und sofort schüttelte mich ein heftiger Hustenanfall. So heftig, dass ich mich auf die Seite legen musste und mir Speichel in langen, dicken Fäden aus dem offenen Mund lief. Es fühlte sich an, als stülpe sich meine Lunge um. Die Pakistanis lachten sich kaputt bei meinem Anblick. Gerade erst hatte ich mich wieder aufgesetzt und der Husten sich beruhigt, als das Haschisch zu wirken begann. Es knallte voll in meinem Schädel, alles fing an, sich zu drehen, meine Gedanken rotierten, mein Herz klopfte, mir wurde etwas übel. Das Lachen der Pakistanis hallte in meinen Ohren, am Rande, wie aus großer Entfernung, hörte ich Abdullah sagen: »Das war wohl etwas zu viel!« Ich legte mich wieder auf die Seite und lauschte noch eine Weile den Gesprächen, die ich nicht verstand, eine summende Gute-Nacht-Melodie, die mich in einen tiefen Schlaf gleiten ließ.

Als ich am nächsten Morgen aufwachte, waren alle weg. Die Sonne schien durch das Fenster, ein Windhauch tanzte durch den Raum. Ich lag allein auf dem Teppich und hatte einen dicken Schädel, fühlte mich etwas verlassen und hilflos. Doch dann bemerkte ich, dass mir jemand eine Decke übergeworfen und eine Tasse Tee hingestellt hatte. Ich ging in die Küche und traf Abdullah dabei an, wie er Espresso machte. Es war der beste Kaffee meines Lebens, der die Wolken sofort aus meinem Kopf vertrieb. Ich war wieder frisch und hellwach und bereit, mit meinem Motorrad tiefer in die Berge zu fahren – und näher zu meiner Prinzessin.

* * *

Je weiter ich mit meiner Suzuki in Richtung Norden fuhr, desto höher wurden die Berge. Ich war nun auf der pakistanischen Seite des Himalaja-Gebirges. Immer die chinesische Grenze im Blick, kämpfte ich mich mit meiner Maschine auf den brandneuen Straßen die Berge hoch. Diese endlose Weite und Einsamkeit reizten mich. Als es zu dämmern begann, fand ich mich auf mehreren Tausend Metern Höhe wieder. Ich suchte mir einen windgeschützten Platz zwischen zwei Felsen und baute dort mein Zelt auf. Mit etwas vertrocknetem Gestrüpp und ein paar Ästen entzündete ich ein Feuer, das knisternd brannte, als die Nacht hereinbrach. In die lodernden Flammen blickend genoss ich die Einsamkeit in den endlosen Weiten der Natur. Der Ort war atemberaubend. Im Mondlicht schimmerte ein großer Fluss, der sich wie Adern durch das offene Tal und die umliegenden Berge schlängelte. Eine sanfte Brise wehte in mein Gesicht. Der Sternenhimmel war unglaublich. Fernab der Städte im pakistanischen Hochgebirge gab es weit und breit kein Licht. Die Sterne strahlten mit einer kristallenen Klarheit über mir. Die Milchstraße wirkte so nah, als könnte man sie greifen. »Wie klein und unbedeutend unsere Erde im Angesicht der Größe des Weltalls doch ist«, ging es mir durch den Kopf. Wie einsam dieser Steinbrocken, auf dem wir lebten, durch die Dunkelheit raste.

In diesem Moment wurde mir klar, wie einsam ich während meiner Reise doch war. All die Bekanntschaften waren bloß flüchtig, man traf sich, erlebte etwas, dann ging jeder seiner Wege. Am Ende blieb ich immer auf mich gestellt. Wie mein Tag enden würde, hing einzig von meinen Entscheidungen ab. Alle Hürden, die sich mir in den Weg stellten, musste ich allein bewältigen. Egal, was ich sah, ob prächtige Hindu-Tempel oder das Dach der Welt bei Sonnenaufgang, all das erlebte ich allein. Die Bilder davon nahm ich jedes Mal allein mit in den Schlaf. Ich kramte in meinem Rucksack und holte den Schlüsselanhänger hervor, den mir meine Freunde zum Abschied geschenkt hatten. Der Anhänger war inzwischen schon ein wenig verkratzt und nicht mehr so glänzend wie zu Beginn meiner Reise. Das winzige Foto von meinen Freunden und mir in der Mitte des Anhängers war aber noch immer gut zu erkennen. Was sie wohl während meiner Abwesenheit erlebt hatten? Für sie war der Alltag weitergegangen, während ich auf der anderen Seite der Welt neue Erfahrungen sammelte. Erfahrungen, die - so wurde mir klar - bedeutender gewesen wären, wenn ich sie mit den Menschen geteilt hätte, die mir am Herzen liegen. Unsere Leben waren inzwischen so unterschiedlich wie Tag und Nacht. Ja, Träume zu haben war wichtig. Aber in dieser Nacht verstand ich, dass die eigenen Träume wenig bedeuteten, wenn man sie nicht mit jemandem teilen konnte. Diese Reise musste langsam an ihr Ende kommen. Ich wollte mein Leben wieder teilen. Mit meinen Lieben. Mit Benita. Ich wischte mir die Tränen aus den Augen, entschlossen, den Rest der Reise so zu planen, dass ich baldmöglichst bei meiner Prinzessin sein konnte.

Dunkel hoben sich die Felsen um mich vom sternenbesetzten Nachthimmel ab. Mein Blick schweifte an ihnen entlang, während ich meinen Gedanken nachhing, als er plötzlich an einem kleinen roten Punkt hängen blieb. Ich rieb mir die Augen. War ich so müde, dass mir meine Augen einen Streich spielten? Aber der rote Punkt war immer noch da. Es war ein kleines Licht. Gab es hier, in den gottverlassenen Bergen, etwa einen anderen Menschen außer mir? Das Licht schien nicht allzu weit von mir entfernt und es zog mich unwiderstehlich an. Mein Zelt und meine restliche Ausrüstung ließ ich zurück und wanderte im spärlichen Mondlicht langsam durch die schmalen, gewundenen Bergpfade in Richtung der Lichtquelle. Nach einer halben Stunde stand ich vor einer dünnen Holztür, die in den Berg eingelassen war. Sie reichte mir nur bis zur Hüfte und wirkte wie der Eingang zu einer Hobbit-Höhle. Das Licht drang durch die Spalten im Holz und warf wirre Muster auf den Felsen. Ich klopfte. Keine Antwort. Ich klopfte noch einmal. Wieder keine Antwort. Nachdem ich ein drittes Mal geklopft hatte, öffnete sich die kleine Tür unvermittelt nach innen und ein kleiner Pakistani steckte seinen Kopf heraus. Er sah mich kurz prüfend an, dann erstrahlte sein Gesicht. Er sagte etwas in einer Sprache, die ich nicht verstand. Aber sein Tonfall war freundlich und einladend. »Imran«, sagte er und deutete auf sich. Ich zeigte auf mich und sagte: »Josu.« Dann deutete der Mann ins Innere der Höhle. Ich nickte und folgte ihm durch die kleine Tür in den Berg hinein.

Im Innern war ein großer Raum in den Felsen gehauen worden. Auf dem Boden saßen zwei weitere Pakistanis und unterhielten sich. Auf einem kleinen Feuer hing ein Topf, in dem ein Linsengericht köchelte. Die ganze Höhle stand im Rauch, ich bekam nur schwer Luft. In einer Ecke der Höhle lagen ein paar Kissen und Laken auf einem Teppich verteilt. Ich setzte mich zu ihnen ans Feuer und versuchte, ihnen meine Frage verständlich zu machen, was sie mitten in der Nacht in den Bergen trieben. Imran, der mir die Tür geöffnet hatte, holte ein kleines Säckchen aus seiner Hosentasche. Daraus zog er schwarze, längliche Steine, die im Feuer glänzten. Er zeigte auf die Spitzhacken, die an der Felswand lehnten, tippte auf sein Handgelenk und gab mir zu verstehen, dass sie später, um zwei Uhr, aufbrechen würden. Er machte eine einladende Geste, die wohl bedeuten sollte, ob ich mitkommen wolle. Da ich nicht wusste, wie oft ich noch die Gelegenheit bekommen würde, mit pakistanischen Schürfern im Himalaja nach wertvollen Steinen zu suchen, nickte ich begeistert. Er lächelte und bedeutete mir zu warten. Bevor wir aufbrachen, aßen wir noch gemeinsam das Linsengericht. Wir verstanden uns, obwohl wir uns nur mit Gesten verständigten. Es ist faszinierend, wie viel man ohne Worte sagen kann.

Um zwei Uhr packten wir unsere Ausrüstung und machten uns auf den Weg. Eine Stunde lang kämpften wir uns in der Dunkelheit über Stock und Stein, steile Hänge ohne klare

Pfade, hinauf. Nur die Sterne und die Taschenlampen der Pakistanis erleuchteten unseren Weg. Imran trug einen großen Benzinkanister in seiner linken Hand, einen Generator in der rechten. Die Aufstiege waren anstrengend und gefährlich. Unter unseren Füßen brach der lose Kiesboden immer wieder weg. Wir mussten Hunderte von Höhenmetern überwinden, ständig darum bemüht, nicht den Halt zu verlieren und abzurutschen. Irgendwann zeigte Imran auf das Gestein, an dem wir entlangschlichen. Man konnte die verschiedenen Sedimentschichten deutlich erkennen. Ein Streifen davon war ungefähr 30 Zentimeter breit und leuchtete im Sternenlicht schneeweiß. Anscheinend war die Mine nicht mehr weit. Meine Waden schmerzten mittlerweile, das Gepäck wog schwer auf meinen Schultern. Jeder Schritt war eine Herausforderung. Man setzte seinen Fuß vorsichtig auf den Boden, nur um dann festzustellen, dass er auf einem losen Stein stand, der mit einem den Berg hinunterrollte. Ein Schritt vorwärts bedeutete oft, dass man drei Schritt zurückrutschte, bis man wieder festen Halt fand. Ein falscher Tritt konnte meinen Tod bedeuten.

Der helle Streifen im Felsen war mittlerweile über einen Meter breit geworden. Wir kletterten ein paar Meter seitlich an der Steilwand vorbei und erreichten schließlich ein Loch im Felsen, vor dem wir unsere Taschen abstellten und kurz durchatmeten. Imran baute den Generator auf und verband ihn mit einer Leuchte, die er in den Höhlengang hineintrug. Als er den Generator anwarf und das Licht anging, traute ich meinen Augen kaum. Die ganze Höhle glitzerte in einem kaleidoskopischen Spiel von Licht und Schatten. Die Wände waren übersät mit schimmernden Kristallen, die im Licht der Lampe wie tausend kleine Diamanten funkelten. Hatten wir etwa ungeahnte Reichtümer im Berg entdeckt? Aufgeregt zeigte ich auf die glitzernden Wände, doch Imran zuckte nur mit den Schultern und erklärte mit einer gleichgültigen Handbewegung, dass dies nichts von Interesse sei. Wunderschöne, aber wertlose Mineralien, vermutete ich. Nachdem wir einen Tee getrunken hatten, den Imran auf einem Kocher zubereitet hatte, holte er einen Stapel Zeitungspapier, ein paar kurze Stöcke und einen Sack hervor. Er rollte ein Stück Zeitungspapier zu einem kleinen Zylinder und knüllte das untere Ende zusammen. Dann nahm er ein anderes Stück Zeitungspapier und schaufelte damit hellen Staub aus dem Sack in den Papierzylinder. Auf meine fragenden Gesten machte einer der Pakistanis nur »Bumm Bumm!«, und ich verstand. Diese irren Männer stellten gerade aus Zeitungspapier ihre eigenen Dynamitstangen her!

In der Schule hatte ich gelernt, dass Dynamit vor allem aus Glycerintrinitrat besteht. Das explodiert, wenn es einen zu starken Stoß bekommt. Seelenruhig pfeifend stopfte Imran das Pulver mit dem Stock nach. Dann hielt er mir einige der Utensilien hin. Offensichtlich wollte er, dass ich helfe. »Auf keinen Fall«, rief ich, obwohl sie mich nicht verstanden. »Ich will meine Hände behalten!«

Eine halbe Stunde saßen die Pakistanis in der Höhle auf dem Boden und stopften die Dynamitstangen. Als sie damit fertig waren, holte Imran einen Schlagbohrer und begann, Löcher in die Höhlenwände zu bohren. Wir mussten rausgehen, weil der Bohrer in der engen Höhle so laut war, dass es einem das Trommelfell zerriss. Als das Bohrgeräusch wieder verstummte und wir in die Höhle zurückkehrten, beobachtete ich den komplett mit weißem Staub bedeckten Imran dabei, wie er die Dynamitstangen mit zwei großen Lunten miteinander verband. Als er mir das Feuerzeug hinhielt, traf mich wie ein Schlag die Erkenntnis, in was für einer absurden Situation ich mich befand. Es war dämmrig früher Morgen irgendwo in den endlosen Weiten der pakistanischen Berglandschaft. Ich hatte irgendwelche Menschen aufgegabelt, die mit selbst gebasteltem Dynamit heimlich Berge sprengen. Und einer von denen hielt mir gerade ein Feuerzeug hin. Mit zitternden Händen nahm ich es. Imran zeigte auf die Lunten und dann zum Ausgang. Ich musste also wohl schnell aus der Höhle rennen, wenn die Lunten brannten. Alles klar, kein Problem!

Die anderen beiden gingen aus der Höhle, Imran blieb und schaute, dass ich alles richtig machte. Doch die Lunte wollte einfach kein Feuer fangen. Mein Herz schlug schneller, Schweiß lief mir über die Stirn. Nach einigen nervenaufreibenden Sekunden, in denen ich immer wieder das Feuerzeug anknipste, klappte es schließlich. Der Countdown lief, viel Zeit blieb nicht, bis das erste Zeitungsdynamit explodieren würde, doch auch bei der zweiten Lunte hatte ich Schwierigkeiten. Während die erste bedrohlich knisterte, knipste ich panisch mit dem Feuerzeug daran herum. Meine Hände zitterten, Imran schrie irgendwas, schubste mich dann zur Seite und zündete die zweite Lunte selbst an. So schnell ich konnte, rannte ich zum Höhlenausgang und wandte mich sofort nach links, wo die anderen Männer unter einem nahe gelegenen Felsvorsprung warteten. Seitwärts kletterte ich an der steilen Wand in ihre Richtung, während unter mir Steine bröckelten und in die Tiefe stürzten. Mit wild pochendem Herzen tastete ich mich voran, meine Hände krallten sich in den rauen Fels, während meine Füße versuchten, Halt zu finden. Dort angekommen, pressten die anderen Männer ihre Hände auf meine Ohren und signalisierten mir, mich hinzusetzen. Kurz darauf kam auch Imran nach und für ein paar Sekunden hielten wir alle den Atem an. Meine Gedanken wirbelten durcheinander, doch meine Umgebung verharrte in völliger Regungslosigkeit. Man hörte nichts, nicht das kleinste Geräusch, es gab nur die letzten verblassenden Sterne und die Silhouetten der Berge. Es war eine seltsame, beinahe andächtige Stille, so intensiv, dass sie fast greifbar schien. In diese Stille hinein, fing Imran an zu zählen: »Drei, zwei, eins!« – Dann brach ein ohrenbetäubender Knall aus dem Berg und hallte durch das Tal. Das Echo ließ meinen ganzen Körper vibrieren. Steine begannen sich vom Berg zu lösen und prasselten in einer gefährlichen Lawine über den Felsvorsprung in die Tiefe.

Ich spürte, wie das Massiv erzitterte. Der Berg spuckte dichten Rauch aus dem Loch. Der beißende Geruch von verbranntem Pulver stieg mir in die Nase. Ein bisschen wie an Silvester, aber mit deutlich mehr Wumms.

Nachdem sich die Welt um uns herum wieder beruhigt hatte und man nur noch vereinzelte Kieselsteine den Berg hinunterrollen hörte, jubelte ich laut. Ich war vollkommen überwältigt von diesem Spektakel. Die Pakistanis lachten über meine Begeisterung und stimmten in meinen Jubel ein, bevor wir losmarschierten, um das Ergebnis unserer Arbeit in Augenschein zu nehmen. Das fiel ganz anders aus, als ich erwartet hatte. In meiner Vorstellung war die komplette Höhle von der Explosion eingestürzt, tatsächlich jedoch hatten sich nur ein paar größere Brocken von der Wand gelöst. Wir warteten kurz, bis sich der Staub gelegt hatte, dann begannen wir, die Gesteinsbrocken zu untersuchen. Mir war nicht ganz klar, nach welchen Kriterien man sich für diesen oder jenen Brocken zur eingehenderen Untersuchung entschied. Manche schmissen die Männer aus der Höhle den Hang hinunter, andere zerbrachen sie mit Hämmern. Das machten wir eine Stunde lang, fanden jedoch nichts von Wert. Imran holte den Bohrer und begann erneut, Löcher in die Felswand zu bohren. Völlig erschöpft wischte ich mir den Schweiß aus dem Gesicht und stellte mich auf eine neue Runde ein. Mehrere Male wiederholten wir diese Prozedur. Immer wieder krachte unser Dynamit durch die Stille der Berge. Immer wieder durchsuchten wir die herausgesprengten Steinbrocken nach etwas Wertvollem.

An meinen Händen bildeten sich Blasen vom Steineschlagen. Eigentlich hatte ich keine Lust und auch keine Kraft mehr, nahm mir aber noch einen letzten Stein vor. Und als der zerbrach, offenbarte sich in seinem Innern ein weißgoldenes Leuchten. Ich untersuchte den Stein genauer und sah, dass er einen Kristall von etwa zehn Zentimeter Durchmesser enthielt, durchsichtig und mit einem milchigen Schimmer, der ihm eine geheimnisvolle Tiefe verlieh. Er hatte scharf definierte Kanten und glatte Flächen, die das Licht wunderschön brachen und reflektierten, wie Eis, das in der Wintersonne glitzert. Aufgeregt darüber, möglicherweise den ersten Fund des Abends gemacht zu haben, zeigte ich Imran den Stein. Er nahm ihn, musterte ihn kurz und packte ihn gleichgültig zu seiner Tasche. Ich verstand nicht – dieser wunderschöne Kristall musste doch etwas wert sein. Doch auch die anderen beiden interessierten sich nicht sonderlich für meinen Fund. Imran deutete auf mich, dann auf den Stein und nickte. Er wollte, dass ich ihn behielt. Ich protestierte mit abwehrenden Gesten, doch er bestand darauf und deutete erneut auf mich und dann auf den Stein. Okay, warum nicht? Dankbar nickte ich, befreite den Kristall mit einem Hammer vollständig aus dem Stein und steckte ihn in meine Hosentasche. Ganz egal, wie wenig er wert war, ich hatte mein Leben riskiert, um ihn aus dem Berg zu holen.

* * *

Mein Leben geriet erneut einige Tage später in Gefahr. Ebenfalls durch eine Naturgewalt, aber am Ende hatte ich keinen glitzernden Stein in der Tasche, sondern den Gestank von Benzin am Körper. Ich hatte mein Zelt auf einer Ebene in der pakistanischen Wüste aufgebaut. In der Ferne sah ich dunkle Wolken aufziehen und spannte sicherheitshalber das Oberzelt als Schutz gegen möglichen Regen. Mitten in der Nacht riss mich ein gewaltiger Stoß aus dem Schlaf. Reißender Wind rüttelte erbarmungslos am Zelt, die Wände wölbten sich bedrohlich über mir. Am Fußende war der Zeltboden bereits abgehoben, ich hätte Heringe verwenden sollen, aber das war bisher nie nötig gewesen. Als ich das Zelt öffnete, prasselte mir der Sand wie tausend Nadelstiche ins Gesicht. Ein Sandsturm tobte um mich herum. Das Oberzelt hing nur noch an zwei Ösen und flatterte im Wind wie ein zerfetzter Drachen. Mit der linken Hand hielt ich verzweifelt das Oberzelt fest, während ich mit der rechten versuchte, es wieder zu befestigen. Ich sah praktisch nichts, der Sand stach mir in die Augen. Da kam mir eine verzweifelte Idee. Ich zog das Motorrad am Lenker zu mir heran, stellte den Reifen auf eine Ecke des Oberzelts und drückte ihn tief in den Sand. Der Wind heulte weiter, aber das Zelt hielt stand. Aber nicht lange. Ein riesiger Windstoß zog die Plane unter dem Reifen hervor. Das Motorrad verlor den Halt und fiel in mein Zelt. Ein stechender Gestank erfüllte meine Nase, mein ganzer Körper war auf einmal nass. Ich roch an meinen Fingern: Benzin! Der lose Tankdeckel war beim Umfallen abgegangen und der Treibstoff war über mich, mein Zelt und meinen Rucksack ausgelaufen. Scheiße, hatte ich das Lagerfeuer gestern richtig ausgemacht? Wegen des Gestanks bekam ich kaum Luft, mir wurde speiübel.

Ich war verzweifelt. Es war drei Uhr nachts, keine Menschenseele weit und breit, alle meine Sachen in Benzin getränkt, mein Motorrad ohne Sprit und meine Hände schmerzten von der Krampfhaltung, mit der ich versuchte, mein Zelt am Wegfliegen zu hindern. In meiner Verzweiflung brüllte ich den Wind an, doch der Sand verschluckte meine Worte. Der Sturm tobte noch stundenlang und legte sich erst, als es langsam wieder hell wurde. Meine Klamotten waren mittlerweile wieder trocken, aber der Tank meines Motorrads war fast leer, nur ein kleiner Rest schwappte noch im Blech. Die nächste Siedlung war einen Tagesmarsch entfernt, zu Fuß würde ich das nicht schaffen, ich hatte nichts mehr zu trinken. Das Motorrad musste also starten. Es musste. Doch als ich es versuchte, passierte ... nichts. Noch einmal probierte ich es. Wieder nichts. Ich schrie vor Wut. Wenn das Motorrad nicht ansprang, würde ich in der Wüste elendig verrecken.

In meiner Verzweiflung begann ich zu beten. Keine Ahnung zu welchem Gott - zu allen, die ich auf der Reise getroffen hatte: Jesus, Allah, Shiva, Buddha. Irgendeiner von diesen Typen musste mich hier rausholen. Einen Moment hielt ich inne, als würde ich auf eine Antwort warten. Dann ging ich wieder zum Motorrad, zögerte kurz und probierte erneut, es zu starten. Der Motor sprang schnurrend an! Schnell schwang ich mich auf den Sitz und fuhr mit dem letzten Rest Sprit durch die Wüste, nach Gefühl, denn der Sturm hatte alle Spuren im Sand verwischt. Nach zwei Stunden gab die Maschine gluckernd ihren Geist auf, aber ich hatte einen Großteil der Strecke hinter mich gebracht. Ich schob die Maschine noch 20 Minuten über den vertrockneten Sandboden, bis ich am Horizont in der flimmernden Luft ein paar kleine Hütten erkennen konnte. Ein Dorf! Ich hatte es geschafft. Wieder einmal.

***

Das pakistanisch-chinesische Grenzdorf Skardu liegt malerisch in einem Tal, umgeben von atemberaubenden Bergen. Der Grenzübertritt verlief größtenteils reibungslos bis auf eine kleine Ausnahme: Die Grenzbeamten wollten das Messer beschlagnahmen, das mir der Lkw-Fahrer Kadir in der Türkei geschenkt hatte. Nach einer kurzen, aber intensiven Diskussion durfte ich es dann aber doch behalten.

Mein nächstes Ziel war Ürümqi im Nordwesten, die Hauptstadt des Uigurischen Autonomen Gebietes Xinjiang. Ich fing an zu rechnen: Mein Visum galt genau 30 Tage. Bis zur Landesgrenze Laos waren es etwa 7000 Kilometer. Jeden Tag musste ich also mindestens 233 Kilometer zurücklegen, um rechtzeitig anzukommen. Von der Grenze aus lief ich ein Stück die dreispurige Straße entlang bis zu einer Autobahnauffahrt und hielt den Daumen raus. Doch die meisten Autofahrer fuhren entweder mit irritierten Gesichtern an mir vorbei oder ignorierten mich komplett. Nach über einer Stunde sah ich einen Polizeiwagen auf mich zukommen. *Na toll, das kann ja was werden,* dachte ich mir. Kaum in China, bekam ich schon Ärger mit der Polizei. Die Beamten stiegen aus und liefen auf mich zu. »Was machen Sie hier?«, wollte einer der Polizisten wissen. Ich erklärte ihm, dass ich per Anhalter fahren wollte. Aber er schien nicht zu wissen, was das ist. Also versuchte ich es ihm zu erklären: »Per Anhalter fahren bedeutet, dass man von Fremden mitgenommen wird, denen man kein Geld gibt.« – »Kein Geld?«, fragte der Beamte irritiert. Er war offensichtlich verblüfft über dieses Konzept, aber es schien ihnen nicht verdächtig genug, um mich davon abzuhalten. Jedenfalls nicht sofort. Die Polizisten stiegen wieder in ihr Auto und stellten sich ein paar Hundert Metern Entfernung von mir auf. So ganz trauten sie der Sache offensichtlich nicht – oder sie wollten sich dieses Trampen mal mit eigenen Augen ansehen.

Ich versuchte, mich nicht beeindrucken zu lassen, und hielt weiter den Daumen raus. Doch niemand hielt an. Jetzt, wo die Polizisten in Sichtweite waren, hatten sich meine Chancen verschlechtert. Wer bremste schon freiwillig, wenn er fürchten musste, es mit der Polizei zu tun zu bekommen? Nach einer weiteren halben Stunde kam der Polizeiwagen wieder angefahren und die Polizisten erklärten, dass es so nicht ginge. Ich könne nicht einfach hier an der Autobahnausfahrt rumstehen. Ich fragte, wie ich sonst in die nächste Stadt kommen sollte. Zu meiner Überraschung holten die Polizisten ihre Handys raus und machten ein paar Anrufe. Einer der beiden erklärte mir, dass sie ihre Freunde durchklingelten und nachfragten, ob irgendjemand zufällig in der Nähe war und mich mitnehmen könne.

Leider kein Erfolg. Ebenso blieben meine Bemühungen um eine Mitfahrgelegenheit erfolglos. Den ganzen Tag stand ich da, immer wieder fuhr die Polizei vorbei. Irgendwann hielt ein Polizeiwagen und die Beamten boten mir an, mich zum Busbahnhof zu bringen. Genervt nahm ich das Angebot an.

Von dort nahm ich einen Bus in die Stadt Kaxgar. Meine Pläne, China per Anhalter zu bereisen, legte ich vorerst auf Eis. Auf meinem Weg vom Busbahnhof in Kaxgar zum Hauptbahnhof wurde deutlich, dass ich mich in einem völlig anderen Land befand. Alles wirkte viel technisierter als in Pakistan: Die Straßen glänzten geradezu, Einkaufszentren mit riesigen Leuchtreklamen prägten das Stadtbild. In Pakistan sah man viele Männer in traditionellen Gewändern und Frauen meist mit Kopftuch oder ganz verschleiert. Hier in China war das anders – die Menschen waren modischer und moderner gekleidet. Am Bahnhof kaufte ich ein Ticket für einen Hochgeschwindigkeitszug. Ich war schwer beeindruckt, als einer dieser Züge am Gleis einfuhr. Mit seiner langen, stromlinienförmigen Nase sah man ihm förmlich an, dass er für pure Geschwindigkeit gebaut war.

Auf der Fahrt durch die Xinjiang-Region wechselten die Landschaften dramatisch – von weiten goldenen Ebenen und schneebedeckten Bergketten bis hin zu trockenen Wüsten und hochmodernen Städten. Ein paar Tage später erreichte ich Ürümqi. Diese Stadt war ein faszinierender Schmelztiegel von Moderne und Tradition, voller Gegensätze. Auf der einen Seite die gläsernen Fassaden der modernen Gebäude, die den Fortschritt und die Zukunft symbolisierten, auf der anderen Seite die Minarette der alten Moscheen, die als stumme Zeugen einer anderen Zeit in den Himmel ragten. Alte Basare, die Luft erfüllt mit den Stimmen der Händler und dem Duft exotischer Gewürze boten einen scharfen Kontrast zu den gläsernen Stadtzentren, die mit ihren riesigen Bildschirmen an den Häuserfronten an New York erinnerten.

Ürümqi ist die Heimatstadt der ethnischen Gruppe der Uiguren. Die Uiguren, ein turksprachiges Volk, unterscheiden sich deutlich von den Han-Chinesen, nicht nur durch ihre Sprache, sondern auch durch ihre muslimische Kultur. Seit der Gründung der Volksrepublik China im Jahr 1949 ist Xinjiang formell als autonome Region anerkannt, was den Uiguren theoretisch eine gewisse Selbstverwaltung garantieren sollte. In der Praxis jedoch hat die Zentralregierung in Peking ihren Einfluss kontinuierlich verstärkt, was zu vielen Konflikten führte. Zahlreiche Berichte über die Unterdrückung der Uiguren durch die chinesische Regierung kamen mir in den Sinn, als ich durch die Straßen der Stadt ging. An jeder Ecke sah man Polizisten, oft in schwerer Ausrüstung und mit Wasserwerfern. Überall Sicherheitskräfte.

Seit ich in der Xinjiang-Region war, hatte ich immer wieder versucht, mit den Menschen über die politische Situation zu sprechen. Besonders in Ürümqi wollte ich von den Uiguren mehr über ihr Leben und die bestehenden Konflikte erfahren. Doch die meisten Menschen blockten meine Fragen mit einem höflichen Lächeln ab und wichen aus. Auf offener Straße schien es unmöglich, ehrliche Antworten zu bekommen.

Erst in einer abgelegenen Gasse in einem verborgenen Stadtviertel wurde das anders. Ich hatte mich in ein kleines, schummrig beleuchtetes Restaurant gesetzt und ein paar Grillspieße bestellt. Ich war der einzige Gast. Auf den Tischen lagen mintgrüne Plastikdecken, an den Wänden hingen schiefe Gemälde von muslimischen Städten. Der Besitzer, Aziz, war ein älterer Herr Anfang 60 mit einem langen weißen Bart – und Uigure. Er brachte mir die Spieße und setzte sich zu mir. Nachdem wir kurz die üblichen Fragen, wie woher ich komme und was ich hier mache, abgehandelt hatten, fasste ich mir ein Herz. Vielleicht war das meine Chance, aus erster Hand etwas mehr über die Region und ihre Geschichte zu erfahren. »Kommst du von hier?«, fragte ich und er nickte langsam. Seine Frau trat aus der Küche und setzte sich neben ihren Mann an den Tisch. »Wie lange habt ihr das Restaurant schon?«, wollte ich wissen. »Seit sechs Jahren«, antwortete er leise. »Früher habe ich etwas anderes gemacht.« Ich spürte, dass da mehr war, also bohrte ich weiter: »Was hast du früher gemacht?« Aziz zögerte, sah sich nervös um und murmelte schließlich: »Ich war Imam in einer Moschee, 3 Kilometer von hier entfernt.« Plötzlich unterbrach seine Frau ihn energisch: »Nein, nein!« Aziz verstummte und schaute sich erneut um, als ob er sicherstellen wollte, dass niemand uns belauschte. Neugierig geworden fragte ich weiter: »Warum arbeitest du nicht mehr als Imam?« Bevor Aziz antworten konnte, sprach seine Frau wieder hastig: »Das war nicht so. Wir waren da früher immer wieder als Gäste in der Moschee, aber die Moschee gibt es auch schon lange nicht mehr. Das sind vergangene, alte Geschichten, die man ruhen lassen sollte.« Ich lächelte und sagte: »Ich mag es, alten Geschichten zu lauschen.« Aziz schaute mich einen Moment lang an, als würde er abwägen, ob er mir vertrauen konnte. Dann sagte er leise: »Wenn du etwas von meiner Geschichte hören möchtest, dann komm heute Abend nach Ladenschluss noch mal her. Ich lade dich auf einen Tee ein.« Seine Frau zupfte ihn am Ärmel und sah ihn beunruhigt an. Aziz nickte nur sanft in ihre Richtung, als wolle er sagen: »Das geht schon in Ordnung.«

Nach einem Nachmittag in der Stadt kehrte ich wie vereinbart in das kleine Restaurant zurück. Aziz wartete bereits auf mich und schloss sorgfältig die Tür hinter mir, bevor er mich zu einem Tisch führte. Die Atmosphäre war ruhig, fast geheimnisvoll, nur das leise Summen der Neon-Röhren war zu hören. Aziz brachte eine Kanne Tee und zwei Tassen, schenkte ein und bat mich, mein Handy auszuschalten. Dann begann er leise zu sprechen. »Die Geschichte, die ich dir erzählen werde, ist nicht einfach, aber ich denke, es ist wichtig, dass du sie hörst.« Aziz berichtete von seiner Zeit als Imam und den Schwierigkeiten, die er und seine Gemeinde hatten durchstehen müssen. Seine Stimme war leise, aber seine Worte hingen bleischwer in der Luft. »Die chinesische Regierung hat uns Uiguren immer als störend empfunden. Sie hindern uns daran, unseren Glauben zu praktizieren und unsere Sprache zu sprechen. Unsere Identität ist ihnen ein Dorn im Auge. Einmal habe ich bei einer Demonstration gesprochen und seitdem hat sich mein Leben verändert. Es war ein friedlicher Protest, aber die Reaktion der Regierung war alles andere als friedlich. Meine Söhne gingen weiterhin zu den Protesten und eines Tages wurden sie festgenommen. Ich habe sie seitdem nie wieder gesehen.« Seine Stimme brach fast und die Trauer in seinem Gesicht war unübersehbar. Seine Frau trat zu uns, ihre Hände zitterten leicht, als sie uns erneut Tee einschenkte. Sie war still, aber ihre Augen bestätigten, dass ihr Mann die Wahrheit sagte. »Es ist schwer, diese Geschichte zu erzählen«, sagte Aziz, »aber ich hoffe, dass sie eines Tages gehört und verstanden wird. Unsere Leiden sollen nicht umsonst sein.« Ich saß schweigend da, bewegt von den Emotionen, die in Aziz' Worten gelegen hatten.

Dieses Erlebnis ließ mich lange Zeit nicht los und brachte mich dazu, meine restliche Reise durch Xinjiang per Anhalter fortzusetzen. Trotz der ständigen Präsenz der Polizei und der möglichen Gefahren wollte ich mehr Geschichten über die Uiguren hören, Geschichten, die sie normalerweise niemandem erzählen dürfen. Ich hatte das Gefühl, dass das meine Verantwortung als Reisender war. Und ein abgeschottetes Auto, irgendwo im Nirgendwo, ohne Internetverbindung, erschien mir als einziger Ort, wo sich die Menschen vielleicht öffnen könnten. In der folgenden Woche lernte ich verschiedene Menschen und Sichtweisen kennen. Ich sprach mit vielen Uiguren, die ähnliche Geschichten wie Aziz erzählten: Einschränkungen ihrer religiösen Freiheit, Unterdrückung ihrer Sprache und Kultur und andere tägliche Herausforderungen. Anders war es, wenn ich in Autos von Han-Chinesen stieg. Sie beschrieben die Uiguren als aggressiv und unruhestiftend, berichteten oft von Aufständen und Zwischenfällen, bei denen Menschen verletzt oder getötet worden waren. Für sie waren die strengen Sicherheitsmaßnahmen notwendig, um Frieden und Stabilität in der Region zu gewährleisten.

Das Reisen per Anhalter in Xinjiang war eine intensive Erfahrung, aber auch eine, die mich viel Zeit kostete. Noch 4500 Kilometer lagen vor mir bis Laos, aber mein Visum war nur noch 13 Tage gültig. Dieser strikte Zeitplan ließ mir kaum

Raum für Pausen, und ich hetzte von Stadt zu Stadt. Städte, die die schönsten waren, die ich je gesehen hatte. Ihre gut geplante Infrastruktur und Sauberkeit beeindruckten mich zutiefst. Die Straßen waren makellos, der Verkehr floss reibungslos und die öffentlichen Verkehrsmittel waren pünktlich und effizient. Überall sah man beeindruckende Skylines, moderne Gebäude und weitläufige Parks sowie Innenstädte mit üppigen Einkaufszentren. China hatte Deutschland in vielen Dingen abgehängt, so schien es mir. Absolut jeder Lebensbereich war digitalisiert. Bustickets, Hotelreservierungen, Eintrittskontrollen - alles lief über QR-Codes, Gesichtserkennung oder Fingerabdrücke. Roboter säuberten die Straßen und sorgten für Sicherheit. Die Technologie war beeindruckend fortschrittlich und machte das Leben in diesen Städten unglaublich bequem.

Auch die kulinarische Erfahrung in China war unglaublich. Das Essen dort war das leckerste, das ich auf der gesamten Reise probiert hatte. Die Vielfalt der Gerichte und Variationen je nach Region war riesig. Selbst Zutaten, von denen ich nie gedacht hätte, dass sie gut schmecken könnten, wurden zu köstlichen Speisen verarbeitet. In der westlichen Welt wird oft ein negatives Bild von China gezeichnet. Doch als ich das Land besuchte, wurde mir klar, dass die Chinesen selbst ein unglaublich nettes und lustiges Volk sind. Überall, wo ich hinkam, wurde ich mit offenen Armen empfangen. Die Einheimischen waren stets hilfsbereit und neugierig auf meine Geschichte. Allerdings fiel mir schnell auf, dass man auf offener Straße nicht über Politik reden konnte. Abseits neugieriger Blicke wurden die Menschen jedoch offener. Sie erzählten mir von ihren Gedanken zur Überwachung und zur Politik. Viele akzeptierten die allgegenwärtige Überwachung und sahen darin einen Preis für die immense Sicherheit und Ordnung, die sie genossen. Für sie war es ein notwendiger Kompromiss, um ein sicheres und stabiles Leben führen zu können, und tatsächlich fühlte auch ich mich unglaublich sicher in China – mal abgesehen von der Gefahr meines ablaufenden Visums.

***

Mein China-Visum war noch genau einen Tag gültig, als ich an der Grenze zu Laos ankam. Die Erinnerungen an mein Auslandsjahr in Chiang Mai durchströmten mich – damals war ich auch in Laos gewesen. Im Vergleich zu der Strecke, die ich schon hinter mich gebracht hatte, waren die restlichen paar Hundert Kilometer bis Thailand ein Katzensprung. Es musste nur alles glatt laufen beim Grenzübergang. Nur dieses eine Mal! Nach all den Hürden, die ich bei der Einreise nach China hatte, hoffte ich nun, dass es leichter sein würde, das Land zu verlassen.

Ich war hypernervös, versuchte aber, zumindest äußerlich ruhig zu wirken. Zu meiner völligen Verwunderung wurde ich einfach durchgewunken. Keine kritischen Blicke, keine Fragen, nur ein schnelles Nicken und ich war draußen. Auch die Einreise nach Laos verlief erstaunlich unkompliziert. Mit einem Lächeln zeigte ich mein Visum vor und binnen Sekunden hatte ich die Stempel in meinem Pass. Es war, als ob das Universum mir etwas Gutes tun wolle, nachdem es mir zuvor so viele Steine in den Weg gelegt hatte. Da stand ich nun, in Laos, dem letzten Land vor Thailand. Der warme Wind wehte mir ins Gesicht, als ich die ersten Schritte auf laotischem Boden machte. Ich hatte es fast geschafft. Nicht mehr lange, Prinzessin.

Ich nahm ein Boot, das über den Nam Ou bis nach Luang Prabang schipperte. Es war rappelvoll mit Touristen – ein ungewohnter Anblick, da ich seit Nepal keine mehr gesehen hatte. Den braunen Fluss säumten hügelige Dschungellandschaften: üppige Bäume, die sich in spektakulären Verrenkungen mit ihren Wurzeln an Felsen klammerten, und dichter Nebel, der tief in den Baumwipfeln hing. In Luang Prabang mietete ich mir ein schäbiges Hotelzimmer für 3 Euro die Nacht. Die Tapeten blätterten von den Wänden, das Bett quietschte bei jeder Bewegung und ein muffiger Geruch hing in der Luft. Als ich auf der fleckigen Matratze lag und an die Decke starrte, sah ich einen kleinen Gecko gemütlich über die Tapete watscheln. Seine ruhigen Bewegungen brachten mich zurück in das Jahr 2017. Geckos waren in Thailand allgegenwärtig. Damals hatte ich oft mit Benita zusammengesessen und ihnen dabei zugesehen, wie sie Insekten jagten. Die Erinnerungen an vergangene Abenteuer flammten in mir auf – die endlosen Nächte, die langen Gespräche am Feuer. Ihre Stimme, ihr Lachen – all das wurde plötzlich sehr lebendig. Bald würden wir all das wieder täglich gemeinsam erleben.

Ich reiste weiter nach Süden in Richtung der laotischen Hauptstadt Vientiane, die direkt an der thailändischen Grenze liegt. Südöstlich der Stadt liegt ein kleiner Ort namens Thanaleng. Dort führt die Erste Thailändisch-Laotische Freundschaftsbrücke über den Mekong und verbindet den Ort mit der thailändischen Stadt Nong Khai. Die Brücke war rechts und links mit kleinen Fahnen geschmückt – bis zur einen Hälfte mit laotischen, bis zur anderen mit thailändischen. Für mich war die schlichte Brücke aber nicht nur ein Symbol der Freundschaft. Sie war Symbol für den letzten Schritt auf meiner langen Reise.

***

Von der laotischen Seite der Brücke, auf der ich stand, konnte ich Thailand bereits sehen. Unglaublich, dass ich es bis hierher geschafft hatte. Jeder Schritt über die Brücke fühlte sich an wie ein kleiner Sieg, jede vorbeiziehende Laos-Flagge war ein Symbol für meinen Fortschritt. Der von der Sonne aufgeheizte Brückenbeton strahlte eine sanfte Wärme ab. Es wehte eine frische Brise herüber von den Sandbänken des Mekong, vermischt mit dem süßlichen Aroma blühender Pflanzen. In der Ferne sah ich, wie die Sonne blutrot unterging. Ihr letztes Licht ergoss sich dramatisch zwischen die lang gezogenen Wolkenfetzen und tauchte die Welt in ein wunderschönes Licht. Die ganze Situation erschien surreal, als wäre es eine Szene aus einem Hollywoodfilm.

In meinen Fußsohlen begann es zu kribbeln und das Gefühl zog sich langsam meine Beine hinauf, erfasste meine Waden und stieg bis in meinen Kopf. Das war doch alles nicht echt. Das passierte doch nicht wirklich. Oder? Eine überwältigende Flut von Gefühlen durchströmte plötzlich meinen Körper. Es war, als ob ein gewaltiger Sturm mich ergriff. Meine Knie wurden weich und meine Augen füllten sich mit Tränen.

All die Emotionen, die ich in den vergangenen 405 Tagen erlebt hatte, brachen noch einmal alle zusammen mit einer solchen Intensität über mich herein, dass sie mich förmlich erschlugen. Als hätte jemand auf einem Videoplayer in meinem Kopf die Reise zurückgespult und auf Fast Forward geschaltet. Freude, Erleichterung, Stolz – aber auch die tief sitzende Erschöpfung und die ständige Angst, es nicht zu schaffen.

Noch bevor ich die Hälfte der Brücke erreicht hatte, zitterten meine Beine so stark, dass ich mich kaum aufrecht halten konnte. Ich sank auf die Knie und ließ alles aus mir herausbrechen. Ständig hatte ich gezweifelt, ob ich es schaffen würde, mein Ziel zu erreichen. Jetzt explodierte der Zweifel regelrecht in meinem Körper, verpuffte in einem Sturm aus Freude und Erleichterung zu einem Nichts. Noch nie in meinem Leben hatte ich so bitterlich geweint wie in diesem Moment. Und noch nie war ich beim Weinen so glücklich gewesen.

Ich wischte mir den nassen Schleier von den Augen und sah noch einmal zurück über den Fluss auf die laotische Seite. Ich dachte an die Nacht im Bett meines leer geräumten Kinderzimmers vor der Abreise. An all die Sorgen, die mich geplagt hatten, ob es die richtige Entscheidung war, meinen Traum von der Selbstständigkeit für die Suche nach einem neuen Traum aufzugeben. Ich dachte an all die Strapazen, Irrfahrten und Krankheiten, die ich auf meiner Reise hatte erdulden müssen. Die Sehnsucht nach Benita, die immer schwerer zu ertragen war. Und trotzdem hatte ich nie ernsthaft in Erwägung gezogen, in ein Flugzeug zu steigen, um die Reise abzukürzen und meine Prinzessin sofort in die Arme schließen zu können. Wozu zum Teufel hatte ich mir das angetan?

Meine Gedanken kreisten um diese Frage. Bei meiner Abreise war ich auf der Suche nach einem neuen Traum gewesen. Die Reise war gedacht als Mittel zum Zweck, um herauszufinden, was dieser neue Traum sein könnte. Doch jetzt, am Ende dieser Reise, verstand ich, dass die Suche nach einem neuen Ziel, das Streben nach einem neuen richtungsweisenden Traum, selbst zum Traum geworden war. Es hatte mich erfüllt und vorangetrieben. Und war nicht genau das die Aufgabe eines Traums?

Ich dachte an all die Menschen, die ich auf dieser Reise getroffen hatte, jeder angetrieben von seinem eigenen Traum. An Michele, den ich in Budapest getroffen hatte, der davon träumte, die Menschen mithilfe seiner Musik wieder in Einklang mit der Natur zu bringen. Oder an Estelle, die sich mit ihrem OnlyFans-Account ihren Traum von Unabhängigkeit erfüllte. An die Frauen im Iran, die für ihren Traum einer freien Gesellschaft ihr Leben aufs Spiel setzten. An Charlotte und Elijah, die davon träumten, Menschen im Oman zum Christentum zu bekehren. An die Backpacker-Gruppe, mit der ich in Goa war, die ihren Traum vom Reisen lebte. An Rebecca, die seit ihrer Kindheit davon träumte, den Mount Everest zu besteigen, und an die Millionen von Kurden, Tibeter und Uiguren, die von ihrem eigenen Land träumten, einem Ort, den sie frei und sicher ihr Zuhause nennen konnten. Ich dachte an erfüllte Träume wie den von Harry, den ich in Nepal getroffen hatte. Er nutzte sein Leben als Lehrer, um die Welt zu erkunden. Schließlich dachte ich auch an den gescheiterten Traum der Brasilianer, die nach Katar reisen wollten, um ihre Mannschaft zu unterstützen. Obwohl sie ihr Ziel nicht erreichten, fanden sie auf ihrem Weg dennoch Freude und Glück.

Jeder dieser Menschen hatte seinen eigenen Traum, seine eigene Vision, doch allen gemein war dieses ungeheure Feuer, das die Träume in ihnen entfachten. Dieses Feuer gab ihnen die Kraft, Probleme zu überwinden und für ihre Ziele zu kämpfen. Es gab ihnen einen Sinn im Leben und erfüllte ihre Herzen mit Hoffnung und Entschlossenheit.

Vor wenigen Monaten noch hatte der Traum, selbstständig zu sein, mein Leben bestimmt. Nun lag er in Scherben vor mir, alles, was mir einst einen Sinn gegeben hatte, eine Richtung, in die ich mein Leben ausrichten konnte: die Konferenzen, die ich besucht hatte, die Ideen, die ich voller Begeisterung gestartet hatte, die bittere Enttäuschung der Fehlschläge und die kurzen Momente des Erfolgs. Obwohl die Selbstständigkeit sich am Ende doch nicht als das herausstellte, was ich mir von ihr erwartet hatte, war sie doch eine Zeit voller Hingabe und Leidenschaft. Jede Erfahrung, die ich gesammelt hatte, jede Person, die ich getroffen hatte, hatten mich geprägt und bereichert. Mein alter Traum hatte mich an den Punkt gebracht, an dem ich sein musste, um einen neuen Traum zu verfolgen. Dieses Streben nach meinem Traum, wie falsch er auch gewesen sein mag, hatte meinem Leben eine Richtung gegeben und die rastlose Suche nach dem Ziel, wohin es führen sollte, beendet. Mir wurde schlagartig bewusst, dass es nicht darauf ankommt, ob und wie man seine Träume erreicht. Viel bedeutender ist es, überhaupt Träume zu haben und diese leidenschaftlich verfolgt.

Mit zittrigen Beinen und von den Emotionen dieses Augenblicks überwältigt, richtete ich mich langsam auf. Der Himmel war in tiefes Dunkel gehüllt und das Nachglühen der untergegangenen Sonne schien wie ein ferner Traum. Die Intensität des Moments hallte noch immer in meinen Gliedern nach, jede Faser meines Körpers bebte.

Ich drehte mich wieder um und schritt ehrfürchtig die Straße entlang, die direkt in die thailändische Provinz Nong Khai führte. Die kräftigen Rot- und Blautöne der laotischen Flaggen wechselten zu den tiefen Rot- und Blauschattierungen der thailändischen Flaggen. Ich war in Thailand. Aber was würde nun kommen? Welchen Traum würde ich nun verfolgen? Möglicherweise könnte ich mir in Thailand eine Selbstständigkeit aufbauen oder zu neuen Reisen aufbrechen – die Welt war schließlich groß. Doch egal, welche Bilder sich vor meinem inneren Auge formten, eines war ihnen allen gemein: Benita war ein Teil davon. Ich konnte mir keinen Traum ohne diese Frau mehr vorstellen.

Epilog

Fünf Monate später

Für einen kurzen Moment wird alles schwarz. Kleine Sterne tanzen vor meinen Augen. Erst nach wenigen Sekunden realisiere ich wieder, dass ich in einem Kampfring stehe. Das rhythmische Geräusch der Schläge gegen Sandsäcke und das stoßartige Ausatmen der Kämpfer füllen die Luft. Mit meinen nackten Füßen suche ich nach festem Halt auf der Matte. »Du musst an deiner Deckung arbeiten«, mahnt meine Trainerin streng. »Die Fäuste müssen immer oben bleiben.« Ich will etwas sagen, bin aber zu beschäftigt damit, nach Atem zu ringen. Gebückt stütze ich die Hände auf die Knie, dicke Schweißtropfen perlen von meiner Stirn auf die Matte. Mein Sparringspartner, ein kleinerer Kerl, gegen den ich wöchentlich kämpfe, faustet mich ab. »Guter Kampf«, sage ich atemlos und pfeife mir den Mundschutz heraus. »Bis nächste Woche.« Er nickt und lächelt, klopft mir auf die Schulter und macht sich auf den Weg zur Umkleide. Ich folge ihm, lasse mich auf die Bank fallen und trockne den Schweiß von meinem Körper. Seit fünf Monaten trainiere ich jetzt Muay Thai und immer noch verliere ich gegen diesen Typen, der einen Kopf kleiner ist als ich. Irgendwann werde ich ihn besiegen! Mein Freund und Sparringspartner schaut mich an und neckt mich mit einem »Nächstes Mal vergiss deine Deckung nicht«, bevor er geht. Ich packe meine Sporttasche in das Helmfach meines Motorrollers und fahre los, um noch etwas Obst zu besorgen.

Es ist schon dunkel, aber in Chiang Mai gibt es zum Glück zahlreiche Nachtmärkte. An einem halte ich an. Ventilatoren pusten die schwüle Nachtluft über den Markt, über den Köpfen der Besucher leuchten bunte Thai-Laternen, aus Lautsprechern dröhnt Musik. In den Auslagen der farbenfrohen Stände verlocken exotische Früchte. Es duftet nach frischem Koriander, gebratenem Hähnchen und Gewürzen. Man hört Kunden und Händler eifrig um Preise feilschen. Ich quetsche mich zwischen den Touristen hindurch, die an den zahlreichen Ständen stehen und Ballonhosen, mit Elefanten bedruckte Beutel, Flipflops und Armbändchen betrachten. Zielstrebig steuere ich eine kleine Seitengasse an, in der sich ein vertrauter Obststand befindet. Die Verkäuferin, eine freundliche ältere Dame, erkennt mich sofort und lächelt breit. »Sawadee krap! Wo hast du deinen Mann gelassen?«, frage ich sie auf Thailändisch. »Er ist bereits nach Hause gegangen, weil er müde war«, antwortet sie mit einem Schmunzeln. »Immer das Gleiche mit ihm, oder?«, erwidere ich scherzhaft. Sie nickt und schüttelt gleichzeitig den Kopf dabei. »Ich hätte gerne eine Ananas, eine Mango, fünfmal Passionsfrucht und zwei Javaäpfel.« Sie lacht und korrigiert meine Aussprache von »Javaäpfel«, während sie die Früchte sorgfältig eintütet. »Du wirst immer besser«, lobt sie mit einem Augenzwinkern. »Noch ein bisschen Übung und du sprichst perfektes Thailändisch!« Ich verabschiede mich, knote die Tüte zu und packe sie zur Sporttasche auf meinen Roller. Dann fahre ich etwas aus der Stadt heraus, in eine kleine Wohnsiedlung. Während ich durch die sauberen Straßen fahre, nicke ich den bekannten Gesichtern zu, die mir entgegenkommen. Ich erinnere mich an mein Dorf in Deutschland, wo man das auch immer getan hat. Ein Hauch von Nostalgie durchströmt mich. Schließlich erreiche ich ein kleines thailändisches Haus. Es hat vier Zimmer, drei Bäder und ein großes Wohnzimmer. 380 Euro zahlen wir im Monat dafür. Ein Schnäppchen im Vergleich zu meiner Studentenbude in Mainz, die nicht mal halb so groß, aber fast genauso teuer gewesen war. Als ich das Haus betrete, kommt Benita mir sofort entgegen. Mein Herz macht einen kleinen Sprung, als ich sie sehe. Ihre Augen leuchten und ich fühle mich glücklich und verliebt. Doch statt mich zu umarmen, bleibt sie abrupt stehen und ihre Miene wird besorgt. »Josu! Was ist mit deinem Auge?« Erst als ich mit dem Zeigefinger über mein Auge taste, bemerke ich, wie geschwollen es ist. »Ach, das? So was merke ich schon gar nicht mehr.« Das ist keine Virusinfektion und auch kein Höhensonnenbrand. Mein Sparringspartner hat mir wohl schlicht wieder ein blaues Auge verpasst.

Während Benita den Eisbeutel vorbereitet, frage ich mich, wie sie wohl in all den wirklich gefährlichen Momenten meiner Reise reagiert hätte. Ich gebe ihr einen Kuss. Nach dem Abendessen bereiten wir uns auf den nächsten Tag vor. Während Benita ihre Kleider und Kosmetikartikel ordnet, lege ich meine Kamera, meine GoPro und meine Speicherkarten bereit. Morgen hat Benita einen freien Tag und wir möchten einen Ausflug mit dem Motorroller machen. Seit dem Tag unseres Wiedersehens, dem Tag, an dem sie Ja zu meinem Heiratsantrag gesagt hat und an dem ich ihr den Ring mit dem eingelassenen Kristall, den ich eigenhändig aus der pakistanischen Mine gesprengt habe, an den Finger gesteckt habe, sind einige Monate vergangen. Wir haben uns und unseren gemeinsamen Alltag in Thailand schnell eingespielt. Benita arbeitet tagsüber an der Deutschen Schule und ich widme mich meinen Social-Media-Abenteuern.

Ich poste Videos unserer Erlebnisse und Abenteuer auf meinem eigenen Kanal – genau das, was ich früher in meiner Selbstständigkeit gemacht habe, nur eben für mich selbst. Erstaunlicherweise kann ich davon mittlerweile gut leben. Wenn Benita nach Hause kommt, unternehmen wir viel: Wir erkunden Thailand, lernen Menschen, Essen und Kultur kennen.

Als wir uns an diesem Abend ins Bett legen, halte ich sie in meinen Armen. Endlich sind wir wieder zusammen. Die Erinnerungen an die vielen Nächte, die ich allein in meinem Zelt verbracht habe, kommen zurück. Nächte, in denen ich einsam die Sterne beobachtet und von ihr geträumt habe. Manchmal vermisse ich diese Zeit – die Freiheiten, die ich genossen habe, die Gedanken und stillen Gespräche mit mir selbst. Doch als ich Benita fester an mich drücke, wird mir klar, dass es nichts Schöneres gibt, als neben der Person einzuschlafen, die man von ganzem Herzen liebt. Einer Person, die dich bedingungslos unterstützt, die dich nicht zurückhält oder einsperrt, sondern dich ermutigt, nach den Sternen zu greifen und deinen Visionen zu folgen.

Am nächsten Morgen wachen wir früh auf. Die Sonne schickt ihre ersten Strahlen durch das Fenster und kündigt einen neuen Tag an. Wir frühstücken gemütlich und schmieden Pläne für unseren Ausflug. Wenig später wandern wir durch die üppige grüne Landschaft, staunen über die Schönheit der Natur und die reiche Kultur, die uns umgibt. Jeder Schritt führt uns tiefer in ein Abenteuer, das wir uns einst nur vorgestellt haben. Unsere Herzen sind erfüllt von Glück und Dankbarkeit, dass wir diesen gemeinsamen Traum leben dürfen. Doch während wir diesen Moment auskosten, meldet sich eine leise Stimme in meinem Kopf, die fragt: »Und, wohin wollt ihr als Nächstes?«

Tipps für deine Weltreise

Vielleicht spielst du selbst mit dem Gedanken, auf Reisen zu gehen, oder bist während des Lesens meiner Abenteuer auf den Geschmack gekommen. Auf meiner Weltreise habe ich viele wertvolle Lektionen gelernt, besonders in der Anfangszeit, als ich zahlreiche Fehler gemacht habe. Um dir den Start zu erleichtern und dir einige dieser Stolpersteine zu ersparen, habe ich in diesem Kapitel wichtige Tipps gesammelt. Diese helfen dir nicht nur, dich optimal auf deine Weltreise vorzubereiten, sondern auch, während deiner Reise gut informiert und sicher unterwegs zu sein. Egal welche Herausforderungen auf dich zukommen werden – ich bin mir sicher, es wird eine unvergessliche Zeit für dich werden. Ein verlorener Traum ist immer nur ein nicht gelebter!

Vorbereitung

1. **Reisepass**: Beantrage rechtzeitig einen Reisepass beziehungsweise stelle sicher, dass dein aktueller Pass noch lange genug gültig ist.
2. **Dokumenten-Kopien**: Mach Kopien aller wichtigen Dokumente (Reisepass, Visum, Impfpass) und bewahre diese getrennt von den Originalen auf. Speichere auch digitale Kopien in der Cloud oder auf deinem Handy.
3. **Impfungen**: Informiere dich über die erforderlichen Impfungen und erledige diese frühzeitig. Beachte, dass zwischen den Impfungen oft mehrere Wochen liegen müssen.

4. **Reisekrankenversicherung**: Vergleiche verschiedene Angebote für Reisekrankenversicherungen und wähle eine, die umfassenden Schutz bietet, inklusive Rücktransport ins nächste Krankenhaus.
5. **Reiseroute planen**: Lerne aus meinen Fehlern und plane eine grobe Reiseroute. Informiere dich besonders über die Visumanforderungen der Länder, die du besuchen möchtest, um unnötige Komplikationen zu vermeiden.

Gepäck

1. **Gepäckwahl**: Wähle leichtes und robustes Gepäck, das sich gut transportieren lässt. Denke an einen Daypack für Tagesausflüge. Ich benutze mittlerweile einen Rucksack mit 40 Litern Fassungsvermögen, der sich als sehr praktisch erwiesen hat.
2. **Meine Packliste**: Hier ist meine bewährte Packliste:
   - Isomatte, Zelt
   - 6-mal Unterwäsche, 3 T-Shirts, 3 Hosen (2 kurze, 1 lange), 1 Pullover, 1 Jacke
   - Kleines Waschmittel, genug für eine Handwäsche
   - Hygieneartikel
   - Panzertape
   - Flipflops
   - Klopapier (platzsparend ohne Papprolle)
   - Powerbank (20 000 mAh), Multifunktionsadapter für verschiedene Anschlüsse

Gesundheit

1. **Medikamente**: Desinfektionsmittel, Wundsalbe, Verbandszeug, Antibiotika für die Wildnis und Blasenpflaster mitnehmen.
2. **Trinken**: Immer genug Wasser trinken und einen ausreichenden Vorrat dabeihaben.
3. **Duschen**: Versuche, dich regelmäßig zu reinigen. Wenn nötig auch in Flüssen oder Seen, um Hautprobleme wie Pilzinfektionen zu vermeiden.

Kulturen

1. **Menschen**: Menschen sind der Schlüssel zu den Kulturen. Sei freundlich und offen, und du wirst unvergessliche Begegnungen und Geschichten erleben.
2. **Respekt**: Es ist wichtig, die Sitten und Gebräuche anderer Kulturen zu respektieren und sich dementsprechend zu verhalten, auch wenn man es aus seiner eigenen Kultur vielleicht anders kennt. Dieser Respekt wird dir helfen, besser mit den Einheimischen in Kontakt zu kommen und Konflikte zu vermeiden.
3. **Kulturen teilen**: Die Leute sind oft auch sehr interessiert an der deutschen Kultur und fragen, wie es in Deutschland abläuft. Versuche, den Menschen vor Ort etwas von deiner eigenen Kultur zu zeigen und zu erzählen.
4. **Einheimische befragen**: Frage Einheimische nach Geheimtipps und weniger bekannten Orten, die nicht in Reiseführern stehen.

Sicherheit

1. **Wertvolle Gegenstände**: Teuren Schmuck, Uhren oder sonstige Luxusartikel zu Hause lassen.
2. **Elektronik**: Laptop, Kameras und Speicherkarten immer separat in deinen Tagesrucksack packen und stets bei dir tragen.
3. **Geldverstecke**: Verteile dein Bargeld an verschiedenen Orten in deinem Gepäck und an deinem Körper, um bei einem Diebstahl nicht alles zu verlieren.
4. **Informationen**: Das deutsche Auswärtige Amt hat für jedes Land der Welt eine detaillierte Reiserichtlinie. Dort sind auch Reisewarnungen und Sicherheitshinweise aufgelistet. Lies dir das durch, um gut vorbereitet zu sein und mögliche Gefahren zu vermeiden.
5. **Vorsicht**: Sei vorsichtig, wenn dich jemand einlädt. Stelle viele Fragen, um herauszufinden, ob die Person vertrauenswürdig ist, und geh erst dann mit ihr mit.
6. **Inneres Gefühl**: Höre immer auf dein Bauchgefühl. Wenn du ein schlechtes Gefühl bei Personen hast, versuche sie loszuwerden.

Verständigung

1. **Übersetzer-Apps**: Lade Offline-Übersetzer-Apps herunter. Ich habe immer Google Translator verwendet, das klappt super.
2. **Vokabeln lernen**: Lerne die wichtigsten Vokabeln der Landessprache, wenn du länger bleiben willst. Diese Sätze habe ich in jedem Land gelernt, damit kommt man bereits sehr weit: *Hallo, tschüss, ja, nein, gut, schlecht. Schmeckt gut. Wie geht es dir? Mein Name ist ... Wie ist dein Name?*

Ich komme aus Deutschland. Schön, dich kennenzulernen. Woher kommst du? Ich spreche die Sprache ein bisschen. Ich gehe … hin. Kannst du mich mitnehmen? Zahlen von 1–10. Wie viel kostet das? Das schmeckt lecker. Ich nehme das hier.

3. **Körpersprache lernen**: Lerne die wichtigsten Gesten und nonverbalen Kommunikationsmittel. Oft sind diese universell und werden von jedem verstanden.
4. **Lokale SIM-Karte**: Kaufe eine lokale SIM-Karte, um günstiger telefonieren und das Internet nutzen zu können.

Meine Weltreise hat insgesamt 15 700 Euro gekostet. Obwohl ich schon sehr sparsam unterwegs war, gibt es sicherlich noch Möglichkeiten, noch mehr zu sparen. Die Ausgaben lassen sich grob in drei Kategorien unterteilen: Unterkunft, Transport und Verpflegung. Im Folgenden findest du einige Tipps, wie du die Kosten in diesen Bereichen so niedrig wie möglich halten kannst.

Verpflegung

1. **Lokale Gerichte probieren**: Lokale Gerichte sind in der Regel am günstigsten. Zwar gibt es oft zum Beispiel in Asien auch westliche Speisen wie Pizza, aber diese sind meist viel teurer.
2. **Streetfood bevorzugen**: Streetfood ist oft deutlich günstiger als Essen in Restaurants und bietet dir zudem die Möglichkeit, authentische lokale Speisen zu probieren.
3. **Alkoholische Getränke auf ein Minimum reduzieren**: Alkoholische Getränke wie Bier und Wein sind oft extrem teuer im Vergleich zu Alkoholfreiem. Wenn du günstig reisen willst, solltest du den Konsum auf ein Minimum reduzieren.

4. **Auf deinen Körper hören**: Vertraue auf deine Sinne. Wenn die Zubereitung eines Gerichts unappetitlich aussieht oder es bereits verdorben schmeckt, lass lieber die Finger davon und suche dir etwas anderes.
5. **Selbst kochen**: Wenn du Zugang zu einer Küche hast, kaufe lokale Zutaten und koche selbst. Das spart Geld und ermöglicht dir, lokale Produkte auszuprobieren.

Unterkunft

1. **Günstig schlafen**: Am preiswertesten schläfst du im Zelt, in der Hängematte oder bei Einheimischen, die dich zu sich einladen.
2. **Nützliche Apps**: Es gibt Apps wie Couchsurfing oder spezielle Facebook-Gruppen, in denen Leute kostenlose Übernachtungsmöglichkeiten anbieten.
3. **Einfach fragen**: Oft kannst du auch in Restaurants oder Tankstellen nachfragen, ob du dort umsonst übernachten kannst.
4. **Volunteering**: Engagiere dich als Freiwilliger in Hostels, Farmen oder sozialen Projekten. Oft erhältst du im Gegenzug freie Unterkunft und Verpflegung.
5. **Direkt anfragen**: Online sind nicht immer alle Hotels oder Privatunterkünfte verfügbar. Oft findet man einen günstigeren Preis, wenn man direkt bei Hotels oder Privatleuten vor Ort nachfragt.
6. **Hostels**: Hostels gehören ebenso zu den günstigsten Übernachtungsmöglichkeiten und bieten eine großartige Gelegenheit, andere Reisende kennenzulernen.

Mobilität

1. **Trampen**: Du kannst kostenfrei trampen – eine großartige Möglichkeit, um Geld zu sparen und gleichzeitig interessante Menschen kennenzulernen.
2. **Öffentliche Verkehrsmittel**: Buche Tickets immer an den lokalen Stationen. Online sind oft nicht alle Strecken verfügbar oder viel teurer.
3. **Apps für lokale Transporte**: In vielen Ländern wie Indien oder Nepal nutze ich Apps wie Uber. Diese Apps bieten oft günstigere Tuk-Tuk-Fahrten zu Festpreisen an. Wenn man einen Tuk-Tuk-Fahrer direkt anspricht, wird man oft abgezogen.

Tipps fürs Trampen

- Immer lächeln.
- Bunte Kleidung tragen und Outfits wählen, die zeigen, dass du ein cooler Typ bist.
- Stelle sicher, dass dein Gesicht von der Sonne beleuchtet wird und du nicht im Schatten stehst, damit die Leute dein Gesicht sehen können.
- Winke den vorbeifahrenden Autos, auch wenn sie nicht anhalten.
- Sei geduldig.
- Stelle am Anfang klar, dass es sich um eine kostenlose Fahrt handelt.
- Nimm Snacks mit für den Fahrer, das freut ihn und schafft eine freundliche Atmosphäre.